博士论文
出版项目

# 工作狂热的"双刃剑"效应研究

The Double-Edged Sword Effects of Workaholism

佘卓霖 著

中国社会科学出版社

## 图书在版编目（CIP）数据

工作狂热的"双刃剑"效应研究 / 佘卓霖著.
北京：中国社会科学出版社，2024.7. -- ISBN 978-7
-5227-3991-5

Ⅰ.F272.91

中国国家版本馆 CIP 数据核字第 2024QQ7519 号

| | |
|---|---|
| 出 版 人 | 赵剑英 |
| 责任编辑 | 王 琪 |
| 责任校对 | 杜若普 |
| 责任印制 | 王 超 |

| | |
|---|---|
| 出　　版 | 中国社会科学出版社 |
| 社　　址 | 北京鼓楼西大街甲 158 号 |
| 邮　　编 | 100720 |
| 网　　址 | http://www.csspw.cn |
| 发 行 部 | 010 - 84083685 |
| 门 市 部 | 010 - 84029450 |
| 经　　销 | 新华书店及其他书店 |
| 印　　刷 | 北京君升印刷有限公司 |
| 装　　订 | 廊坊市广阳区广增装订厂 |
| 版　　次 | 2024 年 7 月第 1 版 |
| 印　　次 | 2024 年 7 月第 1 次印刷 |
| 开　　本 | 710×1000　1/16 |
| 印　　张 | 16 |
| 插　　页 | 2 |
| 字　　数 | 223 千字 |
| 定　　价 | 86.00 元 |

凡购买中国社会科学出版社图书，如有质量问题请与本社营销中心联系调换
电话：010 - 84083683
**版权所有　侵权必究**

# 出 版 说 明

为进一步加大对哲学社会科学领域青年人才扶持力度，促进优秀青年学者更快更好成长，国家社科基金 2019 年起设立博士论文出版项目，重点资助学术基础扎实、具有创新意识和发展潜力的青年学者。每年评选一次。2022 年经组织申报、专家评审、社会公示，评选出第四批博士论文项目。按照"统一标识、统一封面、统一版式、统一标准"的总体要求，现予出版，以飨读者。

全国哲学社会科学工作办公室

2023 年

# 摘　　要

在当下社会，由于企业间竞争压力的加剧和移动办公技术的推广，沉迷于工作的"工作狂热"领导者在企业中越来越常见。有观点认为，工作狂热领导者是敬业的代表，值得提倡，但也有观点反对，指出工作狂热领导者会增加被领导者负担，诱发不良后果。然而，对于管理实践中的争议，学术界至今对领导工作狂热有效性的认识还不够充分，有关领导工作狂热的实证研究还很匮乏。鉴于此，本书在全面、系统梳理工作狂热相关研究的基础上，创造性地提出领导工作狂热是一把"双刃剑"，在下属、团队、领导个人层次兼有积极和消极两方面的影响。通过构建理论研究模型，本书系统分析工作狂热领导者所产生的"益处"与"代价"，并揭示背后的作用机制以及边界条件。通过这些探索，笔者加深了对于领导工作狂热有效性的认识，为识别、选拔和培养管理人才提供了有益借鉴参考。

首先，本书梳理总结工作狂热的定义、内涵、分类和测量方式，并将其与相似概念进行辨析，在此基础上回顾工作狂热的相关研究，包括其前因变量、结果变量和领导工作狂热研究。其次，本书在下属、团队、领导个人层次分别开展实证研究。在下属层次，本书基于社会学习理论和情绪认知评价理论，探讨了领导工作狂热对下属的"双刃剑"影响效果。通过一项情景实验和一项多时点、多来源问卷调查，研究发现，一方面，工作狂热领导者会使下属工作努力，进而增加下属职业晋升机会；另一方面，工作狂热领导者会引发下属工作焦虑，进而使其睡眠质量下降。当下属核心自我评价较低时，工作焦虑的负向中介效应更强，工作努力的正向中介效应被削弱。在团队层次，本书将社会学习理论和情绪认知评价理论应用于团队层次，探讨领导工作狂热对团队的"双刃剑"影响效果。通过一项情景实验和一项多时点、多来源问卷调查，研究发现，工作狂热领导者可以提高团队工作卷入，进而导致团队绩效提升，但同时，工作狂热领导者也会导致团队消极情绪的增加，阻碍团队绩效目标的完成。当工作意义较低时，团队消极情绪的负向中介效应更强，团队工作卷入的正向中介效应被削弱。在领导个人层次，本书基于持续性认知理论，探讨领导工作狂热对自身的双刃剑影响效果。通过两项多时点、多来源问卷调查，研究发现，一方面，工作狂热领导者会增加自身问题解决沉思，进而提升自身工作绩效；另一方面，工作狂热领导者会引发自身情感反刍，进而使身心健康受损。当领导者具有促进型调节焦点时，问题解决沉思的正向中介效应更强，情感反刍的负向中介效应被削弱。最后，本书总结概括了研究发现，阐述了本书的主要理论贡献与实践价值，并指出了当前研究的局限和不足，以及未来潜在的研究方向。

**关键词**：领导"工作狂热"；"双刃剑"效应；作用机制；边界条件

# Abstract

In the current society, due to the increasing competitive pressure and the continuous development of communication technology, "workaholic" leaders, who are addicted to work, are becoming more and more common in organizations. Some people believe that workaholic leaders are the representatives of professional dedication and should be encouraged. On the contrary, others hold that workaholic leaders may lead to followers' work overload, which in turn induces adverse effects. Therefore, the effectiveness of workaholic leader remains controversial. However, the academic field has not paid much attention to this issue, and empirical research is even more rare. In response to this, the book reviews current research on workaholism, and proposes that workaholic leaders may lead to both positive and negative effects on the subordinate, team, and leader levels. By proposing the theoretical model, this book systematically illustrated the benefits and costs associated with workaholic leaders, and revealed the underlying mechanisms and boundary conditions. The findings of this book will not only deepen the understanding of the effectiveness of workaholic leader, but also provide important insights for the identification, selection and training of managers.

First of all, this book summarized the definition, classification and measurement of workaholism, and differentiated it from other similar constructs. On this basis, it reviewed current research on workaholism, including its antecedents, outcomes and leader workaholism. Secondly, this book conducted empirical studies at the subordinate, team, and leader levels respectively. At the subordinate level, based on the social learning theory and cognitive appraisal theory of emotion, this book explored the double-edged sword effect of leader workaholism on subordinates. Through a scenario-based experiment and a multi-time, multi-source survey, it found that, on the one hand, workaholic leaders could improve their subordinates' work effort, thus increasing their promotion chances; on the other hand, workaholic leaders would increase subordinates' work anxiety, which negatively influenced their sleep quality. When subordinates' core self-evaluation was low, the negative mediating effect of work anxiety was stronger, and the positive mediating effect of work effort was weakened. At the team level, this book explored the double-edged sword effect of leader workaholism on team performance. Through a scenario-based experiment and a multi-time, multi-source survey, it is found that leader workaholism had a significant impact on team job involvement, which could increase team performance. But at the same time, leader workaholism would lead to higher team negative affect, which negatively influenced team performance. When the meaning of work was low, the negative mediating effect of team negative affect was stronger, and the positive mediating effect of team job involvement was weakened. At the leader level, this book examined the double-edged sword effect of leader workaholism on leaders themselves. Through two multi-time, multi-source surveys, it is found that, on the one hand, workaholic leaders could increase their problem-solving pondering, thus promoting their job performance; on the other hand, workaholic leaders would also experience affective rumination, and then impaired their general health. When the leader had a promotion regulatory focus, the positive mediating effect of problem-solving pondering was stronger, and the negative mediating effect of affective rumination was weakened. Lastly, this book summarized the research findings, discussed the main theoretical contributions and practical implications. Besides, this book also pointed out the limitations of the current research, as well as the promising research directions in the future.

**Key words**: leader "workaholism"; "double-edged" sword effect; mechanisms; boundary conditions

# 目 录

**第一章 引言** ……………………………………………………（1）
 第一节 研究背景与研究问题 …………………………………（1）
 第二节 研究意义 ………………………………………………（5）
 第三节 研究思路 ………………………………………………（9）
 第四节 研究方法 ………………………………………………（11）
 第五节 章节安排 ………………………………………………（13）

**第二章 文献综述** ………………………………………………（16）
 第一节 工作狂热的定义与内涵 ………………………………（16）
 第二节 工作狂热的类型划分 …………………………………（18）
 第三节 工作狂热的测量 ………………………………………（23）
 第四节 工作狂热与相似概念辨析 ……………………………（27）
 第五节 工作狂热的研究进展 …………………………………（30）
 第六节 研究述评 ………………………………………………（40）
 第七节 本章小结 ………………………………………………（42）

**第三章 领导工作狂热对下属的"双刃剑"影响研究** ………（43）
 第一节 研究概述 ………………………………………………（43）
 第二节 理论与假设 ……………………………………………（47）
 第三节 研究方法 ………………………………………………（56）

第四节　情景实验……………………………………（57）
　　第五节　问卷调查……………………………………（68）
　　第六节　研究结论与讨论……………………………（81）
　　第七节　本章小结……………………………………（86）

第四章　领导工作狂热对团队的"双刃剑"影响研究………（88）
　　第一节　研究概述……………………………………（88）
　　第二节　理论与假设…………………………………（92）
　　第三节　研究方法……………………………………（101）
　　第四节　情景实验……………………………………（102）
　　第五节　问卷调查……………………………………（111）
　　第六节　研究结论与讨论……………………………（127）
　　第七节　本章小结……………………………………（133）

第五章　领导工作狂热对自身的"双刃剑"影响研究………（135）
　　第一节　研究概述……………………………………（135）
　　第二节　理论与假设…………………………………（138）
　　第三节　研究方法……………………………………（145）
　　第四节　问卷调查Ⅰ…………………………………（146）
　　第五节　问卷调查Ⅱ…………………………………（155）
　　第六节　研究结论与讨论……………………………（168）
　　第七节　本章小结……………………………………（173）

第六章　总结与展望…………………………………………（174）
　　第一节　研究结论总结………………………………（174）
　　第二节　理论贡献……………………………………（178）
　　第三节　实践意义……………………………………（181）
　　第四节　研究局限与不足……………………………（183）
　　第五节　未来研究展望………………………………（185）

附录　研究量表 …………………………………………（190）

参考文献 ………………………………………………（198）

索　引 …………………………………………………（233）

后　记 …………………………………………………（237）

# Contents

**Chapter One    Introduction**  ············································  (1)
    Section 1    Research Background and Research Questions  ······  (1)
    Section 2    Contributions of the Research  ························  (5)
    Section 3    Research Approach  ·································  (9)
    Section 4    Research Methods  ·································  (11)
    Section 5    Chapter Structure  ·································  (13)

**Chapter Two    Literature Review**  ·································  (16)
    Section 1    Definition of Workaholism  ·························  (16)
    Section 2    Classification of Workaholism Types  ···············  (18)
    Section 3    Measurement of Workaholism  ·······················  (23)
    Section 4    Distinguishing Workaholism from Relevant
                  Concepts  ··················································  (27)
    Section 5    Progress in Workaholism Research  ·················  (30)
    Section 6    Review of Research  ································  (40)
    Section 7    Summary of the Chapter  ···························  (42)

**Chapter Three    The Double-edged Sword Effect of Leader**
                  **Workaholism on Subordinates**  ················  (43)
    Section 1    Study Overview  ···································  (43)
    Section 2    Theory and Hypotheses  ····························  (47)

| | | |
|---|---|---|
| Section 3 | Research Method | (56) |
| Section 4 | Scenario-based Experiment | (57) |
| Section 5 | Questionnaire Survey | (68) |
| Section 6 | Research Conclusions and Discussion | (81) |
| Section 7 | Summary of the Chapter | (86) |

## Chapter Four　The Double-edged Sword Effect of Leader Workaholism on Teams (88)

| | | |
|---|---|---|
| Section 1 | Study Overview | (88) |
| Section 2 | Theory and Hypotheses | (92) |
| Section 3 | Research Method | (101) |
| Section 4 | Scenario-based Experiment | (102) |
| Section 5 | Questionnaire Survey | (111) |
| Section 6 | Research Conclusions and Discussion | (127) |
| Section 7 | Summary of the Chapter | (133) |

## Chapter Five　The Double-edged Sword Effect of Leader Workaholism on Leaders (135)

| | | |
|---|---|---|
| Section 1 | Study Overview | (135) |
| Section 2 | Theory and Hypotheses | (138) |
| Section 3 | Research Method | (145) |
| Section 4 | Questionnaire Survey Ⅰ | (146) |
| Section 5 | Questionnaire Survey Ⅱ | (155) |
| Section 6 | Research Conclusions and Discussion | (168) |
| Section 7 | Summary of the Chapter | (173) |

## Chapter Six　Conclusion and Future Research (174)

| | | |
|---|---|---|
| Section 1 | Summary of Research Conclusions | (174) |
| Section 2 | Theoretical Contributions | (178) |

| | | |
|---|---|---|
| Section 3 | Practical Implications | (181) |
| Section 4 | Research Limitations | (183) |
| Section 5 | Future Research Directions | (185) |

**Appendix  Research Scales** ……………………………………… (190)

**References** ………………………………………………………… (198)

**Index** ………………………………………………………………… (233)

**Postscript** …………………………………………………………… (237)

# 第一章
# 引　言

## 第一节　研究背景与研究问题

### 一　研究背景

在现代企业中，领导"工作狂热"现象屡见不鲜。一方面，面对日趋激烈的社会竞争以及快速变化的市场需求，许多领导者不得不在工作中投入更多时间和精力以应对组织内外的管理挑战。在这种情况下，许多企业（尤其是金融或互联网企业）内部，领导者们加班加点拼命工作，甚至放弃家庭生活和社交活动。另一方面，网络技术（如笔记本电脑、智能手机等）的不断发展和办公手段（如钉钉、腾讯会议等）的不断进步为领导者随时随地开展工作提供了诸多便利。许多领导者因此摆脱了传统办公方式的限制，即使下班在家依然要处理大量的工作任务，导致工作家庭的边界越来越模糊化。伴随着"996工作制"（朝九晚九，一周工作六天）的热议，领导"工作狂热"现象正在引起学术界与实践界的广泛关注（Andreassen，2014；Clark et al.，2016a；2016b；翁清雄、臧颜伍，2016；杨梦颖，2019）。

在学术界，自Oates（1971）开创性地提出工作狂热（workaholism）概念后，学者们围绕工作狂热的定义和内涵展开了激烈讨论，直到现在也未完全达成一致。尽管如此，目前为大多数学者所认可的是 Schaufeli 及其同事提出的定义（Schaufeli et al., 2008a）。他们认为工作狂热描述的是个体沉迷工作的倾向，包括"过度投入"（working excessively）和"工作执念"（working compulsively）两个维度。其中过度投入是指个体投入大量时间精力在工作上，远超出企业的要求；工作执念是指个体由于难以抑制的内在动机而过量工作，甚至在工作时间外仍然不断思考与工作相关的问题。基于此，工作狂热领导者特指那些对工作上瘾、痴迷工作的领导者（Clark et al., 2016b）。虽然西方学者对于工作狂热影响效果的研究分析已有一定的积累，但纵观现有研究，仍有诸多问题值得进一步探讨。

首先，目前在工作狂热研究领域，学者大多从工作—家庭平衡视角出发，研究工作狂热对员工自身和配偶的负面影响，例如，损害自身健康状况（如 Balducci et al., 2018；Schaufeli et al., 2008b；Salanova et al., 2016）、破坏工作家庭平衡（如 Brady et al., 2008；Gillet et al., 2018；Schaufeli et al., 2009a）、导致配偶的生活满意度降低（如 Bakker et al., 2009；2013；Robinson et al., 2006）等。有关工作狂热在工作场所影响结果的实证研究相对较少，涉及领导工作狂热的研究更是凤毛麟角（Clark et al., 2016b；杨梦颖，2019）。鉴于此，Clark 等（2016b）特别呼吁研究者在组织情景下开展更多有关领导工作狂热影响效果的研究。考虑到领导和员工之间的上下级关系，以及工作场所中频繁的人际互动，领导的行为表现势必会影响被领导者的工作态度和工作行为，进而对工作结果产生深远影响（Yukl, 1989；Yukl et al., 2002）。那么工作狂热领导者执着的工作态度和过量的工作行为是否会给被领导者（下属和团队）带来影响？这一影响的作用机制是什么？有何边界条件？关于这些问题，尚未得到研究者的充分关注，实证研究相对欠缺，亟须深入探讨。

其次，领导力的本质是领导者对被领导者施加影响力的过程（Day et al.，2014）。因此，作为施动者的领导者和作为接受者的下属和团队共同构成了领导过程（Uhl-Bien et al.，2014；张志学等，2016）。随着领导力研究发展脉络的演进，学者们逐渐从关注领导者对他人（下属和团队）的影响，转向对领导者自身影响效果的考察（Lin et al.，2016；2019；Qin et al.，2018）。但现有领导工作狂热研究大多聚焦于对下属的作用效果，如绩效表现（佘卓霖等，2020）、角色外行为（Pan，2018）、非正式学习行为（Li，She，2020）等，缺少对领导者自身影响效果的关注。对于工作狂热领导者来说，他们废寝忘食地投入工作，付出远超于常人的努力是否会给自身带来积极影响，同时这些积极影响背后是否要付出与之相伴的代价？这些问题也亟须研究者进行有力回应。

最后，在管理实践界，领导工作狂热的有效性一直饱受争论。一派观点认为工作狂热领导者废寝忘食、全身心投入工作的行为在组织中能起到榜样示范作用，值得激励和推广（陶小江，2014）。然而，也有学者持反对观点，他们认为工作狂热领导者不劳逸结合，最后可能适得其反，得不偿失。工作狂热领导者不舍昼夜地工作不仅会损害自身的身心健康，也会给其下属和团队增加负担，不利于工作的有效完成。对此，学术界也未达成一致。有学者指出，工作狂热领导者会带来一定的积极影响，如增加下属的组织公民行为（Pan，2018）和提升组织绩效（李全等，2018），但Clark等（2016b）却推论工作狂热领导者会降低自身的幸福感，进而通过情绪、认知、行为等多种途径传递给下属，导致下属幸福感的下降。对领导者（自身）和被领导者（下属和团队）而言，工作狂热究竟是"福报"还是"负担"？这一问题不仅在管理实践中存在争议，在现有研究中也未能找到答案。鉴于此，亟须全面、系统地分析工作狂热对领导者（自身）和被领导者（下属和团队）的影响效果。

综上所述，在领导工作狂热现象越发普遍的背景下，本书希望尽可能全面地解析领导者工作狂热的影响效果，探索其在下属、团队、自身三个层面的"双刃剑"效应，填补现有研究的空白，回应研究结论中尚不一致之处。此外，本书也期望通过探讨领导工作狂热背后的具体作用机制与边界条件，在理论上深化和丰富对领导工作狂热的理解与认知，并为组织管理实践提供更多有意义的指导。

## 二 研究问题

根据上述研究背景，尽管学者们围绕工作狂热开展了诸多理论讨论和实证研究，但现有研究主要关注工作狂热对员工自身和配偶的影响（如 Balducci et al., 2018; Schaufeli et al., 2008b; Salanova et al., 2016），涉及领导工作狂热有效性的研究成果十分有限，对其内在作用机制缺乏全面的探讨。同时，对被领导者在工作狂热领导者发挥影响力过程中的作用也未予以足够的关注（Clark et al., 2016b；杨梦颖，2019）。为填补现有研究的空白，本书试图分析工作狂热领导者对下属、团队以及自身的影响机制与边界条件。具体而言，本书重点关注以下三个研究问题。

第一，在下属层次，工作狂热领导者对下属是否会产生影响？具体通过何种内在机制？下属的特质是否会影响领导工作狂热的作用强度？

第二，在团队层次，工作狂热领导者是促进还是阻碍了团队的整体绩效表现？其影响作用在团队内部是如何发生的？团队的不同特性是否会使领导工作狂热的影响作用存在差异？

第三，在领导者个人层次，工作狂热领导者会对自身工作绩效与身心健康产生何种作用效果？背后的作用机制是什么？对于不同个性特征的领导者，上述影响效果是否会产生差异？

## 第二节 研究意义

### 一 理论研究意义

本书围绕领导工作狂热的"双刃剑"效应,从下属、团队、领导者个人三个层次开展实证研究,试图揭示工作狂热领导者影响下属、团队、自身的内在作用机制,探讨其潜在的边界条件。通过这三项研究,本书不仅有助于响应学者们关于开展组织情境下领导工作狂热研究的倡议(Clark et al.,2016b;翁清雄、臧颜伍,2016;刘杰、石伟,2008)、弥补现有研究的不足,更能为厘清领导工作狂热的有效性提供重要借鉴。具体而言,本书三个实证研究的理论意义主要体现在以下四个方面。

第一,本书以领导工作狂热为切入点,旨在推动工作狂热研究领域发展。目前,有关工作狂热的研究主要关注工作狂热对员工自身和配偶的影响(如 Balducci et al.,2018;Schaufeli et al.,2008b;Salanova et al.,2016),较少探索领导的工作狂热倾向对其员工的影响。尽管少数研究关注了组织情境下领导工作狂热的作用效果(如 Pan,2018;李全等,2018;2021;2023;佘卓霖等,2020),但总的来说,国内外有关领导工作狂热的研究尚处于起步阶段。鉴于此,本书将全面、系统地梳理领导工作狂热的相关研究,在厘清其内涵和维度的基础上,创造性地提出领导工作狂热是一把"双刃剑",对下属、团队、领导者个人兼有积极和消极两方面的影响。相关研究结论可以深化对领导工作狂热有效性的认识,促进研究者对领导工作狂热影响效果的全面分析。

第二,在下属层次(研究一),本书旨在丰富对领导工作狂热的作用效果和内在机制的理解。具体而言,基于社会学习理论和情绪认知评价理论,研究一将分别从行为和情绪两个方面分析领导工作狂热对下属产生的积极影响(如职业晋升机会)和消极影响(如睡眠质量）。通过这一探索，本书试图丰富对领导工作狂热影响下属的作用过程的认识，突破以往基于单一视角研究领导工作狂热的局限性（如Pan，2018；李全等，2018；2021），拓展社会学习理论和情绪认知评价理论的适用范围。此外，考虑到工作狂热领导者会给下属带来负面影响，本书尝试探讨趋利避害的途径。具体来说，本书提出并检验下属特质（核心自我评价）的调节作用，不仅弥补了关于"领导工作狂热发挥影响力的边界条件"方面理论研究的不足，同时也为如何减缓其消极影响、促进其积极作用的发挥提供了新见解。

第三，在团队层次（研究二），本书着重探讨领导工作狂热对团队绩效的"双刃剑"影响以及具体的作用机制，旨在填补领导工作狂热在团队层次的研究空白。相比于单一的个体，团队更为复杂。工作狂热领导者不仅会对下属产生影响，也会对团队过程和团队行为产生影响。然而现有实证研究主要聚焦其对个体结果变量的影响，如组织公民行为和退缩行为（Pan，2018）、员工绩效与创造力（李全等，2023；佘卓霖等，2020），较少研究探讨领导工作狂热与团队结果变量的关系。研究二将社会学习理论和情绪认知评价理论框架应用于团队层次，从团队行为和团队情绪方面探讨领导工作狂热影响团队绩效的作用机制，同时考察团队认知（工作意义感）的调节作用。相比单一层次的领导力研究，本书旨在从更全面的视角深入挖掘领导工作狂热在组织情境下的影响作用，为后续学者探讨领导工作狂热作用效果打开新思路。

第四，在领导者个人层次（研究三），本书重点研究领导工作狂热对其自身工作绩效和身心健康的"双刃剑"影响。领导者除了在工作场所对被领导者（下属和团队）施加影响，其行为表现也会对自身产生深远影响（Foulk et al.，2018）。因此，工作狂热领导者究竟会对自身产生何种作用效果是一个非常值得深思与探讨的研究问题。鉴于此，在领导者个体层次，本书尝试基于持续性认知理论，分析领导工作狂热对自身工作绩效和身心健康的影响过程。此外，本书也将重点探究领导者调节焦点在其中发挥的调节作用，形成对领导工作狂热影响效果的全面理解。

## 二 管理实践意义

除了上述理论贡献，本书也期望能为企业提供有益的管理启示。一方面，本书的三个实证研究将帮助企业更全面深入地了解领导工作狂热的影响效果，从而更好地甄选、聘任合适的管理者；另一方面，本书通过探究下属特质、团队认知、领导者个性特征的调节作用，有助于下属、团队、领导者个人以及企业采取一系列措施尽可能规避领导工作狂热的潜在负面影响。具体而言，本书的管理实践意义体现在以下四个方面。

第一，"996工作制"在企业中越来越常见，不少人（尤其是领导者）逐渐选择了工作狂般的工作方式。然而，在管理实践中，领导工作狂热的有效性一直存在争议。一方观点认为，工作狂热领导者加班加点、努力投入工作等行为是敬业奋斗的体现（陶小江，2014），他们能够给组织树立好的榜样，激励员工完成工作任务，实现组织目标。因此，工作狂热领导者应当在组织内得到表扬并推广。相反，另一方观点则认为，工作狂热领导者废寝忘食、过量投入工作的行为会伴随许多负面影响，甚至引发诸多管理问题（Knight，2016）。在工作狂热领导者的"带领"下，下属、团队长时期超负荷工作，可能会适得其反，对他们的身心健康带来损害，不利于企业的长期可持续发展。因此，工作狂热领导者不应当在组织内部被提倡和鼓励。本书通过回应管理实践中的这一争议，从学术角度厘清领导工作狂热的潜在积极影响与消极影响，能够帮助领导者全面、辩证地看待工作狂热，有助于提醒领导者采取合理措施避免给员工和组织带来负面影响，最大限度地提升管理效果。

第二，上下级之间的等级关系意味着下属需要接受领导者的指引、遵循领导者的要求（Bochner、Hesketh，1994；Kirkman et al.，2009；陈京水、凌文辁，2012；包艳、廖建桥，2019）。因此，在职场中下属最容易受到工作狂热领导者的影响。由于领导工作狂热的积极作用与消极作用并存，那么工作狂热领导者既可能成为下属追求事业成功的推动者，也可能成为下属健康工作的阻碍者。工作狂热领导者努力拼搏的一面，可能会激发下属积极投入工作，在成绩上取得进步，而他们严格要求、随时随地安排工作的一面，也可能会给下属带来诸多困扰，譬如被迫加班、推迟度假等（Clark et al.，2016b）。在这种情况下，下属亟须找到与工作狂热领导者共事的方法，在缓解其负面影响的同时，有效利用其积极促进作用，真正做到趋利避害。本书通过构建理论模型，揭示领导工作狂热影响下属的作用机制和边界条件，将为下属有效适应工作狂热领导者的工作方式提供一定参考与启示。

第三，领导效能的发挥不仅取决于领导自身，更会受到下属和所在情境的影响（Avolio et al.，2009；Chemers，2000；Peters et al.，1985；Strube，Garcia，1981）。面对不同下属、身处不同情境，领导者的作用效果也会发生变化（张志学等，2016；谭乐等，2017）。在这种情况下，组织如何为工作狂热领导者搭配合适的下属和团队，并且如何将工作狂热领导者安排到合适的岗位就显得异常重要。如果下属较为乐观积极、情绪稳定性高、抗压能力强，或许就能够及时自我调整，适应紧张快速的工作节奏，与工作狂热领导者产生良性互动；同样，如果工作是有意义、有价值的，团队成员也可能更为接受工作狂热领导者的工作方式，愿意向其看齐，努力投入工作，更好地完成业绩目标。因此，本书除了探究领导工作狂热影响下属和团队的作用机制，还试图探究该作用机制的边界，分别验证下属核心自我评价和工作意义的调节作用。相关研究结论不仅能为下属适应领导者的工作风格提供建议，更能为企业的工作设计提供相应的决策依据。

第四，本书的研究发现也有助于引起领导者对自身工作狂热的重视，帮助领导者采取适当措施平衡利弊。在现实之中，尽管一些工作狂热领导者因为自身努力工作而受到员工的拥戴，对实现组织目标起到了助推作用，但是也有工作狂热领导者因过度工作而身心受损，阻碍了组织的持续发展。对此，不少领导者虽然能意识到自身的工作狂热倾向，却未能对其潜在风险加以警惕和预防。本书基于持续性认知理论，考察领导工作狂热对自身工作绩效和身心健康的影响效果与作用机制，并通过分析领导者调节焦点的调节作用，进一步探索帮助领导者扬长避短的策略。相关研究结论能够帮助提醒领导者重视工作狂热的不良后果，注意劳逸结合，从"拼命工作"向"健康工作"转变。

## 第三节  研究思路

本书构建理论模型解释领导工作狂热对下属、团队、自身的"双刃剑"作用效果。首先，本书对工作狂热的相关研究进行系统性的梳理，并以此为基础提出领导工作狂热影响下属职业晋升和睡眠质量的作用机制模型。其次，本书将社会学习理论和情绪认知评价理论框架应用于团队层次，揭示领导工作狂热影响团队绩效的内在中介机制以及边界条件。最后，本书应用持续性认知理论，分析领导工作狂热对自身工作绩效和身心健康的影响效果、作用机制以及边界条件。本书的研究思路具体如下。

在下属层次（研究一），本书探究领导工作狂热对下属的"双刃剑"影响效应。现有研究大多关注工作狂热对员工自身和配偶的影响（如 Balducci et al., 2018；Schaufeli et al., 2008b；Salanova et al., 2016），有关领导工作狂热在组织内影响效果的研究还相对较少，对作用机制和边界条件的研究更是匮乏。因此，本书重点分析领导工作狂热对下属职业晋升和睡眠质量的影响效果。基于社会学习理论和情绪认知评价理论，从下属行为和情绪两个方面分别探究工作努力程度和工作焦虑感的中介作用。本书认为，工作狂热领导者努力完成工作、时时刻刻思考工作问题的行为表现会起到榜样示范作用，激励下属提升工作努力程度，进而增加其职业晋升机会，但同时工作狂热领导者不知疲倦、随时随地安排工作也会使下属感到紧张和焦虑，降低睡眠质量。除作用机制之外，本书还探讨了下属特质（核心自我评价）的调节作用。第三章将详细论述下属层次的研究假设和实证检验。

在团队层次（研究二），本书探究领导工作狂热对团队绩效的"双刃剑"效应。具体而言，基于社会学习理论和情绪认知评价理论，本书从团队行为和团队情绪方面考察了领导工作狂热对团队绩效的影响。一方面，工作狂热领导者对待工作的态度会为团队树立榜样，潜移默化下，团队成员的工作卷入也会相应增加，从而带来团队绩效的提升；另一方面，工作狂热领导者过量投入工作的风格也可能增加团队成员的工作量，使团队产生消极情绪，反而导致团队绩效的下降。除此之外，本书还探讨了团队认知（工作意义感）的调节作用。第四章将详细论述团队层次的研究假设和实证检验。

在领导个人层次（研究三），本书探究领导工作狂热对自身的"双刃剑"效应。具体而言，基于持续性认知理论，本书考察了工作狂热领导者对自身工作绩效和身心健康的影响。一方面，工作狂热领导者很容易沉浸于问题解决沉思，不断思考如何改进工作方法、提升工作效率，从而产生较好的工作绩效。另一方面，工作狂热领导者也可能不断回想与工作相关的消极经历，导致情感反刍，使自身心理资源长期无法得到有效恢复，损害身心健康。除此之外，本书还探讨了领导者个性特征（调节焦点）的调节作用。第五章将详细论述领导个人层次的研究假设和实证检验。

## 第四节 研究方法

在研究方法上,笔者主要使用文献研究和问卷调查开展相关研究内容。在文献研究中,通过 Web of Science 等学术搜索平台搜集工作狂热相关理论与实证文献;梳理工作狂热的定义与内涵、不同类型的分类和测量方法;开展相似概念辨析;系统总结工作狂热研究领域内实证研究结果,并指出当前研究所存在的局限与空白。除此之外,在研究模型构建以及研究假设推演部分,本书同样采用文献研究法,评述、引用以往研究观点与研究发现,以增强论述的逻辑严谨性。

在研究一中,笔者采用情景实验和多时点、多来源的问卷调查设计来检验理论模型。在情景实验中,研究一通过中国北方某高校 MBA 项目,招募 MBA 学员作为被试参与情景实验。采用情景实验中的单因素被试间设计,将前因变量分为高程度领导工作狂热(实验组)和低程度领导工作狂热(对照组)两类,以此考察被试作为下属在面对不同程度领导工作狂热时的情绪、认知反应。在问卷调查中,研究一分为三个时间点(时间间隔均为一个月)对成都一家大型金融公司的领导与下属进行问卷调查。在征得企业同意后,笔者通过电子邮件向领导与下属介绍调研流程,并亲自到现场开展问卷的发放与回收工作。调查结束后,笔者对问卷进行录入、配对、整理,并依据理论研究模型进行统计分析。在统计分析上,研究一主要包括信度效度检验以及模型假设检验两部分。具体来说,研究一通过计算组合信度(Composite Reliability,CR)、校正条目相关(Corrected Item Total Correlations,CITC)、标准化因子载荷(Standardized Factor Loading)、平均方差提取系数(Average Variance Extracted,AVE)和 Cronbach's Alpha 评分来检验信度;并参照 AVE 比较法（Fornell，Larcker，1981）和验证性因子分析（Confirmatory Factor Analysis，CFA）结果考察变量间区分效度。对于模型假设检验，研究一在情景实验中采用结构方程路径分析方法（structural equation modeling path analysis）（Muthén，Muthén，2012）检验直接效应和调节效应。研究一在问卷调查中采用多层次结构方程路径分析方法（multilevel structural equation modeling path analysis）（Muthén，Muthén，2012）检验中介效应与调节效应。对于被调节的中介效应，应用Hayes（2013）提出的乘积系数法，并利用蒙特卡罗参数拔靴法（Monte Carlo bootstrapping）（Preacher，Selig，2012）进行效应估计和显著性检验。

在研究二中，笔者同样采用情景实验和多时点、多来源的问卷调查来检验理论模型。在情景实验中，笔者通过MBA项目招募MBA学员作为被试参与情景实验。研究二采用情景实验中的双因素被试间设计（2×2设计），将前因变量分为高程度领导工作狂热和低程度领导工作狂热两类，将调节变量分为高程度工作意义和低程度工作意义两类，共形成4个模拟情景，以此考察被试作为团队成员在面对不同程度领导工作狂热时的情绪、认知反应。在问卷调查中，笔者在深圳一家大型物业管理企业开展问卷调查，调查对象为该企业内的物业管理团队（区域经理及业务主管）。由于这些物业管理团队分散在城市内的不同辖区，在该企业人力资源管理部门的配合下，笔者通过电子邮件介绍调查形式与流程，并邀请物业管理团队的区域经理及业务主管参与三次问卷调查（时间间隔均为1个月）。在测量信度与效度检验上，具体考察内容如前文所述。对于假设检验，研究二在情景实验中采用单因素方差分析（One-way ANOVA）和多因素方差分析（MANOVA）分别检验直接效应和调节效应。此外，研究二在问卷调查中采用结构方程路径分析方法（Muthén，Muthén，2012）分析中介效应与调节效应，并利用乘积系数法（Hayes，2013）和蒙特卡罗参数拔靴法（Preacher，Selig，2012）估计被调节的中介效应，检验其显著性。

在研究三中，笔者通过两项多时点、多来源的问卷调查设计来检验理论模型。在问卷调查 I 中，笔者通过北京某高校的 MBA 项目招募 MBA 学员开展多时点问卷调查，用于检验领导工作狂热通过问题解决沉思和情感反刍对领导者工作绩效以及身心健康的影响作用（中介效应）。在问卷调查 II 中，笔者在北京一家互联网公司开展多时点、多来源问卷调查，共分三个时点对公司内的团队领导进行调查，每次调查时间间隔为一个月。此外，为了更加准确地评估团队领导的个人工作绩效，笔者邀请团队领导的直接领导（部门领导）对其绩效水平进行评价。研究三以这些团队领导为样本，对中介效应、调节效应以及被调节中介效应（全模型）进行检验。在测量信度与效度检验上，具体考察内容如前文所述。对于假设检验，研究三在问卷调查 I 和 II 中，都采用结构方程路径分析方法（Muthén，Muthén，2012）分析中介效应与调节效应，并利用乘积系数法（Hayes，2013）和蒙特卡罗参数拔靴法（Preacher，Selig，2012）估计被调节的中介效应，检验其显著性。

## 第五节　章节安排

根据整体思路，本书共包含六章，各章具体内容如下。

第一章，引言。此章主要是对全书的整体性概括。首先，从管理实践问题和理论研究进展出发阐述本书的研究背景和研究问题；其次，在此基础上进一步分析本书的理论意义和管理启示；再次，说明本书的研究思路和所采用的研究方法；最后，简要介绍本书的章节安排。

第二章，文献综述。此章主要是对书中涉及的核心变量进行回顾总结。首先，介绍工作狂热的定义、分类、测量，同时对其相似变量进行辨析；其次，进一步梳理工作狂热的现有研究，包括其前因变量、结果变量以及领导工作狂热研究。

第三章，领导工作狂热对下属的"双刃剑"影响研究（研究一）。首先，根据社会学习理论和情绪认知评价理论，提出工作狂热领导者会给下属同时带来积极影响（增加职业晋升机会）和消极影响（降低其睡眠质量），同时探讨具体的作用机制和边界条件；其次，详细介绍情景实验与问卷调查的过程、变量测量方式、数据分析策略和假设检验结果；最后，对研究结论进行总结，并讨论该研究的理论贡献、实践意义、不足之处和未来研究方向。

第四章，领导工作狂热对团队的"双刃剑"影响研究（研究二）。首先，依据社会学习理论和情绪认知评价理论，构建领导工作狂热影响团队绩效的理论模型。具体而言，分别探究团队工作卷入和团队消极情绪的中介作用，以及工作意义的调节作用；其次，重点介绍该研究的情景实验与问卷调查过程、变量测量方式、数据分析策略、假设检验结果和补充分析结果；最后，基于研究结论，阐述该研究的主要意义、不足之处和未来研究方向。

第五章，领导工作狂热对自身的"双刃剑"影响研究（研究三）。首先，根据持续性认知理论，提出领导工作狂热会给自身同时带来积极影响（提升工作绩效）和消极影响（损害身心健康），同时探讨具体的作用机制和边界条件；其次，详细介绍两项问卷调查研究的过程、变量测量方式、数据分析策略和假设检验结果；最后，对研究结论进行总结，并讨论该研究的理论贡献、实践意义、不足之处和未来研究方向。

第六章，总结与展望。此章对全书的研究内容进行总结。首先，对三个实证研究的结论进行总结性陈述；其次，讨论相应的理论贡献和实践意义；最后，分析全书三项研究的局限与不足，并指出领导工作狂热领域未来可供参考的研究方向。

图1—1展示了本书六个章节的具体内容脉络。

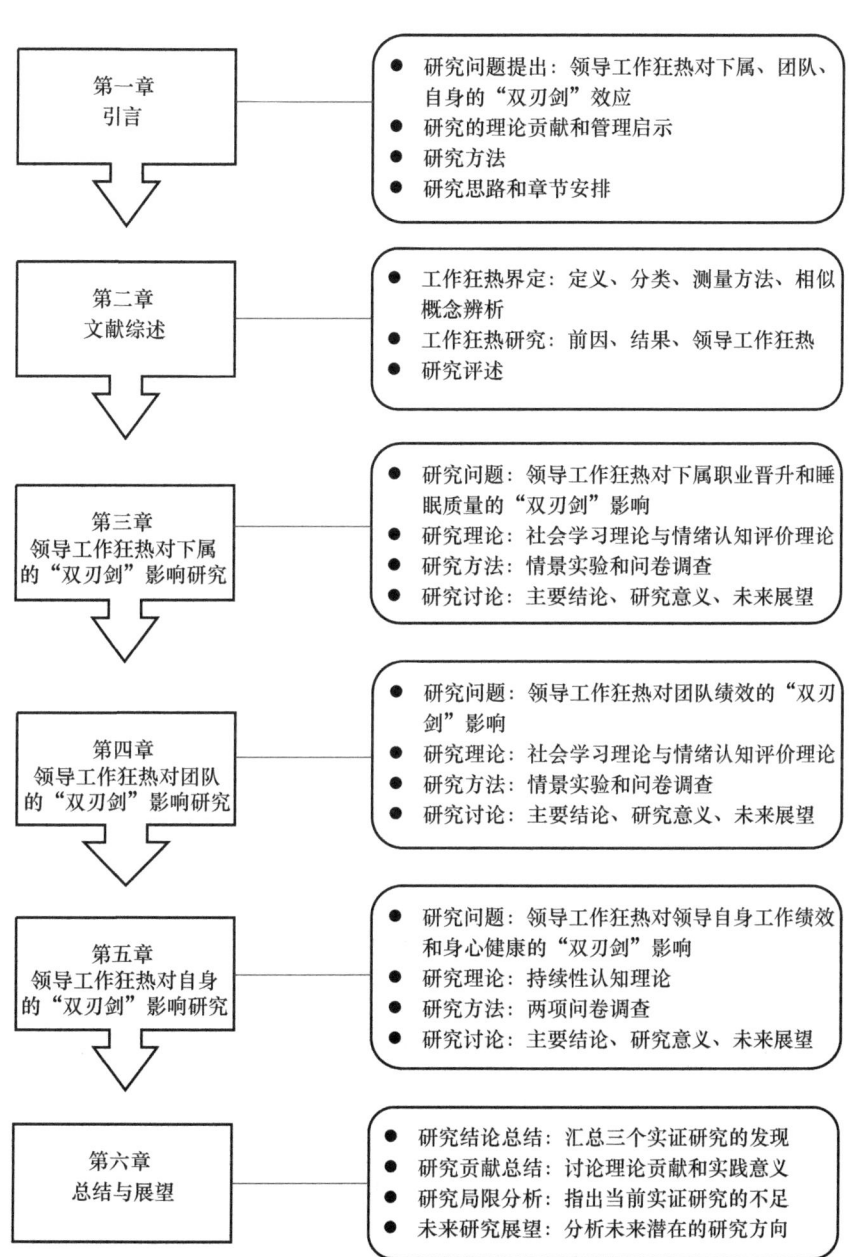

图 1—1 章节安排

# 第二章

# 文献综述

为更好地探究领导工作狂热对下属、团队和自身的影响，围绕本书的研究问题，本章将系统梳理文中涉及的核心概念。具体而言，本章将详细回顾工作狂热的定义、内涵、分类以及测量，深入辨析工作狂热与工作投入、工作卷入的区别，并系统总结目前有关工作狂热的研究发现（前因变量、结果变量以及领导工作狂热）。

## 第一节 工作狂热的定义与内涵

随着经济的发展和信息技术的不断进步，组织中出现了越来越多过度投入工作的领导和员工。在学术研究中，Oates（1971）开创性地提出"工作狂热"这一概念，他将"工作狂热"描述为：强迫性地或者无法控制地沉迷于工作，以致对个人健康、幸福、人际关系、社会交往产生了明显的干扰。自此以后，学者们针对"工作狂热"概念进行了更为深入的探讨，并从不同方面对工作狂热进行了定义。

工作狂热的界定，经历了从简单的时间视角到复杂的学科分析过程。基于工作时长，Mosier（1983）将每周工作50小时以上的个体定义为工作狂热者。虽然此定义的可操作化程度较高，但实际上很多行业的员工或领导每周工作时长不低于 50 小时，但他们不一定会对工作上瘾。所以，简单地根据工作时长定义工作狂热有一定的局限性。之后的学者则从其他角度丰富了工作狂热定义。从心理诊断出发，Fassel（1990）认为工作狂热是一种个体对工作成瘾的心理疾病。从工作态度出发，Spence 和 Robbins（1992）认为工作狂热者是那些有高工作投入程度和低工作乐趣的个体。Scott 等（1997）认为工作狂热是一种工作方式，即个体花费大量时间在工作活动中而忽视了家庭和其他外部义务，在工作中超出合理预期，在不工作时坚持思考工作问题。Ng 等（2007）认为工作狂热是一种个人特质，具备高工作狂热特质的个体喜欢并且痴迷于工作，愿意为工作投入大量时间和精力。Snir 和 Harpaz（2012）将工作狂热视为对工作的过度投资，是一种上瘾行为。

关于工作狂热的定义，尽管学者们众说纷纭，但在工作狂热研究领域中，目前较为公认且使用较为普遍的是 Schaufeli、Taris 和 Bakker（2008）提出的定义。他们从行为和认知角度将工作狂热定义为个体的工作沉迷倾向，包括行为上的"过度投入"和认知上的"工作执念"两个方面。在行为方面，工作狂热个体会付出远超工作要求和同事期望的努力；在认知方面，工作狂热个体并不是因为家庭压力、金钱诱惑等外在因素而工作，而是在难以抑制的内在动机的驱使下过度工作，即使在非工作时间仍然心系工作。

对于工作狂热的特征，随着研究的深入，学术界既达成了共识，又存在着争议。在共识方面，工作狂热的三个核心特征——工作成瘾、内在执念、工作过量得到了一致性认可（Clark et al.，2016a）。首先，大多数学者将工作成瘾视为工作狂热的重要特征。其中包括自我强迫行为、丧失自我控制能力和不顾消极后果的持续参与行为（Fassel，1990；Ng et al.，2007；Scott et al.，1997；Snir，Harpaz，2012）。其次，内在执念是指，工作狂热个体对工作的痴迷源于一种无法抗拒或控制的内在冲动，而不是外在刺激，例如经济压力、糟糕婚姻或者来自组织的压力等（Schaufeli et al.，2008a）。最后，工作过量是指，工作狂热个体比其他人工作得更久、更努力。工作狂热个体经常会因为加班错过家庭活动，甚至模糊工作与非工作的边界，把未完成的工作带到家里完成（Fassel，1990；Ng et al.，2007；Schaufeli et al.，2008a；Scott et al.，1997；Snir, Harpaz，2012）。

在分歧方面，学者们就工作狂热个体是否享受工作尚未达成一致结论（Clark et al.，2016a），也就是说，在其情绪表现上仍然存在争议。一些学者认为低工作乐趣是工作狂热个体的主要特征（Aziz, Zickar，2006；Spence, Robbins，1992）。Spence 和 Robbins（1992）指出，真正的工作狂热个体具有高度投入和强工作动力，但是工作乐趣和工作愉悦程度（work enjoyment）很低。然而，也有研究者认为，真正的工作狂热个体是非常享受工作的，他们可以从工作中获得愉悦感，因为不工作的时候他们会感到焦虑、内疚等（Baruch，2011；Ng et al.，2007）。Sussman（2012）进一步指出，工作狂热个体虽然过度投入工作，但是并不一定喜欢自己的工作，有可能是因为工作带来的暂时快感而对工作上瘾，比如获得了晋升或丰厚的报酬等。由此可见，工作狂热个体在情绪上既可能并不真正喜欢工作，也可能是非常享受不停工作的状态（翁清雄、臧颜伍，2016）。

综上所述，通过文献回顾，目前学者们对工作狂热个体的情绪特征尚无定论，但在其行为和认知方面达成了共识。鉴于此，本书参考其他研究（Balducci et al.，2018），也沿用 Schaufeli 等（2008a）的定义，从行为和认知两个维度将工作狂热定义为一种由个体内心激发的、过量工作的工作沉迷倾向，即工作狂热个体是在强烈的内驱力下过度投入工作，在非工作时间仍然持续思考工作问题。

## 第二节 工作狂热的类型划分

工作狂热是一个相对复杂的概念，为了加深对工作狂热的理解，学者们从不同角度对工作狂热的分类进行了探讨。Clark 等（2016a）在其荟萃分析中指出，目前对工作狂热的分类比较科学、具有代表性的有三种，分别来自 Spence 和 Robbins（1992）、Robinson（2000），以及 Schaufeli、Shimazu 和 Taris（2009）。

## 一 基于内在驱动和工作乐趣的分类

如前所述，Spence 和 Robbins（1992）定义工作狂热个体是那些受内在驱动而极其投入工作且具有低工作乐趣的人们。因此，两位学者进一步从工作卷入、内在工作驱动（被强迫工作感）和工作乐趣（工作愉悦感）三个方面，通过聚类分析总结了三类个体。第一类是典型工作狂热个体（true workaholics），这类人具有高工作卷入、高内在工作驱动和低工作乐趣。Spence 和 Robbins（1992）还指出，典型工作狂热个体一般具有较高的完美主义倾向，且长期处于高的工作压力之下。第二类是热情型工作狂热个体（enthusiastic workaholics），这类人通常表现出高工作卷入、高内在工作驱动以及高工作乐趣。第三类是热情型工作者（work enthusiasts），与前两类不同，他们有着高工作卷入和工作乐趣，但是内在工作驱动较低。这类人由于喜欢工作，所以比起前两类，工作压力感相对较低，且完美主义倾向也较低。表2—1 总结了 Spence 和 Robbins（1992）的研究分类情况。

表2—1　　　　　　　　Spence 和 Robbins（1992）的分类

| 划分标准＼个体类型 | 典型工作狂热个体 | 热情型工作狂热个体 | 热情型工作者 |
| --- | --- | --- | --- |
| 工作卷入 | 高 | 高 | 高 |
| 内在工作驱动（被强迫工作感） | 高 | 高 | 低 |
| 工作乐趣（工作愉悦感） | 低 | 高 | 高 |

总的来说，Spence 和 Robbins 基于工作狂热的定义，从内在工作驱动和工作乐趣两个方面对高工作卷入的个体进行了分类。其优点在于分类清晰且具备一定的实证支持，为厘清工作狂热概念提供了重要的参考，但不足是并没有详细说明第三类——热情型工作者是否也属于工作狂热个体，因此概念明晰度有待加强。

## 二 基于身心投入的分类

Robinson（2000）强调工作狂热个体会全身心投入工作，较少考虑健康因素、社交关系以及自身家庭。基于此，Robinson 进一步从工作主动性以及工作任务完成情况方面对工作狂热个体进行了划分，主要包括以下四种类型（见图2—1）。

|  | 低 | 高 |
|---|---|---|
| 工作主动性 高 | 注意缺陷型 | 冷酷型 |
| 工作主动性 低 | 享受型 | 贪婪型 |

工作任务完成情况

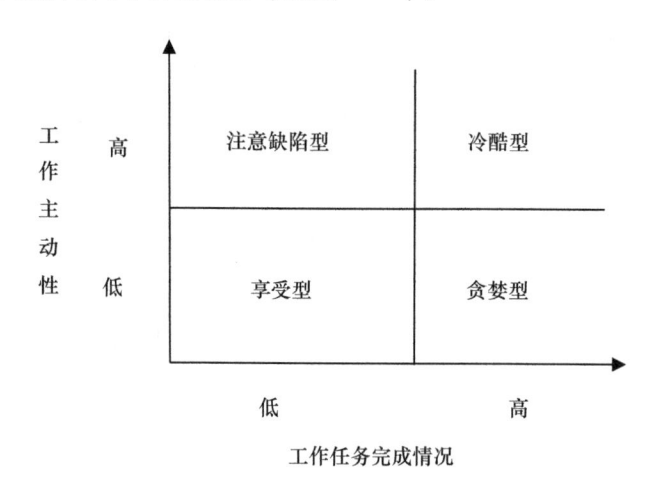

**图2—1 Robinson 对工作狂热个体的分类**

说明：笔者根据 Robinson（2000）的表述绘制。

（一）冷酷型工作狂热（relentless workaholics）

类似于 Spence 和 Robbins（1992）对于典型工作狂热的定义。Robinson 认为，冷酷型工作狂热个体会持续地努力投入工作，夙兴夜寐，有较高的工作主动性和工作任务完成程度。

## （二）贪婪型工作狂热（bulimic workaholics）

这类人具有较低的工作主动性，但是工作任务完成程度较好，也就是说，他们在完成一项任务后并不会主动找其他工作任务，然而，一旦开始一项工作，就会全身心投入，直到完成为止。

## （三）注意缺陷型工作狂热（attention deficit workaholics）

这类人具有较高的工作主动性，但是工作完成程度较低。在组织中，经常表现为积极主动地"揽活儿"，手头堆积诸多工作任务，但是工作效率不高，难以集中精力逐个完成。

## （四）享受型工作狂热（savoring workaholics）

这类人在工作主动性和工作完成程度上都比较低。他们做事慢条斯理，追求完美。这使他们在工作过程中极其关注细节，对已完成的工作再三检查。这种工作方式尽管能保证工作任务的"质"，却难以保证工作任务的"量"，工作效率较低。

Robinson（2000）表示，之所以从工作主动性和工作任务完成情况来划分工作狂热个体，是因为组织中普遍存在疯狂投入工作但"产出"不尽如人意的员工。虽然这种分类可以在一定程度上了解工作狂热个体的行为表现，但是由于缺乏必要的理论基础和实证支持，还有待后续研究进一步验证其合理性。

### 三 基于行为和认知的分类

Schaufeli 等（2008a）从行为和认知角度将工作狂热定义为个体因为内在驱动而过度投入工作的成瘾倾向。基于过度投入和工作执念两个方面，Schaufeli、Shimazu 和 Taris（2009）进一步将组织中个体的工作状态进行了划分，主要包括以下四种类型（见图2—2）。

## （一）放松型工作者（relaxed workers）

这类员工具有较低的工作投入程度和较低的内在工作驱动。

## （二）强迫型工作者（compulsive workers）

这类员工具有较低的工作投入程度和较高的内在工作驱动。

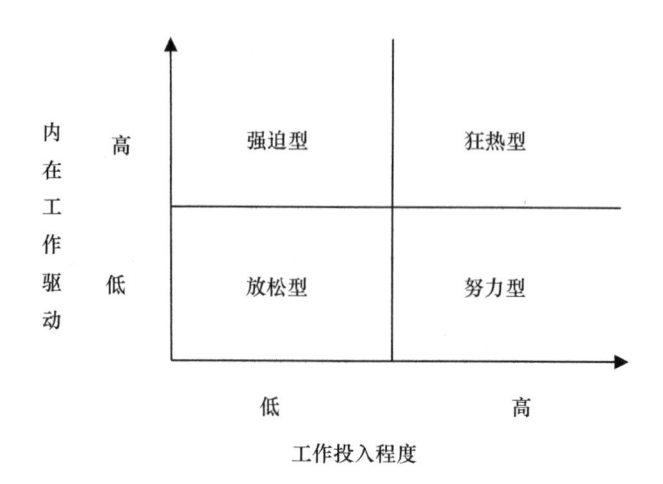

```
         ↑
内       │
在   高  │   强迫型    │   狂热型
工       │            │
作       ├────────────┼────────────
驱   低  │   放松型    │   努力型
动       │            │
         └────────────┴────────────→
              低            高
                 工作投入程度
```

**图2—2　Schaufeli 等对工作狂热个体的分类**

说明：笔者根据 Schaufeli 等（2009b）的表述绘制。

Schaufeli 等（2009b）在调研荷兰和日本的员工时发现，强迫型工作者具有高的内在工作驱动，但是实际工作投入不高，承担的工作量也不多。因此，Schaufeli 等（2009b）尤其建议组织关注此类工作者，因为他们的工作状态很可能会"迷惑"管理者，让组织误认为他们勤奋努力。

（三）努力型工作者（hard workers）

这类员工在工作投入程度上得分较高，其工作量经常超出组织的基本要求，但是他们对于工作的内在驱动并不高，努力工作可能是因为薪酬、晋升、家庭等外在因素。

（四）狂热型工作者（workaholics）

Schaufeli 及其同事认为，高工作投入程度和高内在工作驱动是工作狂热个体的基本特征。此类员工的短期绩效表现可能比较突出，但是组织需要时刻关注他们的健康水平，防止"过劳死"等情况的发生。

Schaufeli 等（2009b）在理论和实证的基础上区分了工作狂热和其他工作状态（翁清雄、臧颜伍，2016），能更好地厘清工作狂热概念。但是 Clark 等（2016a）也指出，Schaufeli 等的分类未考虑情绪维度,所以未来还需要在情绪维度上进一步探讨。

## 第三节 工作狂热的测量

由于学者们对工作狂热的定义众说纷纭,形成了不同的工作狂热测量量表(测量方法总结见表2—2)。

表2—2　　　　　　工作狂热定义及其测量方式汇总

| 作者/年份 | 工作狂热定义 | 测量方式 |
| --- | --- | --- |
| Oates, 1971 | 强迫性地沉迷于工作,以至于对个人健康、幸福、人际关系、社会交往产生了明显的干扰 | 访谈方式区分工作狂热个体和非工作狂热个体 |
| Mosier, 1983 | 个体每周工作50小时以上 | 工作时长一周超过50小时即视为工作狂热 |
| Fassel, 1990 | 工作狂热是一种个体对工作成瘾的心理疾病 | 访谈方式区分工作狂热个体和非工作狂热个体 |
| Spence, Robbins, 1992 | 工作狂热者是那些在工作态度上有高工作投入程度和低工作乐趣的个体 | WorkBAT量表,共25个条目,包括工作卷入、内在工作驱动(被强迫工作感)和工作乐趣(工作愉悦感)三个维度 |
| Scott, Moore, Miceli, 1997 | 个体花费大量时间在工作中而忽视了家庭和其他外部义务,且不工作时坚持思考工作问题 | 理论文章,并未探讨工作狂热的测量 |
| Robinson, 1999;2000 | 工作狂热个体会全身心投入工作,不考虑自身健康、社交关系以及家庭等 | WART量表,共25个条目,包括强迫倾向、控制倾向、自我关注、无力授权和自我价值五个维度 |
| Ng, Sorensen, Feldman, 2007 | 属于个人特质,具备高工作狂热特质的个体喜欢并且痴迷于工作,愿意为工作投入大量时间精力 | 理论文章,并未探讨工作狂热的测量 |
| Schaufeli, Taris, Bakker, 2008;Schaufeli, Shimazu, Taris, 2009 | 个体的工作成瘾倾向,包括行为上的"过度投入"和认知上的"工作执念" | DUWAS量表,共10个条目,包含过度投入和工作执念两个维度 |

续表

| 作者/年份 | 工作狂热定义 | 测量方式 |
| --- | --- | --- |
| Snir, Harpaz, 2012 | 对工作的过度投资,是一种上瘾行为 | 理论文章,并未探讨工作狂热的测量 |
| 郑芳芳、蒋奖、李幸路、董娇、克燕南,2010 | 一种沉迷工作的状态,内心含有不可抗拒的持续工作的冲动 | 中国情境量表,共28个条目,包括工作满足感、过度工作、工作至上、高工作目标四个维度 |

注:笔者根据相关文献整理而成。

基于现有研究,目前得到较多国内外学者使用的包括以下四种测量方式。

第一种是 Spence 和 Robbins(1992)开发的自陈式工作狂热量表(Workaholism Battery,WorkBAT),包括工作卷入、内在工作驱动和工作乐趣三个维度。该量表包括25个条目,其中工作卷入有8个条目,反映的是个体投入工作的程度,如"即使是下班后,我都会充分利用时间工作";内在工作驱动反映的是个体自我强迫工作的动机,有7个条目,如"即使是下班后,我仍不受控制地思考工作的事";工作乐趣测量的是个体在工作时的情绪反应,有10个条目,如"在工作时,我感到愉悦"。该测量采用自我汇报的方式,即由被试阅读每条陈述,并根据自身情况进行判断。通过加总平均25道题目的得分,得到被试的工作狂热倾向,分数越高,表示被试工作狂热倾向越高。

目前,在学术界,WorkBAT 是使用最为普遍的量表之一。Malinowska 和 Tokarz(2014)通过实证研究验证了该量表的内容效度和聚合效度,并且表示其在波兰具有良好的适用性。尽管如此,也有一些学者对量表的维度区分和可推广性表示了质疑。比如,Kanai、Wakabayashi 和 Fling(1996)指出,该量表的结构效度指标不太理想,三个维度的区分缺乏理论基础。另外,也有学者提出 WorkBAT 量表在跨文化情境下的适用性还有待进一步验证(Andreassen et al.,2014)。

第二种是 Robinson（1999）编制的自陈式工作成瘾风险测试（Work Addiction Risk Test，WART），包括强迫倾向（compulsive tendency）、控制倾向（control tendency）、自我关注（self-absorption）、无力授权（inability to delegate）、自我价值（self-worth）五个维度。强迫倾向反映的是个体是否倾向于一直保持工作状态；控制倾向反映的是个体对完美的追求程度，当工作成果达不到自身预期时，是否会急躁易怒等；自我关注反映的是只关注自己，忽视他人的程度，在工作时是否会注重人际关系，是否考虑他人建议和观点；无力授权指的是工作亲力亲为，不愿意授权给他人；自我价值反映的是当处于非工作状态时，是否会感到内疚。该量表总共 25 个条目，测量条目如"当同事下班后，我还在工作""工作中的事，我会亲自做，不喜欢向他人求助"。该量表采用了李克特四点计分法，1 表示"从来不"，4 表示"一直是"。如果被试得分为 25—54 分，则可认为其工作成瘾的风险不高；为 55—69 分，则存在中度的工作成瘾风险；为 70—100 分，则可认为其工作成瘾的风险较高。

由于该量表操作性较强，目前使用较为普遍。Patel 等（2012）在其荟萃分析中指出已有 130 多篇公开发表的论文使用了该量表。Flowers 和 Robinson（2002）表示，WART 量表具有较好的信度和效度，且工作狂热个体和非工作狂热个体在强迫倾向、控制倾向和自我关注上差异较大。尽管如此，刘杰和石伟（2008）却表示该量表目前多在美国文化背景下使用，在其他文化背景下是否适用需要更多的检验。Clark 等（2016a）则认为该量表的五维度结构需要更多的理论支持。

第三种是 Schaufeli 等（2009b）在其工作狂热定义的基础上开发的工作成瘾量表（Dutch Work Addiction Scale，DUWAS）。由于他们从认知和行为维度定义了工作狂热，故其量表包含两个维度：过度投入和工作执念。该量表总共 10 个条目，其中，过度投入维度的测量参考了 Robinson（1999）编制的 WART 量表中强迫倾向维度的测量，有 5 个条目，如"在工作中，我似乎很匆忙，一直与时间赛跑"；工作执念维度的测量参考了 Spence 和 Robbins（1992）编制的 WorkBAT 量表中内在工作驱动维度的测量，有 5 个条目，如"我觉得我的内心有某种东西驱使我努力工作"。该量表同样采用了李克特四点计分法，1 表示"从来不"，4 表示"一直是"。得分越高，表示工作狂热倾向越高。

Schaufeli 等（2009b）利用来自荷兰和日本的员工样本开发并验证了该量表，结果表明，量表具有良好的信度和效度。近年来，学者们对于工作狂热的两个核心特征（过度投入、工作执念）达成了一致，但在其情绪表现上尚有争论。相比使用 Spence 和 Robbins（1992）开发的三维度量表，DUWAS 量表的使用越来越广泛（Clark et al.，2016a）。因此，结合本书对工作狂热的定义，以及考虑到 DUWAS 量表信效度较高且简短易测，本书的下属层次、团队层次、领导个人层次研究均采用该量表对工作狂热进行测量。

第四种是由中国学者郑芳芳等（2010）编制的工作狂热量表。基于 WorkBAT 量表和 WART 量表，以北京市企事业单位员工为样本，郑芳芳等（2010）开发了适用于中国情境的工作狂热量表，总共 28 个条目，包括工作满足感、过度工作、工作至上、高工作目标四个维度。工作满足感衡量的是个体享受工作的程度，有 7 个条目，如"我很享受工作时的感觉"；过度工作衡量的是个体在工作中投入的程度，有 8 个条目，如"我发现自己经常在休息日工作"；工作至上衡量的是个体以工作为主的程度，有 7 个条目，示例条目为"工作是我全部的寄托"；高工作目标指的是个体在工作方面对自己设立了高目标，有 6 个题目，如"工作时我力求完美"。该量表使用了李克特五点计分法，1 表示"从来不"，5 表示"一直是"，得分越高，表示工作狂热倾向越高。虽然郑芳芳等人（2010）以中国文化为背景，首次编制了中国情境下的工作狂热量表，对于跨文化情境下的研究有所助益，但是由于目前使用范围有限，其信度和效度有待进一步检验。

## 第四节　工作狂热与相似概念辨析

基于上述对于工作狂热定义、内涵、分类以及测量的回顾，本节内容进一步将工作狂热与其他相似概念进行辨析，包括工作投入（work engagement）以及工作卷入（job involvement），从而加深对于工作狂热概念的理解。

### 一　工作狂热与工作投入

这两个概念既有相似性，也存在区别（Di Stefano, Gaudiino, 2019）。在定义上，工作投入是指积极参与工作的精神状态，其特征是活力（vigor）、奉献（dedication）和专注（absorption）（Schaufeli et al., 2002）。活力指的是个体在工作时精力充沛，并且具有高的心理适应能力，即使遇到困难也不退缩；奉献指的是愿意为工作付出时间精力，并从中感受到热情、鼓舞和自豪感等；专注指的是全神贯注于工作，并以此为乐。工作狂热指的是在强烈内驱力下过度工作的工作沉迷倾向（Schaufeli et al., 2008a）。由此可见，二者相似之处在于都强调了个体积极参与工作的一面。部分学者也发现这两个变量有一定的相关关系（$\gamma = 0.14$, $p < 0.01$, van Beek et al., 2012）。尽管如此，二者却是完全不同的概念。

第一，工作投入作为一种工作状态，会随着外部情境不断变化，例如在工作限期截止前，工作投入会上升，而截止后，工作投入会下降。而工作狂热作为一种工作沉迷倾向，强调的是个体持续不断地努力工作，不管是否临近工作限期，一直保持着高工作时长。第二，在驱动因素上，学者们通过一系列的实证研究发现，个体的工作投入主要是因为他们喜欢自己的工作，工作对他们而言是一种乐趣，而工作狂热强调的是个体因为受到内心执念而进行工作，无所谓喜欢或不喜欢（Schaufeli et al.，2008a；van Beek et al.，2012）。Taris 等（2010a）形象地比喻道，工作投入是通过乐趣将个体"拉"向工作，而工作狂热是个体因为不能抵抗内心执念，被"推"向工作。第三，在结果变量方面，工作狂热主要与消极结果相关，而工作投入通常与积极结果相关。工作狂热个体通常在工作场所遭遇人际冲突（Mudrack，2006）、工作不满意（Burke，MacDermid，1999）、工作家庭冲突（Schaufeli et al.，2009a；Taris et al.，2005）、低生活满意度（Bonebright et al.，2000）和健康问题（Balducci et al.，2018）。相反，高工作投入的个体对自己的工作更满意，对组织更忠诚（Schaufeli et al.，2008b），表现出更多的个人主动性和角色外行为（Sonnentag，2003；Xanthopoulou et al.，2009），以及较低的缺勤率（Schaufeli et al.，2009a）。此外，工作投入高的个体也愿意把时间花在社交、爱好和志愿服务上（Ariani，2013；Shantz，Alfes，2015），具有较高的生活满意度和身心健康水平（Schaufeli，Salanova，2007）。因此，无论是在概念界定上还是在实证研究结果中，工作狂热与工作投入二者都能得到有效区分。

## 二 工作狂热与工作卷入

工作狂热与工作卷入两个概念在定义上也存在相似之处。工作卷入（Job involvement）指的是个体认同所从事的工作，并在认知上专注以及在行为上积极参与当前工作（Kanungo，1982）。工作狂热也强调了个体在行为上积极参与工作（Spence，Robbins，1992）。尽管如此，二者也存在着明显的不同。

首先，工作卷入属于短期的行为表现，而工作狂热却是长期持续的行为。Kanungo（1982）指出，个体的工作卷入强调的是在特定情境下的工作卷入，表示的是个体出于某个原因（如需求被满足、上级领导要求等）而卷入某项工作。所以工作卷入程度会随着工作情境而变化。而工作狂热描述的是一种工作沉迷倾向，个体在非工作时间会有强烈的愧疚感。其次，在驱动因素上，个体的工作卷入会同时受到内在动机和外在动机的影响（Gorn，Kanungo，1980）。如果个体对工作认同感较高，会表现出高工作卷入，另外，外在因素（如金钱晋升激励、组织压力、考核要求等）也会促使个体增加工作卷入。时雨等（2009）表示，很多员工卷入工作并不是发自内心的愿意，而是迫于外界因素不得不参与。而工作狂热个体努力工作是源自强烈的、不可抑制的内驱力（Schaufeli et al.，2008a）。最后，在结果变量方面，工作卷入主要与工作中的积极结果相关（Brown，1996）。比如，Keller（1997）发现工作卷入与工作绩效显著正相关。Rotenberry 和 Moberg（2007）也表示工作卷入是员工绩效的重要预测变量。其他学者还发现，高工作卷入的员工倾向于表现出更多的建言行为（刘顿、古继宝，2018）、更多的创意执行行为（顾远东等，2014）和更好的创新绩效（宋琦等，2016）。但是 Brown（1996）在其荟萃分析中发现工作卷入与个人的身心健康和幸福感等不相关。关于工作狂热的影响作用，学者们大多发现工作狂热与消极结果相关，尤其是个人的身心健康水平（Clark et al.，2016a），比如过劳死（Robinson，2000；Snir，Harpaz，2006）、过度吸烟和睡眠质量下降、肥胖等问题（Buelens，Poelmans，2004）。由此可见，工作狂热和工作卷入虽然在概念上有相似之处，但是在其内涵和影响效果等方面存在差异，并不能相互替代。

综上所述，工作狂热不同于工作投入和工作卷入，三种类型的个体在行为上都是努力参与工作，但是工作狂热个体更为极端，他们出于不可抑制的工作内驱力，过量地投入工作，把工作摆在社交、家庭和休闲之前。这种行为甚至会给自己的身心健康和家庭幸福带来危害。表2—3将工作狂热和与之相近的工作投入、工作卷入概念从定义、行为表现、驱动因素（动机）和作用效果四个方面进行了对比，以简要说明它们的异同。

表 2—3　　　　　　　工作狂热与相似概念辨析

| 概念 | 定义 | 行为表现 | 驱动因素（动机） | 作用效果 |
|---|---|---|---|---|
| 工作狂热 | 在强烈内驱力下工作沉迷的倾向，包括过度投入和工作执念两个方面 | 长期、长时间地在工作中投入时间精力；不会因为工作任务完成而停止 | 难以抑制的内在动机：个体受到内心的强迫而进行工作，无所谓喜欢或不喜欢 | 多与消极结果相关<br>·工作方面：人际冲突、低绩效表现、反生产行为，等等；<br>·非工作方面：低生活满意度和健康水平、工作家庭冲突等 |
| 工作投入 | 个体积极参与工作的精神状态，包括活力、奉献和专注三个方面 | 在工作时专注、有活力，但不会超时过量工作；可能因为工作任务完成而停止 | 内在动机：个体出于对工作的喜欢、热爱 | 多与积极结果相关<br>·工作方面：高绩效表现、主动性和角色外行为、低缺勤率等；<br>·非工作方面：高生活满意度和身心健康水平 |
| 工作卷入 | 个体认同所从事的工作，并在认知上专注以及在行为上积极参与当前工作的程度 | 短期内在某项工作中付出时间精力，不一定超时过量工作；可能因为工作任务完成而停止 | 内在动机：出于对工作的认同；<br>外在动机：因为外在因素，如金钱晋升激励、迫于组织压力、考核要求等 | 多与积极结果相关<br>·工作方面：高绩效表现、建言行为、创新行为等；<br>·非工作方面：无显著相关性 |

说明：笔者根据相关文献整理而成。

## 第五节　工作狂热的研究进展

近年来，越来越多的学者开始关注工作狂热概念，并从不同视角、不同方面进行了研究（如 Balducci et al., 2018；Burke, 2004；Harpaz, Snir, 2003）。纵观现有研究，可以发现早期有关工作狂热的研究以理论探讨为主，而近期出现了较多的实证研究。基于此，本节从工作狂热的影响因素、作用效果和领导工作狂热三个方面分别回顾了相关研究，并对文献进行了述评以论证本书的研究意义，也为后续的实证研究奠定了基础。

### 一　工作狂热的前因变量研究

在工作狂热研究领域，令人感兴趣的问题之一就是组织中为什么会出现工作狂热者。针对这一问题,学者们进行了相关研究。根据研究关注点,可以将这些研究归纳为四类,即学者们发现人口统计学变量、人格特质、工作因素和家庭因素都可能引发个人的工作狂热倾向(见表2—4)。

表2—4　　　　　　　工作狂热的前因变量研究汇总

| 分类 | 前因变量 | 主要研究发现 | 作者/年份 |
| --- | --- | --- | --- |
| 人口统计学变量 | 性别 | 男性比女性更可能成为工作狂热者 | Harpaz, Snir, 2003; Snir, Harpaz, 2006 |
| | | 性别与工作狂热倾向并无直接联系 | Burke et al., 2004b |
| | 婚姻状态 | 未婚女性和已婚男性成为工作狂热者的可能性更高 | Snir, Harpaz, 2006 |
| | | 是否已婚并不能影响工作狂热倾向的产生 | Clark et al., 2016a |
| 人格特质 | 完美主义 | 完美主义者更可能表现出工作狂热倾向 | Clark et al., 2010; Taris et al., 2010b |
| | 成就导向型人格 | A型人格和高成就需要的人更可能成为工作狂热者 | Machlowitz, 1980; Schaef, Fassel, 1988 |
| | 自尊 | 自尊心越低,越可能变成工作狂热者 | Burke, 2004; Robinson, Kelley, 1998; van Wijhe et al., 2014 |
| | 自我效能感 | 自我效能感越高,越可能变成工作狂热者 | Mazzetti et al., 2014 |
| | 大五人格 | 高责任心和高外向性的人更容易变成工作狂热者 | Burke et al., 2006; Clark et al., 2016a |
| 工作因素 | 工作要求 | 高工作要求会引起工作狂热倾向 | Andreassen et al., 2017; Snir, Harpaz, 2012 |
| | 工作资源 | 工作自主性与工作狂热倾向负相关 | Andreassen et al., 2017; Clark et al., 2016a |
| | 组织氛围 | 加班氛围和竞争氛围会引起工作狂热倾向 | Keller et al., 2016; Mazzetti et al., 2014; Ng et al., 2007 |
| | 组织激励 | 非升即走的考核晋升制度会引起员工工作狂热倾向 | Burke, 2001a |

续表

| 分类 | 前因变量 | 主要研究发现 | 作者/年份 |
|---|---|---|---|
| 家庭因素 | 生活经历 | 不幸福的家庭环境或童年会引起工作狂热倾向 | Matthews, Halbrook, 1990 |
| | 父母因素 | 父母严厉的教育方式、过高期望会影响子女的工作狂热倾向 | 翁清雄、臧颜伍, 2016 |
| | 家庭关系 | 婚姻失意或不和谐的家庭生活会影响工作狂热倾向 | Yaniv, 2011 |

注：笔者根据相关文献整理而成。

### （一）人口统计学变量

Harpaz 和 Snir（2003）表示，性别是影响工作狂热倾向的重要因素，他们认为男性成为工作狂热者的可能性远高于女性。为证明这一观点，Snir 和 Harpaz（2006）以日本、比利时、以色列、荷兰和美国的员工为样本进行研究，结果发现性别和婚姻状况都会影响工作狂热倾向。具体而言，根据性别角色理论（Pleck, 1977），男性更多地在工作上投入，而女性更多地在家庭中付出。因此，男性比女性更可能成为工作狂热者；另外，未婚女性和已婚男性成为工作狂热者的可能性也更高。但是也有学者指出，人口统计学变量并不能显著影响工作狂热倾向。Burke 及其同事以澳大利亚女性心理学家为样本，发现性别与工作狂热倾向并无直接联系（Burke et al., 2004b）。Clark 等（2016a）也在其荟萃分析中表示，由于工作狂热倾向是源自个体内心无法控制的工作驱动力，所以是否已婚并不能影响工作狂热倾向的产生。

### （二）人格特质

基于特质理论，学者们很早就发现人格特质是影响工作狂热倾向的重要前因变量（Ng et al., 2007）。首先，完美主义者更可能成为工作狂热者（Clark et al., 2010; Taris et al., 2010b）。完美主义者通常对工作精益求精，对自己有着极高的工作标准（Slaney et al., 2001），这使他们可能在工作中会投入更多的时间和精力，表现出工作狂热倾向。学者们还关注了个人成就导向型特质对于工作狂热倾向的影响，发现 A 型人格（高进取心、侵略性、自信心和成就感）（Edwards, Baglioni, 1991）和高成就需要的人更可能成为工作狂热者（Machlowitz, 1980; Schaef, Fassel, 1988）。此外，当个人的自尊心较低时，他/她更可能变成工作狂热者（Burke, 2004; Robinson, Kelley, 1998），因为低的自尊心会降低社交意愿，他/她更愿意投入工作以回避社交活动。而当个人的自我效能感较高时，他/她更容易产生工作狂热倾向，因为他们会设定较高的绩效目标以及坚信自己有能力实现，从而在工作中投入过量的时间和精力（Mazzetti et al., 2014）。van Wijhe 等（2014）发现，绩效导向的个人自尊（performance-based self-esteem）和持续投入认知（enough continuation rule）会影响工作狂热倾向。在大五人格方面，Burke 等（2006）和 Clark 等（2016a）发现责任心和高外向性会影响工作狂热倾向。高责任心和高外向性的人往往更勤勉负责，且在工作中积极主动，从而更容易变成工作狂热者。

（三）工作因素

与工作相关的因素也是诱发工作狂热倾向的重要原因，具体包括与工作特征相关的因素和组织环境因素。根据工作要求—资源模型（job demands-resources model）（Demerouti, Bakker, 2011），工作特征可以分为工作要求和工作资源。工作要求指的是工作中所涉及的身体、心理、社会等方面的要求，这些要求需要个体付出持续的身体或心理上的努力。工作资源指的是工作中能获取的物质、心理、组织或社会资源（Demerouti, Bakker, 2011）。基于工作要求—资源模型，Snir 和 Harpaz（2012）指出，高工作要求可能会引起工作狂热倾向。类似地，Clark 及同事（2016a）在其荟萃分析中发现，工作要求（包括角色超载、角色模糊和角色冲突）与工作狂热倾向之间存在正相关关系，而工作资源（如工作自主性）与工作狂热倾向负相关，因为工作自主性越高，说明员工越能灵活安排工作，会减少工作狂热倾向的出现。Andreassen 等

(2017)通过纵向研究设计也证实了工作要求和工作资源对工作狂热倾向的影响。在组织环境因素方面，学者们着重关注了组织氛围和组织激励的影响。Ng 等（2007）指出如果员工处在要求长期加班的组织环境下，更可能会产生工作狂热倾向。Mazzetti 等（2014）基于 333 名荷兰在职员工的调查样本发现，公司过度工作氛围对员工的工作狂热倾向有直接影响。Keller 等（2016）通过调查 816 名德国产业工人发现，组织内的竞争氛围会导致工作狂热倾向的产生。Burke（2001a）还表示公司的内部政策也可能是工作狂热倾向产生的间接影响因素，如非升即走的考核晋升制度。在这种情况下，员工不得不加大工作投入，长此以往，员工可能陷入工作狂热的状态，同时，倡导工作—家庭非平衡策略（例如在周末鼓励加班）的组织也更容易产生工作狂热员工。

（四）家庭因素

家庭因素也是工作狂热倾向的诱因之一。学者们关注了生活经历、父母因素和家庭关系等因素的影响。具体而言，Mathews 与 Halbrook（1990）认为成长环境，如不和谐的家庭氛围（disharmonious family atmosphere）或不幸福的童年等，会促使个人选择高压的工作，甚至变成工作狂热者。此外，父母也会影响孩子未来的工作狂热倾向。比如，翁清雄和臧颜伍（2016）指出，父母过分严厉的教育方式或过高的期望可能导致孩子在工作场所中变成工作狂热者。另外，如果父母或其他家庭成员持续地过量投入工作，耳濡目染下，孩子未来也可能变得对工作沉迷（Bandura，1986）。Yaniv（2011）还关注了婚姻质量对工作狂热倾向的影响。Yaniv 认为虽然工作狂热倾向源自个体不可抑制的工作内驱力，但是婚姻失意或不和谐、不满意的家庭生活仍然会对工作狂热倾向造成影响。因为在这种情况下，个体很可能将工作视为逃离不幸福家庭的途径，久而久之产生工作狂热倾向。尽管诸多学者围绕着家庭因素探讨了工作狂热倾向的前因变量，但是由于数据收集的困难（如涉及敏感问题，纵向数据较难获取），大部分还仅限于理论探讨，缺乏实证支持，未来研究可以在这方面进一步深入。

## 二 工作狂热的结果变量研究

工作狂热所带来的影响也是学者们重点关注的研究问题。大部分研究发现,工作狂热会带来诸多负面影响,但是也有一些学者认为工作狂热对组织而言可能会有益处。基于此,本节内容从工作狂热的消极影响和积极影响两个方面分别予以总结,研究汇总见表2—5。

表2—5 工作狂热的结果变量研究汇总

| 研究关注点 | 研究主要发现 | 作者/年份 |
|---|---|---|
| 消极影响 | | |
| 健康水平 | 工作狂热个体面临高的生理健康风险(如血压高,代谢综合征,心血管疾病,睡眠质量差) | Balducci et al., 2018; Caesens et al., 2014; Gillet et al., 2018; Salanova et al., 2016; Shimazu et al., 2015; Ten Brummelhuis et al., 2017 |
| | 工作狂热个体面临诸多心理健康问题(如情绪耗竭,心理压力,生活满意度低) | Balducci et al., 2018; Kanai, Wakabayashi, 2001; Taris et al., 2005; Shimazu et al., 2015; 胡俏、何铨, 2018 |
| | 工作狂热个体会给家庭成员的健康带来负面影响 | Robinson, Kelley, 1998 |
| 家庭关系 | 工作狂热个体通常具有较差的家庭关系,较高的工作家庭冲突,婚姻质量和婚姻凝聚力较差,且配偶的婚姻满意度较低 | Aziz, Zickar, 2006; Bakker et al., 2013; Gillet et al., 2018; Hakanen, Peeters, 2015; Robinson et al., 2001; Robinson et al., 2006; Schaufeli et al., 2008b |
| 职场关系 | 工作狂热个体会给公司带来竞争氛围,很难与同事建立亲密关系,将负面情绪发泄到同事身上,甚至引起职场侵犯行为 | Balducci et al., 2012; Porter, 1996; Shimazu et al., 2010; Spence, Robbins, 1992; Scott et al., 1997 |
| 工作结果 | 工作狂热员工工作压力大,工作满意度较低,离职意向较高 | Burke, Matthiesen, 2004; Burke, MacDermid, 1999; Clark et al., 2016a; Kanai et al., 1996; 胡俏、何铨, 2018 |
| | 工作狂热个体的强工作内驱力与破坏性违规行为正相关 | Galperin, Burke, 2006 |
| | 工作狂热员工的工作绩效和创业绩效较低 | Gorgievski et al., 2014; Scott et al., 1997; Shimazu et al., 2015 |

续表

| 研究关注点 | 研究主要发现 | 作者/年份 |
|---|---|---|
| | 积极影响 | |
| 工作结果 | 工作狂热员工会产生更高的工作满意度 | Peiperl, Jones, 2001 |
| | 成就导向型工作狂热员工的绩效表现较高 | Scott et al., 1997 |
| | 个人的工作狂热倾向有利于其短期绩效 | Ng et al., 2007 |

（一）工作狂热的消极影响

已有研究发现工作狂热倾向会对健康水平、家庭关系、职场关系和部分工作结果产生不利的影响。

在健康水平方面，由于工作狂热个体长时间忘我地投入工作，很容易忽略自己的健康状况，因而增加了自身的生理健康风险（Salanova et al., 2016; Ten Brummelhuis et al., 2017）和心理健康问题（Taris et al., 2005）。Kanai 和 Wakabayashi（2001）以来自日本的 4621 位蓝领工人为样本，发现工作狂热员工具有高的压力感知，这使其身心健康水平偏低。Caesens 等（2014）和 Gillet 等（2018）都发现工作狂热员工的睡眠质量普遍较差。Shimazu 等（2015）对日本某公司 1196 名员工进行了调研，发现工作狂热员工的幸福感较低（如健康欠佳、生活满意度低）。Balducci 等（2018）通过两个实证研究，发现工作狂热与心脏血压和心理压力显著正相关。胡俏和何铨（2018）基于对 172 名护士和 273 名警察的纵向研究发现，高工作狂热倾向会造成高情绪耗竭。除此之外，Robinson 和 Kelley（1998）还发现工作狂热除了影响自身的健康水平，也会影响家庭成员的身心健康，比如如果父亲是工作狂热者，其子女的焦虑水平通常较高。

在家庭关系方面，学者发现工作狂热个体通常具有较差的家庭关系和较高的工作家庭冲突（Gillet et al., 2018; Schaufeli et al., 2008b），因为他们在工作中过度投入，缺乏时间精力维护家庭关系（Aziz, Zickar, 2006）。Hakanen 和 Peeters（2015）对 1580 名芬兰牙医进行研究发现，工作狂热个体更容易遭受工作家庭冲突。Robinson 等（2001）以美国咨询协会的 326 名成年女性为样本，发现工作狂热倾向越高，其婚姻质量和夫妻双方感情越差。Robinson 等（2006）进一步以美国咨询协会的 272 名成年男性为样本，发现工作狂热个体的配偶认为他们的婚姻存在很多问题，对婚姻的满意度较低。此外，Bakker 等（2013）发现工作狂热更容易诱发工作家庭冲突，进而导致配偶的家庭满意度下降。

在职场关系方面，研究表明工作狂热倾向对职场关系不利（Ng et al., 2007；翁清雄、臧颜伍，2016）。Spence 和 Robbins（1992）以及 Scott 等（1997）均发现工作狂热员工在工作时习惯于吹毛求疵，对同事要求较高，且万事亲力亲为，不愿意假手于人，这使他们很难与同事建立亲密的关系。另外，Porter（1996）在其理论文章中指出，工作狂热个体可能给公司带来较高的竞争氛围，不利于与同事和谐关系的建立。Shimazu 等（2010）以日本某工程机械公司的 757 名员工为样本，发现当工作狂热员工遇到压力或挑战时，通常会将自己的负面情绪发泄到同事身上。Balducci 等（2012）通过问卷调查进一步发现工作狂热会引发个体的消极情绪，进而导致职场侵犯行为，这会使职场人际关系紧张，不利于营造和谐的工作环境。

在工作结果方面，部分学者表示工作狂热倾向会给个人的工作表现和组织带来消极影响（Burke, 2001b）。Burke 和 MacDermid（1999）以 530 名员工为样本，发现工作狂热倾向与员工工作满意度和职业满意度负相关，与他们的离职意向正相关。基于纵向研究，胡俏和何铨（2018）发现，工作狂热员工的工作满意度较低。Burke 和 Matthiesen（2004）以 211 名挪威记者为样本，发现工作狂热与离职倾向显著正相关。Kanai 等（1996）以来自日本的 1072 名员工为样本，发现工作狂热员工的工作压力较高。Clark 等（2016a）通过荟萃分析也证实了这一点。Galperin 和 Burke（2006）以来自巴西 6 家公司的 142 名员工为样本，探究了工作狂热的三个维度（工作卷入、工作内驱力和工作乐趣）对组织违规行为的影响，结果发现工作内驱力与破坏性违规行为正相关。除此之外，Scott 等（1997）的研究表明，对于完美主义型工作狂热者，其工作绩效较低。通过对日本某公司 1196 名员工进行问卷调查，Shimazu 等（2015）发现工作狂热员工的工作绩效较差。Gorgievski 等（2014）对 180 名西班牙创业者进行调查，发现工作狂热倾向反而导致较低的创业绩效。

（二）工作狂热的积极影响

尽管大部分学者认为工作狂热会带来诸多负面影响，但是也有学者表示工作狂热也存在积极效应，主要体现在对工作结果的影响方面。Peiperl 和 Jones（2001）通过调研 174 位拥有 MBA 硕士学位的员工，结果发现工作狂热倾向会让员工产生更高的工作满意度。此外，在工作狂热倾向对于个体工作绩效的影响方面，以往研究尚未得出一致结论。Scott 等（1997）在其研究中表示，分析工作狂热倾向对组织的影响时需要考虑工作狂热的不同类型，他们发现成就导向型的工作狂热者对组织是有利的，其个人绩效比较高。然而，Shimazu 等（2010）在一家日本工程机械公司的 757 名员工中进行了问卷调查，发现工作狂热倾向与绩效之间的正向关系较为微弱。Shimazu 等（2012）基于 1967 名来自日本不同职业的员工样本进行研究，却发现工作狂热倾向与绩效之间并无显著关系。基于此，Ng 等（2007）呼吁学者从短期和长期出发更深入地探讨工作狂热倾向给工作绩效带来的影响。他们认为工作狂热个体的短期绩效相对较高，因为他们在工作上投入了极多的时间和精力，但是从长期来看，工作狂热个体的身心健康问题逐渐凸显，并且在职场中与同事关系不佳，这都会影响其长期的工作绩效。

总体来说，工作狂热对个人的健康水平、职场和家庭关系以及部分工作结果会产生负向影响。但是由于忘我地投入工作，工作狂热个体也可能带来积极的工作结果。比如，在特定的情境下，工作狂热能提升个人的短期绩效。

### 三　领导工作狂热研究

相比于员工工作狂热研究，目前，学术界对于领导工作狂热的关注较少，且实证研究十分缺乏。笔者通过 Web of Science 平台，以"领导工作狂热""workaholic leader"和"leader workaholism"为关键词，仅搜索出少量有关领导工作狂热的学术论文。Friedman 和 Lobel（2003）在其理论研究中指出，快乐的工作狂热领导者（happy workaholic executives）能够成为员工的榜样，激励员工更好地完成工作。Pan（2018）根据 Schaufeli 等（2008a）对工作狂热的定义，将领导工作狂热定义为领导的工作沉迷倾向，包括行为上的"过度投入"和认知上的"工作执念"。Pan（2018）通过对酒店服务行业 173 份上下级配对数据进行分析，发现当下属遭遇工作家庭冲突时，工作狂热领导者能够提供必要的支持，促使下属通过增加组织公民行为，减少退缩行为以回馈领导。李全等（2018）通过对 96 家公司的高管团队进行调查发现，工作狂热的 CEO 能够提升高管团队的集体投入，进而促进组织绩效，当高管团队对工作狂热的 CEO 认同程度更高时，该效果更强。佘卓霖等（2020）的研究发现，对于高工作中心性下属，工作狂热领导者能够激发其领导认同，提升其绩效水平。佘卓霖等（2021）的研究表明，工作狂热领导者能够促进团队工作投入，进而提升团队绩效水平。

尽管上述研究表明了领导工作狂热对下属、团队或组织的积极影响，但也有研究指出领导工作狂热可能给被领导者带来负面影响。Clark 等（2016b）构建了交叉传递（crossover）理论模型，指出工作狂热领导者会降低自身的幸福感，进而通过情绪、认知、行为等多种路径交叉传递至下属，降低下属的幸福感。Li 和 She（2020）构建了多路径中介理论模型，提出工作狂热领导者会通过增加工作过载、引发消极情绪、降低跨界动机三种途径抑制下属非正式学习。李全等（2021）的研究发现，工作狂热领导者通过抑制团队边界跨越行为和阻碍团队心理脱离，负向影响团队创造力。Kim 等（2020）

的研究显示，工作狂热领导者会导致下属工作过载和情绪耗竭，从而增加下属离职意向。通过以上研究回顾可以看出，虽然领导工作狂热正在逐渐引起国内外学者的关注，但是关于这方面的实证研究尚处于起步阶段。考虑到企业中工作狂热领导者越来越普遍，研究领导工作狂热对下属、团队和组织的影响显得日益迫切。因此，本书将着重探究领导工作狂热在组织中的影响。此外，遵循以往研究，本书将那些因难以抑制的内驱力而过度工作、对工作沉迷的领导称为工作狂热领导者。

## 第六节 研究述评

通过梳理国内外有关工作狂热的文献，可以看出，工作狂热作为一个独立的研究领域正越来越受到研究者们的关注。图2—3直观展示了现有文献中的研究成果。尽管前述研究深化了对工作狂热前因和影响效果的理解，但围绕工作狂热（特别是领导工作狂热）仍有相当多的研究问题尚未得到充分探讨。

首先，现有文献缺乏对工作狂热领导者的关注。围绕工作狂热的影响效果，现有研究大多侧重于个人的工作狂热倾向对自身和配偶的影响，虽然少数文献探究了领导工作狂热的影响（如 Pan, 2018；李全等, 2018），但是对领导工作狂热是否以及如何影响被领导者（下属和团队）及其自身这个重要命题的研究仍相对滞后。这些不足促使 Clark 及其同事呼吁要有更多的研究关注领导工作狂热的有效性（Clark et al., 2016b）。在当今竞争压力不断加大、通信技术迅速发展的时代，组织中出现了越来越多的工作狂热领导者（Knight, 2016）。因此，从领导工作狂热切入探究其对下属、团队及自身的影响具有重要的理论和实践意义。

其次，对领导工作狂热的影响效果缺乏全面深入的探索和明确。如前所述，关于领导工作狂热的影响效果，不论是学术界还是实践

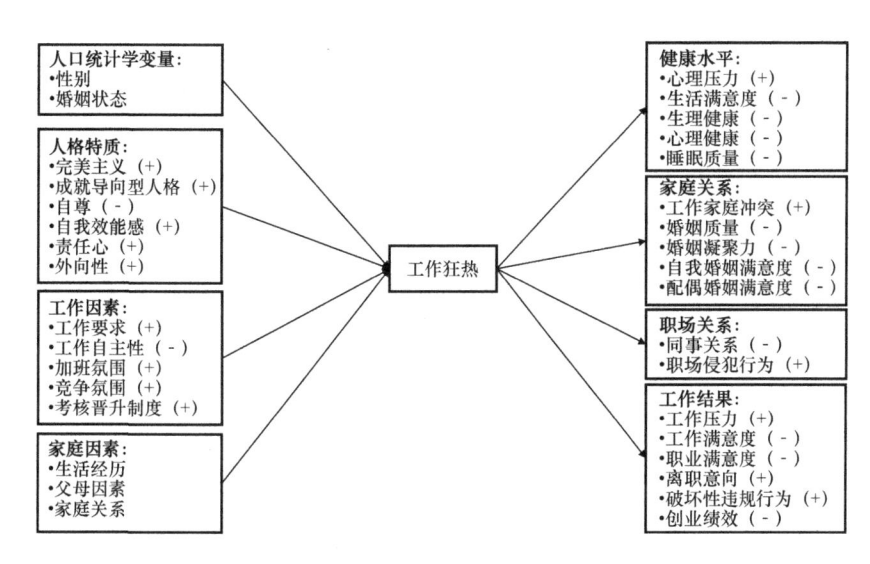

```
人口统计学变量:              健康水平:
·性别                        ·心理压力 (+)
·婚姻状态                    ·生活满意度 (-)
                             ·生理健康 (-)
人格特质:                    ·心理健康 (-)
·完美主义 (+)                ·睡眠质量 (-)
·成就导向型人格 (+)
·自尊 (-)                    家庭关系:
·自我效能感 (+)              ·工作家庭冲突 (+)
·责任心 (+)                  ·婚姻质量 (-)
·外向性 (+)        工作狂热  ·婚姻凝聚力 (-)
                             ·自我婚姻满意度 (-)
工作因素:                    ·配偶婚姻满意度 (-)
·工作要求 (+)
·工作自主性 (-)              职场关系:
·加班氛围 (+)                ·同事关系 (-)
·竞争氛围 (+)                ·职场侵犯行为 (+)
·考核晋升制度 (+)
                             工作结果:
家庭因素:                    ·工作压力 (+)
·生活经历                    ·工作满意度 (-)
·父母因素                    ·职业满意度 (-)
·家庭关系                    ·离职意向 (+)
                             ·破坏性违规行为 (+)
                             ·创业绩效 (-)
```

**图 2—3 工作狂热的现有研究整合**

说明：笔者根据相关文献整理而成；（+）表示正相关，（-）表示负相关。

界，都尚未达成共识。一派观点认为领导工作狂热代表了敬业奉献，会给企业带来积极影响，应该值得企业的鼓励和赞扬。但另一派观点却不以为然，认为工作狂热领导者不懂得劳逸结合，其做法不应该提倡。事实上，工作狂热领导者可能兼具积极影响与消极影响。因此，研究者需要全面、辩证地看待工作狂热的有效性，在构建研究模型时同时考虑正、负面效果，不能仅关注片面的影响效果。

再次，领导工作狂热的作用机制以及边界条件挖掘不足。通过文献梳理可以发现，虽然部分研究回答了领导工作狂热"是否"会带来某种特定影响（如积极影响或消极影响），但是对于这种影响是"如何"以及"何时"发生并未给予充分的解释、说明。因此，后续研究在构建理论研究模型时仍需要进一步挖掘领导工作狂热背后的作用机制以及发挥影响的边界条件。这些研究将帮助组织更加理性地看待领导工作狂热的作用效果，采取必要措施扬长避短。

最后，研究层次单薄。根据文献梳理可以看出，已有领导工作狂热的结果变量主要集中在个体层次，少有研究探讨领导工作狂热对团队层次结果变量的影响。然而，随着组织扁平化趋势的加强以及团队工作模式在职场中的普及（Stewart，2006），领导工作狂热对团队的影响也势必会更加突出。领导工作狂热会对团队管理造成哪些影响？团队层次是否能够重现个体层次的研究发现？这些重要问题尚未得到充分解答。此外，随着领导力研究开始关注领导者行为对自身的影响（王震等，2019），领导者的工作狂热倾向对其自身会产生何种影响也是值得探讨的问题。因此，学者们亟须从多层次视角开展领导工作狂热研究，扩展现有研究领域范围，丰富对其影响效果的认识与理解。

## 第七节  本章小结

本章围绕论文的核心概念——领导工作狂热，对现有的理论文献和实证研究进行了全面总结与梳理。具体而言，本章首先界定了工作狂热的概念并阐述了目前较为公认的三种分类方式。在此基础上，进一步回顾了现有研究中有关工作狂热的测量方式。此外，为加深对工作狂热概念的理解，本章详细辨析了工作狂热概念与其相似概念（工作投入和工作卷入）的异同。同时，本章系统梳理了目前有关工作狂热的研究，包括其前因变量、结果变量以及领导工作狂热三个方面。通过详细回顾现有文献，本章进一步论证了研究领导工作狂热对于下属、团队、自身影响的重要性与必要性。综上所述，本章通过梳理总结现有文献，为第三章下属层次、第四章团队层次、第五章领导者个人层次的实证研究提供了理论基础。

# 第 三 章

# 领导工作狂热对下属的"双刃剑"影响研究

本章主要从下属层次出发研究领导工作狂热对下属的影响效果。具体而言，本章首先从社会学习和情绪认知评价两个不同的理论视角，构建领导工作狂热对下属产生影响的理论模型，深入剖析领导工作狂热影响下属行为和态度的过程机制。一方面，基于社会学习理论，工作狂热领导者能发挥榜样示范作用，激励下属努力工作，给下属带来积极影响；另一方面，基于情绪认知评价理论，工作狂热领导者过量投入工作的行为也会导致下属工作焦虑，从而带来潜在的负面影响。其次，本章进一步分析下属特质在领导工作狂热与下属工作行为和态度之间的调节作用，并在此基础上提出被调节的中介假设。再次，本章详细阐述数据收集情况，并对相应的研究假设进行统计检验。最后，针对研究结论，本章对该研究的理论贡献和实践意义展开讨论，并指出存在的研究局限和相应的改进方向。

## 第一节 研究概述

在当下社会，由于行业竞争的不断加剧以及移动办公的广泛应用，个体过度沉迷工作的倾向愈演愈烈。对此，学者们提出了工作狂热概念，认为工作狂热指的是"个体强迫自身过度努力的工作倾向"（Schaufeli et al.，2008a），并将那些因难以抑制的内驱力而过量工作、对工作沉迷的领导称为工作狂热领导者（Clark et al.，2016b）。目前，在工作狂热研究领域，学者们大多从工作—家庭平衡视角出发，研究个人的工作狂热倾向对自身和配偶的影响，例如，工作狂热会负向影响自身健康水平（Balducci et al.，2018）、增加工作家庭冲突（Brady et al.，2008）、导致配偶生活满意度下降（Bakker et al.，2009）。尽管这些研究为理解个体的工作狂热提供了诸多参考，但并没有揭示工作狂热倾向在工作场所内的影响，对领导工作狂热的研究更是匮乏（Clark et al.，2016b）。事实上，工作狂热作为一种强迫自身过度努力的工作倾向，在领导者身上尤为常见（Knight，2016）。考虑到领导者的行为对员工的工作行为和态度有着至关重要的影响（Yukl，1989；Yukl et al.，2002），在组织情境中探讨领导工作狂热对下属的影响具有重要的研究意义。

另外，尽管领导工作狂热已引起学术界和实践界的关注，但是对领导工作狂热的有效性却颇具争议。Friedman 和 Lobel（2003）在其理论文章中构建了工作狂热领导者与下属的互动模型，指出领导工作狂热能够提高下属的工作表现。而 Clark 等（2016b）则在理论分析中指出，领导工作狂热只会无限加重下属负担，降低下属的幸福感。由此可见，领导工作狂热可能具有双面性，既会带来消极的影响，也存在潜在的积极影响。尽管理论研究存在争议，但目前有关领导工作狂热在组织内影响效果的实证研究还相对较少，对作用机制和边界条件的研究更是缺乏。在工作狂热领域的综述文章中，Clark 等（2016b）特别呼吁研究者在组织情景下开展更多有关领导工作狂热有效性的研究。鉴于此，本章将重点分析领导工作狂热对下属的影响效果，从而加深对领导工作狂热双刃剑效应的理解。

对员工而言，良好的职业发展与健康的身体状况同等重要。一方面，晋升作为职业发展过程中的重要环节，不仅意味着更高的收入，也会带来更多的资源（唐乐等，2019），因此员工日益重视自己的职业晋升机会（Harris et al., 2006）。另一方面，睡眠质量作为反映个人健康水平的重要指标，正逐渐引起学者和管理者的重视。低的睡眠质量不仅是个人身心健康的隐患，还会对其工作表现造成不良影响（Rosekind et al., 2010）。组织管理学者对于如何增加员工的职业晋升机会和提升其睡眠质量进行了大量研究，提出了影响二者的诸多因素，涵盖组织环境、工作特征、个人特质以及领导因素等多个方面（Harris et al., 2006; van Laethem, et al., 2013）。在这些因素中，员工的直接领导者无疑是极其关键的一项（Yukl et al., 2002）。本章的研究核心在于探讨工作狂热领导者在工作场所内的影响，尽管从直觉上，在工作狂热领导者的带领下，下属可能更加努力工作，以获得较好的职业发展，但同时其健康也可能受到损害。但在目前学术研究领域仍缺乏相关实证检验。而厘清领导工作狂热与下属职业晋升和睡眠质量之间的关系，不仅有助于弥补现有研究不足、加深对领导工作狂热效能的理解与认识，还能为组织管理提供有益借鉴。因此本章着重关注领导工作狂热对下属职业晋升机会和睡眠质量的影响。

在此基础上，借鉴社会学习理论与情绪认知评价理论，本章试图从个人行为和个人情绪两条路径探究领导工作狂热影响下属的作用机制。一方面，社会学习理论指出，个体会通过观察、模仿环境中的榜样人物来学习如何采取行动，以使自己的行为和价值观与榜样人物保持一致（Bandura，1986）。在组织情境下，领导由于具备较高的权力和地位等因素，通常被下属视为模仿和学习的榜样。工作狂热领导者努力完成工作、无时无地不思考工作问题的行为表现，会给下属传达重要的行为信息，下属会认为自己也要持续努力工作。受此影响，下属的工作努力程度在潜移默化中会不断提升。有研究表明，在组织中，个人的工作努力程度与其职业晋升机会呈正相关（Ng et al.，2015）。然而另一方面，根据情绪认知评价理论，个体情绪的产生受到认知评价的影响，对环境刺激的认知评价决定了个体的情绪反应，且这些情绪反应对于后续的行为表现会有重要影响（Lazarus，Folkman，1984）。工作狂热领导者不知疲倦，甚至放弃休闲生活的行为表现会使下属感到紧张和焦虑，因为下属可能担心自己难以满足工作狂热领导者的要求，进而产生焦虑情绪。在焦虑情况下，下属的睡眠质量将会下降。据此，本章首先分别探究工作努力程度和工作焦虑在领导工作狂热与下属职业晋升和睡眠质量之间的中介作用。

除作用机制之外，领导工作狂热影响下属结果的边界条件同样值得探索。社会学习理论和情绪认知评价理论均指出，下属认知、情绪以及行为的形成除了会受到领导者的影响，还会受到自身特征的影响（Bandura，1986；Lazarus，Folkman，1984）。由此，本章认为下属核心自我评价作为反映下属对自身能力和价值的根本认识（Judge et al.，2003），将是影响领导工作狂热作用效果的一个重要调节因素。具有高核心自我评价的下属，因对自身能力充满信心并且愿意接受挑战，而更容易受到工作狂热领导者的激励作用，产生更强的工作动力，从而有机会获得更好的职业发展。而对于低核心自我评价的下属，由于缺乏抗压和抗挫折能力，在面对工作狂热领导者时，更容易产生焦虑情绪，导致睡眠质量进一步下降。

通过上述研究内容，本章期望探究领导工作狂热对下属的双刃剑影响效应，并揭示领导工作狂热影响效果的边界条件。同时，本章也期望能够帮助组织管理者重新思考领导工作狂热的有效性，综合权衡工作狂热领导者所带来的利弊，为甄选合适的管理者提供借鉴。这部分研究的理论模型如图3—1所示。

图 3—1 研究理论模型

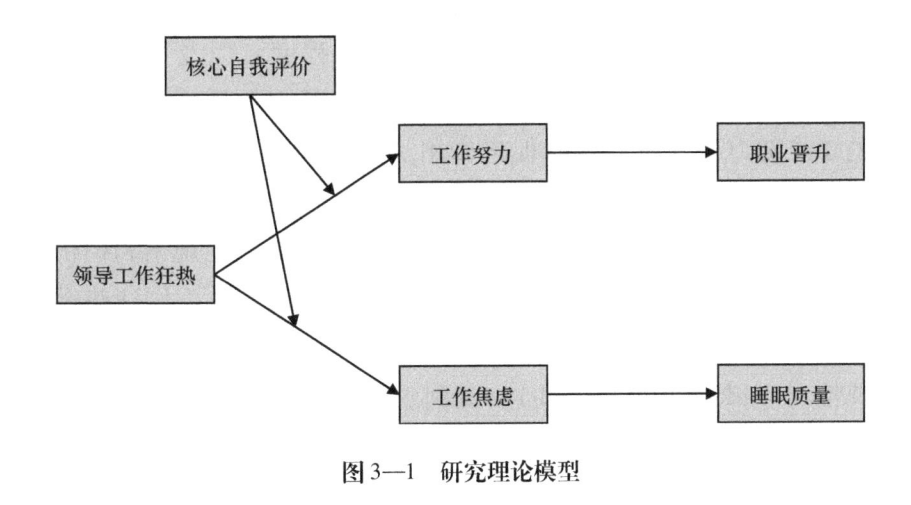

## 第二节 理论与假设

### 一 领导工作狂热对下属的积极影响路径

根据 Clark 等（2016b）的理论研究，工作狂热领导者通常具备三种明显的特征。首先，工作狂热领导者具有较强的内驱力。他们投入工作是因为内在执念，而非外部刺激。其次，工作狂热领导者沉溺于思考工作，他们将注意力聚焦在工作任务相关事情上。最后，工作狂热领导者往往比其他人工作时间更长，付出更多努力。考虑到工作狂热领导者的这些行为特点，基于社会学习理论，本章认为领导工作狂热会增加下属的工作努力程度，进而增加其在职场中的晋升机会。

社会学习理论指出，个体会在社会环境中通过观察模仿他人而习得各种知识、经验技能和行为规范（Bandura，1986；1977）。在组织中，相对于下属，领导者拥有较高的地位和权利，因此领导经常起到榜样示范作用。工作努力程度指的是个体在工作相关任务上付出的、为动机所驱使的、可测量的行为（De Cooman et al.，2009），包括三个维度，即工作方向（个体在组织中选择的行为方式)、工作强度（个体的行为表现到了何种程度）以及工作持久性（个体尽力维持此行为的持续性）。本章首先提出领导工作狂热对下属的工作努力程度有积极的促进作用。社会学习理论认为个体的大多数行为都是通过观察、模仿榜样示范者的行为而习得的（Bandura，1986；1977）。在企业组织中，领导一直都是员工观察和模仿的重要对象，对工作狂热领导者而言尤为如此。首先，工作狂热领导者具有强烈的工作内驱力，他们会在下属面前突出强调努力工作的重要性（Clark et al.，2016b）。受到工作狂热领导者的影响，下属会更加认真地对待自己的工作，努力把工作做好。其次，工作狂热领导者聚焦工作、全情投入的行为表现为下属树立了良好的榜样（Friedman，Lobel，2003）。在这种情况下，下属也会潜移默化地向领导者靠拢，增加自己在工作中的努力与付出程度。以往实证研究发现，领导的工作投入对下属、团队的工作投入具有正向促进效应（Gutermann et al.，2017；郭钟泽等，2016）。由此，本章提出以下假设。

假设 3.1a：领导工作狂热对下属工作努力程度具有正向影响。

进一步地，下属工作努力程度的提高可以增加在职场中的晋升机会。晋升机会（promotability）反映了员工在企业组织内获得职业升迁的可能性大小。在企业内，领导作为组织的代理人和员工的直接管理者，是员工晋升决策的主要制定者（唐乐等，2019）。因此，诸多学者指出由领导评价的下属晋升机会虽然不代表实际的晋升情况（如晋升次数、晋升速度等），但也在很大程度上反映了该下属的潜在晋升可能性（London，Stumpf，1983；Williams，Walker，1985）。由于无法获取有关员工在更高级别职位上的未来成就的客观信息，Spence（1973）指出，领导在评估员工的晋升机会时会以员工才能和绩效表现为主要参考。据此，本章认为下属的工作努力程度会从两方面增加其职业晋升机会。

一方面，高水平的工作努力程度会给领导留下良好的印象，领导会认为该下属是重视工作的（Kuvaas，Dysvik，2009）。另外，领导可以根据下属的工作努力程度来推断其是否具有一定的动机和能力去胜任更高级别岗位的要求（Harris et al., 2006）。越努力的下属越可能得到领导的认可，且让领导相信该下属能够胜任更高岗位的要求。更重要的是，通过努力工作，下属自身的工作技能也能不断得到提升，使他们升职的可能性更大。另一方面，下属越努力工作，其绩效表现可能越好，因为他们会将自己的全部精力投入相关工作中去（Kahn, 1990）。而高绩效表现通常是领导给予下属晋升机会的重要考量标准（Jawahar, Ferris, 2011）。现有的实证研究也证实了这一点。例如陈燃进（2015）以8家企业的226位员工为对象进行研究，结果发现，工作努力程度越高的员工，工作绩效水平也越高，且有更大的机会得到职业晋升。由此，本章认为下属工作努力程度将正向影响其职业晋升机会。

社会学习理论强调，组织中的员工通过观察模仿榜样示范者，能更多地表现出企业所希望的行为，进而对其后续的行为和发展产生影响（Bandura, 1977）。综合以上分析，基于社会学习理论，本章认为工作狂热领导者醉心工作的行为会引发下属的效仿，使下属在潜移默化中增加工作努力程度，进而增加在组织中的晋升机会。也就是说，下属工作努力程度在领导工作狂热与下属职业晋升机会之间起到中介作用。由此，本章提出以下假设。

假设3.1b：下属工作努力程度对其职业晋升机会具有正向影响。

假设3.1c：下属工作努力程度在领导工作狂热与下属职业晋升关系中发挥中介作用。

## 二 领导工作狂热对下属的消极影响路径

尽管领导工作狂热会给下属带来一定的积极影响，但是本章认为，也可能会给下属造成强烈的工作压力，使下属产生焦虑等消极情绪，进而带来一些意想不到的"黑暗面"。

情绪认知评价理论指出，情绪的产生依赖于个体如何评估解释环境刺激，即个体会不断对周围的组织环境进行观察和评估，进而产生相应的情绪反应（Lazarus，Folkman，1984）。Lazarus（1991）进一步指出，情绪认知评价包括两个阶段。第一阶段是个体评价外界刺激是否对自己而言具有挑战性，第二阶段是评价自己是否有足够的能力和资源应对外界有挑战性的刺激。通过这两个阶段，个体会最终形成对外界刺激的整体性评价。在认知评价的过程中，个体会产生不同的情绪，并且这些情绪对其之后的行为表现有重要的影响作用。在企业组织中，领导者的行为和态度等为员工情绪的产生提供了重要的认知评价目标，而且是员工所依靠的主要信息来源之一（Lord et al.，1999）。因此，依据情绪认知评价理论，本章认为领导工作狂热会使下属产生工作焦虑感，进而睡眠质量下降。

工作焦虑感（work anxiety）指的是个体在完成工作任务时所感到的担忧和紧张不安的情绪反应（McCarthy et al.，2016），它反映了个体在职场中感到潜在威胁或者较高挑战性时的紧张和忧虑。对于工作狂热领导者来说，他们会从两方面影响下属的工作焦虑水平。一方面，工作狂热领导者醉心工作，工作时长超出组织的要求（Clark et al.，2016b；李全等，2018）。受到工作狂热领导者的影响，下属会认为像领导一样努力工作是组织所期待的。为了配合工作狂热领导者高强度的工作量，下属不得不延长工作时间，甚至超负荷工作。在这种情况下，下属可能会感到工作强度已经超出了自身的可承受范围，进而将工作狂热领导者评价为"有害或者威胁"刺激，因此产生高工作焦虑感。另一方面，面对工作时，工作狂热领导者不仅对自身要求严格，对下属的要求也十分苛刻（Spence，Robbins，1992；Scott et al.，1997）。Clark等（2016b）发现工作狂热领导者追求尽善尽美，一项工作通常要花费过多的时间进行反复验证，甚至常认为下属的工作远远没有达到要求。而下属不仅难以摆脱超负荷的工作量，甚至时常担忧难以满足工作狂热领导者的高标准和严要求，这也会进一步促使下属认为工作狂热领导者是"有害或威胁"刺激，从而加剧不安、焦躁情绪。由此，本章认为领导工作狂热与下属工作焦虑感之间存在显著的正相关关系。基于上述描述，本章提出以下假设。

假设3.2a：领导工作狂热对下属工作焦虑感具有正向影响。

情绪认知评价理论指出，个体在认知评价过程中产生的情绪会对其后续行为和态度产生影响。由此，本章进一步认为下属的工作焦虑感会降低其睡眠质量。睡眠质量（sleep quality）是一个相对综合且复杂的概念，主要反映了个体睡眠充足程度或者入睡困难程度（Harvey et al.，2008）。由于客观睡眠质量的难以获取性，Barnes（2012）进一步指出，睡眠质量可以采用主观测量的方式，来反映个体对自身睡眠状态的总体评价，主要包括入睡难度、熟睡状况、夜间觉醒次数以及醒时的清醒感。对个体来说，工作引发的焦虑感是不良情绪，会影响到生理机能的正常运行且会让大脑神经时常处于紧绷状态（Barnes et al.，2016a）。由于缺乏必要的放松，下属高水平的焦虑感会扰乱其正常的生理节律，进而导致其难以正常入睡（Zellars et al.，2009）。另外，Harvey 和 Payne（2002）指出，工作上的过度焦虑会引起个体对工作压力事件的过度思虑，从而出现诸多睡前思维（睡前萦绕于脑海的许多想法），如此一来，会引起入睡慢、睡眠浅等问题，导致个体在主观上感到睡眠质量下降。同时，已有研究结果表明，感知到的工作焦虑会导致睡眠质量的降低。如Kalimo及同事（2000）发现，员工的工作压力感与失眠、睡眠剥夺等显著正相关，又如 De Lange 等（2009）为期一年的纵向研究结果也表明高压工作环境会导致员工出现不同程度的睡眠问题。以上研究结果进一步说明组织内员工的工作焦虑感与其睡眠质量之间可能会存在显著的负相关关系。

进一步地，Lazarus（1991）指出，在组织内部，情绪不单单是员工评估领导行为的结果变量，员工的情绪还能在领导行为与其他结果变量之间的关系中充当解释性变量。情绪认知评价理论也指出，个体在对环境刺激进行评估和判断时会产生不同情绪，进而影响到后续的态度和行为（Lazarus，1991）。因此，基于情绪认知评价理论的"认知—情绪—行为反应"分析框架,本章推论领导工作狂热对下属的消极影响是通过下属工作焦虑感的中介作用而实现的,即领导工作狂热会引发下属的工作焦虑情绪,进而对其睡眠质量造成不利影响。由此,本章提出以下假设。

假设 3.2b:下属工作焦虑感对睡眠质量具有负向影响。

假设 3.2c:下属工作焦虑感在领导工作狂热与下属睡眠质量的关系中发挥中介作用。

### 三 核心自我评价的调节作用

至此,本章已经提出领导工作狂热可能会给下属带来积极影响(如工作努力程度、职业晋升机会),也可能会有消极影响(如工作焦虑感以及睡眠质量下降等)。但是领导是一个双向过程,诸多学者指出在研究领导风格或者领导行为时,需要同时考虑下属的特性(Avolio et al., 2009),因为下属的特性差异会影响他们对于同一领导风格或者行为的反应程度(Strube, Garcia, 1981; Schyns, Felfe, 2006)。据此,本章认为下属的核心自我评价作为反映下属对自身能力和价值的最基本评估(Judge et al., 2003),将是影响领导工作狂热有效性的重要调节因素。

作为对人格特质更宽泛、更深层次的界定,核心自我评价(Core Self-evaluation, CSE)描述了个体对自身价值和能力的自我评估(Judge et al., 2003)。它包括自尊、自我效能感、情绪稳定性和控制点四个子维度。自尊指的是个体对自身价值的总体评价;自我效能感反映的是个体对自身能成功完成任务等的信心程度;情绪稳定性指的是个体情绪的波动变化状况;控制点反映的是个体能够控制生活或者工作中将要发生事情的程度,主要分为外控和内控两种。外控的人倾向于"听天由命",认为大部分事情都无力控制,相反,内控的人相信"人定胜天",他们更愿意认为自己有能力控制各项事情(Judge et al., 2003)。Johnson 及同事(2008)进一步指出,这四个维度的整合构念(即核心自我评价)

是一个相对稳定的人格特质，能更好地预测和解释个体的态度和行为。

社会学习理论指出，领导并非所有下属眼中的榜样，下属的学习模仿行为还会受到其自身特质的影响（Bandura，1977）。基于此，本章认为尽管领导工作狂热对下属有积极作用，但这种作用可能会因为下属核心自我评价的高低而有所差别。当下属拥有较高的核心自我评价时，他们自信乐观，在工作时会保持积极态度，尤其愿意接受挑战，且往往对领导行为和组织情境的变化较为敏感（Harris et al.，2009）。因此，当领导表现出对工作极度的投入时，高核心自我评价的下属能更敏锐地观察到该领导的行为，也更愿意将这些领导视为学习榜样，对工作狂热领导者产生崇拜的可能性也会更高。相应地，工作狂热领导者也更能激发他们的工作热情，促使他们提高工作努力程度。此外，高核心自我评价的下属有强烈的内在动机，容易全身心地投入工作当中，以实现必要的绩效目标（Johnson et al.，2008）。在这种情况下，高核心自我评价将会使下属自觉将工作狂热领导者在工作上的要求纳入自我概念中，且与领导保持一致，也就容易产生更高水平的工作努力程度。

与之相反，核心自我评价较低的下属通常消极看待自己，对工作任务缺乏足够的信心和热情（Kammeyer-Mueller et al.，2009）。Harris 等（2009）通过对 144 名员工进行调查，发现核心自我评价低的员工在工作时有较高的畏难情绪。因此可以推测，当工作狂热领导者跟他们强调努力工作的重要性时，他们可能充耳不闻；面临工作狂热领导者布置的工作任务时，他们甚至倾向于退缩或者拒绝，因为他们缺乏必要的自信和能力去完成超负荷的工作任务（Judge et al.，2003）。在此情况下，下属较低的核心自我评价将导致工作狂热领导者的角色示范作用被削弱，进而影响自身工作努力程度。基于以上分析，核心自我评价可以正向调节领导工作狂热与下属工作努力程度之间的关系。鉴于此，本章提出如下假设。

假设3.3a：下属核心自我评价正向调节领导工作狂热与下属工作努力程度之间的关系，即下属核心自我评价越高，领导工作狂热对其工作努力程度的正向影响越强。

类似地，由于个体核心自我评价的差异，下属面对工作狂热领导者时产生的情绪认知评价也会存在差别。如前文所述，情绪认知评价理论指出，当个体面对环境刺激时，会进行两个阶段的评估，首先是判断外界刺激对自己是否有挑战性，再评价自己是否有能力和资源应对（Lazarus，1991）。据此，本章认为积极的核心自我评价能通过影响员工情绪认知评估的过程来缓解领导工作狂热的潜在消极结果。Judge等（2003）指出个体的核心自我评价越高，则对组织环境的情感反应会越积极。同时，高核心自我评价的个体会更乐观自信，且具有更高的适应性（Bono，Judge，2003）。在工作狂热领导者对下属的影响过程中，高核心自我评价的下属整体上对有效完成工作狂热领导者布置的工作任务更有信心，能够更积极地调整自己，且更倾向于认为因工作狂热领导者产生的压力是在自己的可控范围内（Harris et al.，2009）。在此情况下，高核心自我评价的下属可能不会将工作狂热领导者视为严重的压力源，从而具有较低的工作焦虑感。更重要的是，高核心自我评价的下属具有较高水平的情绪稳定性（Johnson et al.，2008），这使他们较不容易受到外界负向刺激的影响，如工作狂热领导者所带来的工作压力等。所以，总体而言，与工作狂热领导者共事时，核心自我评价高的个体具有更高的心理资源，且不容易被工作压力左右。因此，当下属具有高核心自我评价时，领导工作狂热对下属工作焦虑感的正向效应将会被削弱。

相反，低核心自我评价的下属缺乏自我效能感以及对环境的控制感，因此他们经常会怀疑自己的能力和价值，情绪波动较大，容易受到外界负面刺激的影响（Johnson et al.，2008）。当工作狂热领导者醉心工作且保持高强度工作节奏时，下属也不得不超负荷工作，低核心自我评价的下属由于缺乏自信，会产生难以应对的感觉，因此产生更高的工作焦虑感。另外，面对工作狂热领导者在工作时追求完美的高标准和严要求，低核心自我评价的下属由于具有较低的压力承受能力，将会放大自身不安焦躁的情绪。已有研究表明，核心自我评价能减弱工作情境下的诸多压力源对员工带来的不利影响，如 Harris 及同事（2009）发现，当员工具有高水平的核心自我评价时，工作压力并不会给他们造成消极反应和紧张情绪。基于以上分析，可以推知拥有高水平核心自我评价的下属对工作狂热领导者的耐受力会更强，进而表现出较低的工作焦虑感。由此，本章提出以下假设。

假设 3.3b：下属核心自我评价负向调节领导工作狂热与下属工作焦虑感之间的关系，即下属核心自我评价越高，领导工作狂热对其工作焦虑感的正向影响越弱。

## 四 被调节的中介作用

综合假设 3.1—3.3 的推导过程，本章进一步提出被调节的中介模型（Hayes，2015；Preacher et al.，2007；温忠麟等，2014），即领导工作狂热通过工作努力程度影响下属职业晋升机会的间接作用以及领导工作狂热通过工作焦虑影响下属睡眠质量的间接作用会受到下属核心自我评价的影响。高核心自我评价的下属积极主动、乐观自信，更有信心完成工作狂热领导者安排的工作任务，因此可能提升工作努力程度，获得职业晋升机会，同时他们具有较高的抗压能力，能够有效应对工作狂热领导者安排的超负荷工作量，不会因为过度焦虑而导致睡眠质量变差。

相反，对低核心自我评价的下属而言，由于缺乏必要的自信心，他们在面对工作狂热领导者时更可能产生退缩、畏惧心理，不愿意也没信心做到像工作狂热领导者一样拼命工作，从而影响其工作努力程度，最终不利于其职业晋升机会的增加，同时由于他们抗压能力较弱，工作狂热领导者提出的高期望和严标准也会加剧他们的焦虑感,最终使其睡眠质量进一步降低。据此,本章提出以下假设。

假设 3.4a:下属核心自我评价调节工作努力在领导工作狂热与下属职业晋升之间的中介作用,即下属核心自我评价越高,这一中介作用越强;下属核心自我评价越低,这一中介作用越弱。

假设 3.4b:下属核心自我评价调节工作焦虑感在领导工作狂热与下属睡眠质量之间的中介作用,即下属核心自我评价越高,这一中介作用越弱;下属核心自我评价越低,这一中介作用越强。

## 第三节 研究方法

本章采用情景实验(scenario experiment)和问卷调查(questionnaire survey)混合方法对理论模型进行检验。情景实验通过对被试进行随机分配进而排除混淆变量干扰,检验变量之间的因果关系。虽然该方法能够检验变量间的直接因果关系,但该方法的局限在于难以检验变量之间的间接效应(中介效应)。此外,情景实验依赖于研究人员提前设定的模拟情景,无法完全展现现实环境的复杂性和真实性。同时,由于社会期望偏差,情景实验中的参与者也可能会做出与现实生活中完全不同的行为反应。相比于情景实验,问卷调查方法能够快速获取大量数据,且由于问卷调查通常在企业内开展,有助于概括描述管理现象,具有较高的外部效度。但问卷调查仅能检验相关关系,难以验证因果关系。鉴于此,为检验本章提出的研究假设,笔者开展了一项情景实验(研究①)和一项问卷调查(研究②)。研究①以我国北方某高校 260 名 MBA 学员为被试开展情景实验,用于检验领导工作狂热(自变量)对下属工作努力、工作焦虑(中介变量)的因果关系以及下属核心自我评价(调节变量)的调节作用。研究②在四川成都一家大型金融企业开展多时点、多来源问卷调查,以采集到的 96 对团队领导—成员配对数据(包含 96

名团队领导和 449 名团队成员）为样本，对全模型（中介效应、调节效应以及被调节中介效应）进行检验。这两项研究相互补充，共同为本章的理论模型提供实证支持。

## 第四节 情景实验

### 一 研究样本

笔者通过中国北方某高校 MBA 项目，招募 MBA 学员作为被试参与情景实验。为了更好地契合研究模型，笔者仅邀请在企业中具有工作经历的在职 MBA 学员参与情景实验。为了激励学员参与研究，每名完成实验的学员将获得价值 30 元的咖啡代金券。本研究共招募 300 名 MBA 学员，其中 260 名 MBA 学员完成了情景实验，响应率为 86.67%。在 260 名被试中，男性占比 51.15%，平均年龄为 35.71 岁（SD = 7.23），平均司龄为 8.33（SD = 7.24）；全部被试具有本科及以上学历。本研究使用 G*Power 软件对样本量进行灵敏度功效分析（sensitivity power analysis）。结果显示，在此样本量和 80% 检验力下（$\alpha = 0.05$，power = 0.80），能检测到的最小效应量为 $d = 0.35$，属于适中效应水平（$0.25 < d < 0.50$）。因此，本研究的样本量是合适的。

### 二 实验程序

本研究采用情景实验中的单因素被试间设计，将前因变量分为高程度领导工作狂热（实验组）和低程度领导工作狂热（对照组）两类，以此考察被试作为下属在面对不同程度领导工作狂热时的情绪、认知反应。为了打消被试参与情景实验的顾虑，在情景实验正式开始前，本研究向所有被试说明此次情景实验完全匿名，答案没有对错之分，并且收集到的数据仅作学术研究使用，不会对外公开。在情景实验开始后，被试被随机分配到两种情景中的一种，通过阅读情景材料及结合自身工作经历，对情景中的领导做出判断和反应，并回答相关测量问题。结合领导工作狂热的定义和测量量表（Schaufeli et al., 2009b），本研究对两类情景的设定如表3—1所示。

表3—1　高程度领导工作狂热和低程度领导工作狂热的情景设置

| 情景 | 情景描述 |
| --- | --- |
| 实验组：<br>高程度领导工作狂热 | 张宇是A公司某部门的业务主管，是您的直接上级。通过一段时间的工作相处，您发现对张宇而言，努力工作是最重要的。哪怕不喜欢正在做的工作，他也觉得有义务努力工作。在工作的时候，他总是很忙碌，一直与时间赛跑，并且经常同时开展多项工作，甚至在吃午饭的时候还在写备忘录、接电话。您在组织中经常见到周围同事都下班了，张宇还在继续工作。在不工作的时候，他也很难放松自己，甚至会感到内疚。他花在工作上的时间要比花在社交、个人爱好或休闲活动上的时间多很多 |
| 对照组：<br>低程度领导工作狂热 | 张宇是A公司某部门的业务主管，是您的直接上级。通过一段时间的工作相处，您发现对张宇而言，努力工作虽然重要，但面对不喜欢的工作，他觉得没有必要拼命努力。在工作的时候，他总是保持正常的工作节奏，不会让自己过于忙碌，并且很少同时开展多项工作。在吃午饭的同时写备忘录、接电话这种情况在他身上并不常见。您在组织中很少见到周围同事都下班了，张宇还在继续工作。在不工作的时候，他能够放松自己，也不会感到内疚。他花在工作上的时间和花在社交、个人爱好或休闲活动上的时间基本持平 |

在阅读情景描述之后，被试将对张宇的工作狂热程度进行评价（操纵检验）。随后，被试将代入情景，评价由直接上级张宇引发的工作努力程度和工作焦虑感。最后，被试需要汇报自身核心自我评价以及性别、年龄、司龄等人口统计学变量。在260名被试中，有125名被试被随机分配到了高程度领导工作狂热（实验组），有135名被试被分配到了低程度领导工作狂热（对照组）。独立样本T检验分析结果显示，实验组与对照组被试在性别、年龄、司龄、受教育水平等人口统计学信息上的差异并不显著。具体情景实验流程如图3—2所示。

### 三　变量测量

本研究选取优质管理学期刊上公开的学术量表对变量进行测量。

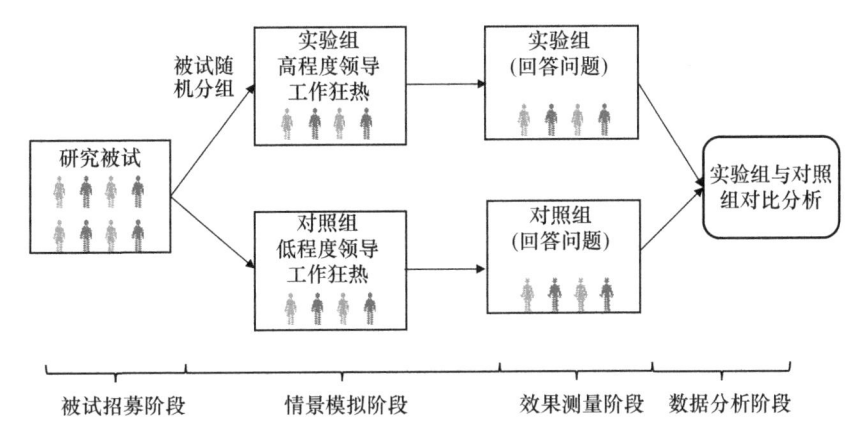

图 3—2 情景实验流程

由于量表大多来自英文期刊，笔者对英文量表进行翻译—回译来保障翻译准确性。具体而言，笔者对量表进行翻译，由 1 位管理学博士进行回译。之后，另由 2 位英语专业的博士生进行校对核实。本研究涉及的测量量表见附录。除控制变量，本研究皆采用李克特六点量表，1—6 表示"非常不符合"到"非常符合"。

（一）领导工作狂热

在操纵检验（manipulation check）环节，本研究通过 Schaufeli 等（2009b）编制的量表来测量被试感知到的领导工作狂热。该量表包含 10 个条目，由被试进行评价。测量条目示例为："同事们都下班了，张宇还在继续工作。"该量表的 Cronbach's α 系数为 0.92。

（二）核心自我评价

本研究采用 Judge 等（2003）编制的量表对被试核心自我评价进行测量。该量表共 12 个条目，由被试进行自我评价。测量条目示例为："总体来说，我对自己是满意的。"该量表的 Cronbach's α 系数为 0.95。由于核心自我评价包含自尊、自我效能感、情绪稳定性和控制点四个维度，本研究使用验证性因子分析检验其二阶因子结构。验证性因子分析结果表明，二阶因子数据拟合良好（$\chi^2$ = 282.53；$df$ = 50；$\chi^2/df$ = 5.65；$CFI$ = 0.96；$TLI$ = 0.95；$RMSEA$ =

0.09；SRMR=0.04）。因此，本研究将四个子维度内的所有测量条目加总求均值，代表被试的整体核心自我评价水平。

### （三）工作努力

本研究使用 Kuvaas 等（2009）开发的量表对被试工作努力程度进行测量，共 5 个条目，由被试进行自我评价。测量条目示例为："作为张宇的下属，我会竭尽所能努力工作。"该量表的 Cronbach's α 系数为 0.93。

### （四）工作焦虑

本研究采用 McCarthy 等（2016）编制的量表对被试焦虑进行测量。该量表共 8 个条目，由被试进行自我评价。测量条目示例为："作为张宇的下属，我会担心自己工作表现不好。"该量表的 Cronbach's α 系数为 0.90。

### （五）控制变量

本研究对被试的性别（1＝男，0＝女）、年龄、司龄、受教育水平（1＝大专，2＝本科，3＝硕士及以上）进行了控制。

## 四 数据分析方法

本研究的数据分析方法包括测量模型评估和假设检验两部分。在测量模型评估方面，由于本研究应用情景实验方法收集数据，所以在假设检验前，需要对数据进行信度、效度检验，验证理论构念是否被测量变量准确衡量。具体来说，首先，本研究使用 Mplus 7.0 软件进行验证性因子分析来评估因子结构（Confirmatory Factor Analysis，CFA）（Muthén, Muthén, 2012）。其次，本研究分别计算组合信度（CR）、校正条目相关（CITC）、标准化因子载荷、平均方差提取系数（AVE）和 Cronbach's Alpha 评分来检验信度，并应用 Fornell 和 Larcker（1981）提出的比较法来检验区分效度。其中，组合信度（CR）代表了所有因子载荷的变量信度系数；校正条目相关（CITC）代表了变量中的单个条目与其他条目之间的相关性；标准化因子载荷反映了单个条目对潜变量的方差贡献程度；平均方差提取系数（AVE）反映了潜变量对于测量变量方差的解释程度；Cronbach's Alpha 反映了测量条目之间的一致性。Fornell 和 Larcker（1981）提出的比较法是比较 AVE 平方根与相关系数之间的大小，即一个潜变量对测量变量的解释程度是否比对另一测量变量的解释程度要高。

在模型检验方面，由于除自变量（领导工作狂热）以外的研究变量（工作努力、工作焦虑、核心自我评价）都由被试进行评价，所以在进行假设检验前，本研究将对共同方法偏差进行评估，确保研究结论不受其影响。此外，由于本研究采用情景实验方法收集数据，所以在假设检验前还将进行操纵检验，确保情景模拟发挥实际效果。在具体假设检验中，本研究将使用结构方程路径分析方法（Muthén，Muthén，2012）检验自变量（领导工作狂热）对中介变量（工作努力、工作焦虑）的直接影响，以及调节变量（核心自我评价）的调节效应。对于调节效应，本研究将对预测变量（领导工作狂热、核心自我评价）进行中心化处理，从而避免多重共线性。此外，本研究还将应用简单斜率分析方法（Aiken，West，1991）进一步揭示调节效应。

## 五 信度分析与效度分析

表3—2 呈现了信度分析结果。具体来说，本研究涉及的 3 个变量的组合信度（CR）均大于 0.70（Bacon et al.，1995）；校正条目相关（CITC）均大于 0.60（Koufteros，1999）；标准化因子载荷均大于 0.60（Schreiber et al.，2006）；平均方差提取系数（AVE）均大于 0.50（Fornell，Larcker，1981）；每个变量的 Cronbach's Alpha 均大于 0.70（Peterson，1994）。表3—3 呈现了效度分析结果。具体来说，3 个变量的 AVE 平方根均大于变量之间的相关系数。这些结果共同表明，本研究涉及的变量具有良好的区分效度。

表 3—2　　　　　　　　　　信度分析结果

| 变量名称 | 测量条目 | 标准化因子载荷 | CITC | Cronbach's Alpha | CR | AVE |
|---|---|---|---|---|---|---|
| 工作努力 | 作为张宇的下属，我会付出额外的努力来完成我的工作 | 0.80 | 0.82 | 0.93 | 0.90 | 0.64 |
| | 作为张宇的下属，我会毫不犹豫地付出额外的努力 | 0.80 | 0.83 | | | |
| | 作为张宇的下属，我会在工作中倾注大量努力 | 0.85 | 0.85 | | | |
| | 作为张宇的下属，我会竭尽所能努力工作 | 0.76 | 0.80 | | | |
| | 作为张宇的下属，我会在工作中兢兢业业 | 0.81 | 0.75 | | | |
| 工作焦虑 | 作为张宇的下属，我会担心自己工作表现不好 | 0.76 | 0.74 | 0.90 | 0.91 | 0.55 |
| | 作为张宇的下属，我会害怕自己的业绩比别人差 | 0.73 | 0.69 | | | |
| | 作为张宇的下属，我会对业绩不能达标感到紧张和焦虑 | 0.72 | 0.73 | | | |
| | 作为张宇的下属，我会担心自己得不到积极的绩效评价 | 0.73 | 0.74 | | | |
| | 作为张宇的下属，我会担心不能在规定的时间完成工作职责 | 0.72 | 0.69 | | | |
| | 作为张宇的下属，我会担心他是否认为我适合这份工作 | 0.74 | 0.72 | | | |
| | 作为张宇的下属，我会担心自己无法应对工作要求 | 0.77 | 0.81 | | | |
| | 作为张宇的下属，我会担心我的工作表现是否足够好 | 0.77 | 0.65 | | | |
| 核心自我评价 | 核心自我评价子维度1：自尊 | 0.78 | 0.80 | 0.95 | 0.90 | 0.69 |
| | 核心自我评价子维度2：自我效能感 | 0.84 | 0.81 | | | |
| | 核心自我评价子维度3：情绪稳定性 | 0.85 | 0.75 | | | |
| | 核心自我评价子维度4：控制点 | 0.85 | 0.81 | | | |

注：由于核心自我评价包含4个子维度，本研究将每个子维度内的条目进行合并，生成4个新条目。

表3—3　描述性统计与相关系数矩阵

| 变量名称 | 均值 | 标准差 | 1 | 2 | 3 | 4 | 5 | 6 | 7 | 8 | 9 |
|---|---|---|---|---|---|---|---|---|---|---|---|
| 1. 被试性别 | 0.53 | 0.50 | | | | | | | | | |
| 2. 被试年龄 | 35.71 | 7.23 | 0.05 | | | | | | | | |
| 3. 被试司龄 | 8.33 | 7.24 | -0.08 | -0.11 | | | | | | | |
| 4. 被试受教育水平 | 2.51 | 0.61 | 0.04 | 0.56*** | 0.05 | | | | | | |
| 5. 领导工作狂热（操纵） | 0.49 | 0.50 | -0.02 | -0.05 | -0.05 | -0.06 | | | | | |
| 6. 领导工作狂热（感知） | 3.45 | 0.90 | 0.01 | -0.09 | -0.04 | -0.11 | 0.65*** | | | | |
| 7. 工作努力 | 3.82 | 1.02 | -0.00 | 0.01 | 0.13* | 0.09 | 0.28*** | 0.32*** | **0.80** | | |
| 8. 工作焦虑 | 3.85 | 1.10 | 0.02 | -0.06 | -0.07 | -0.08 | 0.24** | 0.41*** | 0.15* | **0.74** | |
| 9. 核心自我评价 | 4.06 | 1.03 | 0.05 | -0.03 | -0.07 | -0.02 | -0.04 | -0.13* | 0.11* | -0.12* | **0.83** |

注：N=260名被试；对角线加粗数字为AVE平方根；* 表示 $p<0.05$；** 表示 $p<0.01$；*** 表示 $p<0.001$。

## 六　验证性因子分析

为了检验工作努力、工作焦虑、核心自我评价之间的因子结构，本研究使用 Mplus 7.0 软件进行了验证性因子分析。由表3—4可知，三因子模型具有较好的模型拟合指数（$\chi^2=582.27$；$df=116$；$\chi^2/df=5.02$；$CFI=0.92$；$TLI=0.91$；$RMSEA=0.09$；$SRMR=0.05$），同时拟合优度显著优于两因子模型1（$\Delta\chi^2=595.65$，$\Delta df=2$，$p<0.001$）、两因子模型2（$\Delta\chi^2=442.43$，$\Delta df=2$，$p<0.001$）、两因子模型3（$\Delta\chi^2=671.54$，$\Delta df=2$，$p<0.001$）、单因子模型（$\Delta\chi^2=1305.26$，$\Delta df=3$，$p<0.001$）。综合上述结果，本研究涉及的3个变量能够有效相互区分。

表3—4　　　　　　　　　　验证性因子分析结果

| 模型 | 因子 | $\chi^2$ | $df$ | $\chi^2/df$ | CFI | TLI | RMSEA | SRMR |
| --- | --- | --- | --- | --- | --- | --- | --- | --- |
| 三因子模型 | 每个变量对应一个因子 | 582.27 | 116 | 5.02 | 0.92 | 0.91 | 0.09 | 0.05 |
| 两因子模型1 | 工作努力与工作焦虑合并 | 1177.92 | 118 | 9.98 | 0.78 | 0.77 | 0.11 | 0.15 |
| 两因子模型2 | 工作努力与核心自我评价合并 | 1024.70 | 118 | 8.68 | 0.80 | 0.79 | 0.10 | 0.11 |
| 两因子模型3 | 工作焦虑与核心自我评价合并 | 1253.81 | 118 | 10.63 | 0.75 | 0.74 | 0.13 | 0.12 |
| 单因子模型 | 所有因子合并 | 1887.53 | 119 | 15.86 | 0.59 | 0.57 | 0.18 | 0.16 |

注：三因子模型包括工作努力、工作焦虑、核心自我评价三个因子；两因子模型1包括工作努力与工作焦虑的组合、核心自我评价两个因子；两因子模型2包括工作努力和核心自我评价的组合、工作焦虑两个因子；两因子模型3包括工作努力、工作焦虑和核心自我评价的组合两个因子；单因子模型包括工作努力、工作焦虑和核心自我评价的组合一个因子。

### 七　共同方法偏差检验

尽管本研究采用了情景实验研究方法对自变量进行操纵，但是工作努力、工作焦虑、核心自我评价均由被试自评得出，仍然可能会对研究结果产生影响。因此，本研究采用Harman（1976）单因子方法对共同方法偏差进行检验。Harman（1976）指出，未旋转的探索性因子分析得出的主要因子的解释率越大，说明变量之间的同源方法偏差越严重。依据该方法，探索性因子分析结果显示，本研究中的共同方法偏差因子的解释率为22.8%，远低于参照值40%。因此，本研究中的被试自评变量并不存在严重的共同方法偏差。

### 八　实验操纵检验

在假设检验开始前，本研究对低/高程度领导工作狂热情景操纵的有效性进行了检验。独立样本T检验结果显示，实验组被试感知到的领导工作狂热水平较高（mean = 4.92，SD = 0.75），对照组被试感知到的领导工作狂热水平较低（mean = 2.21，SD = 0.71），并且二者之间存在显著性差异（$t = 24.35$，$df = 258$，$p < 0.001$，$d = 3.04$）。因此，本研究在情景实验中的操纵是成功的。

## 九 描述性统计分析结果

表3—3呈现了本研究涉及变量之间的相关系数和描述性统计结果。依据表3—3可以看出，领导工作狂热（操纵）与工作努力显著正相关（$\gamma = 0.28$，$p < 0.001$）；领导工作狂热（操纵）与工作焦虑同样显著正相关（$\gamma = 0.24$，$p < 0.01$）。这些描述性统计分析结果为后续假设检验提供了初步基础。

## 十 假设检验结果

表3—5呈现了结构方程路径分析结果。依据表3—5可知，领导工作狂热（操纵）对工作努力具有显著的正向影响（$b = 0.24$，$p < 0.01$）。由此，假设3.1a得到支持。同时，表3—5显示，领导工作狂热（操纵）对工作焦虑具有显著正向影响（$b = 0.20$，$p < 0.01$），因此假设3.2a也得到支持。

表3—5　　　　　　　　结构方程路径分析结果

| 预测变量 | 结果变量 | |
| --- | --- | --- |
| | 工作努力 | 工作焦虑 |
| 控制变量 | | |
| 被试性别 | 0.04 | -0.04 |
| 被试年龄 | -0.01 | 0.01 |
| 被试司龄 | -0.02 | -0.09 |
| 被试受教育水平 | -0.02 | 0.04 |

续表

| 预测变量 | 结果变量 | |
|---|---|---|
| | 工作努力 | 工作焦虑 |
| 自变量 | | |
| 领导工作狂热（操纵） | 0.24** | 0.20** |
| 调节变量 | | |
| 核心自我评价 | 0.18*** | -0.15* |
| 交互项 | | |
| 领导工作狂热（操纵）×核心自我评价 | 0.30*** | -0.31*** |
| $R^2$ | 0.20 | 0.23 |

注：N = 260 名被试；* 表示 $p<0.05$；** 表示 $p<0.01$；*** 表示 $p<0.001$。

在检验调节效应前，为避免多重共线性，本研究对领导工作狂热（操纵）与核心自我评价进行了中心化处理。根据表3—5，领导工作狂热（操纵）与核心自我评价的交互项对工作努力具有显著的正向影响（$b=0.30$，$p<0.001$）。进一步地，本研究对调节变量（核心自我评价）的均值加减一个标准差，计算简单斜率。简单斜率分析结果显示，当被试为低核心自我评价时（均值减一个标准差），领导工作狂热（操纵）对工作努力的影响不显著（$b=-0.07$，$t=-1.08$，$p>0.05$）；当被试为高核心自我评价时（均值加一个标准差），领导工作狂热（操纵）对工作努力具有显著的正向影响作用（$b=0.55$，$t=8.55$，$p<0.001$）。图3—3展示了核心自我评价的调节效果。由此，假设3.3a得到支持。

同样，由表3—5可知，领导工作狂热（操纵）与核心自我评价的交互项对工作焦虑具有显著的负向影响（$b=-0.31$，$p<0.001$）。进一步地，简单斜率分析结果显示，当被试为低核心自我评价时（均值减一个标准差），领导工作狂热（操纵）对工作焦虑的正向影响显著（$b=0.52$，$t=7.21$，$p<0.001$）；当被试为高核心自我评价时（均值加一个标准差），领导工作狂热（操纵）对工作焦虑的影

响不显著（$b = -0.12$，$t = -1.66$，$p > 0.05$）。图 3—4 展示了核心自我评价的调节效果。由此，假设 3.3b 得到支持。

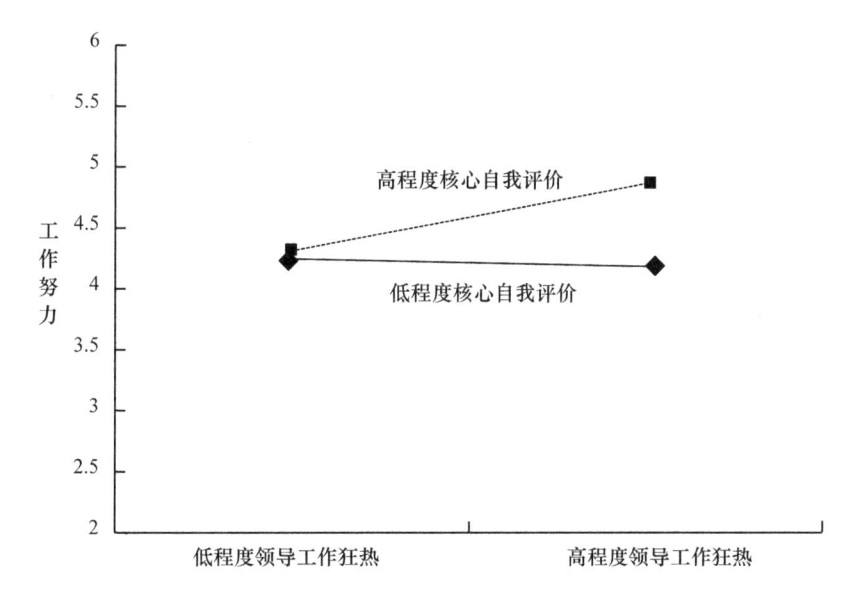

**图 3—3　下属核心自我评价在领导工作狂热对工作努力的影响中的调节作用**

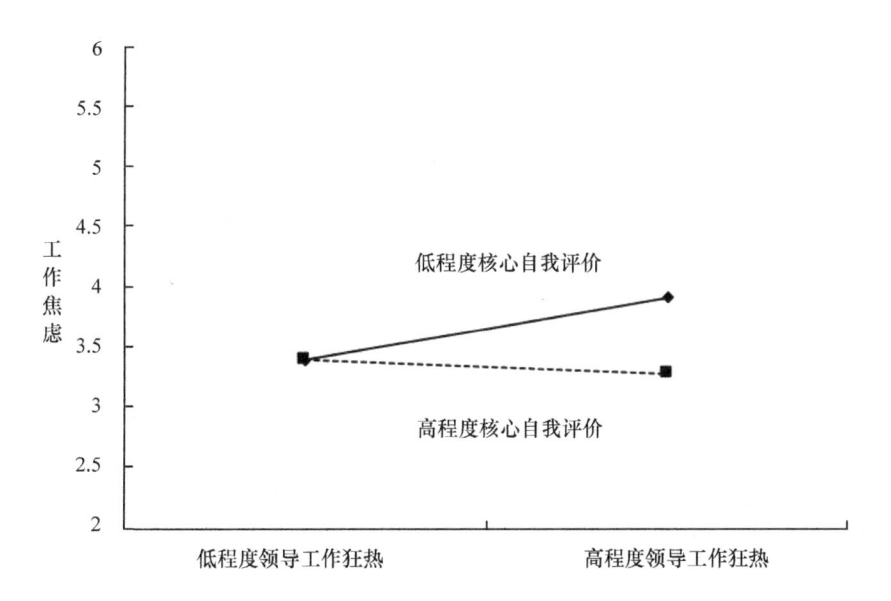

**图 3—4　下属核心自我评价在领导工作狂热对工作焦虑的影响中的调节作用**

## 第五节 问卷调查

### 一 研究样本与数据收集过程

本研究进一步采用问卷调查方法在四川成都一家大型金融企业开展数据收集工作。调查对象为该公司的团队领导和团队成员。在征得企业人力资源管理部门同意后，笔者获取到自愿配合调查的团队领导与团队成员名单和电子邮件地址。在正式开始问卷调查前，笔者向名单上的团队领导和成员发送了电子邮件，向其详细介绍问卷调查目的及流程，并保证调查内容不以实名形式提供给企业。为避免同源方法偏差，笔者采用多时点、多来源问卷调查设计，分三批收集数据，批次之间的时间间隔为一个月。

在第一轮调查中，团队领导问卷包含工作狂热倾向和人口统计学相关信息；团队成员问卷包含核心自我评价和人口统计学信息。研究人员向团队领导和团队成员分别发放125份和676份问卷，其中成功回收104份团队领导问卷，588份团队成员问卷，回收率分别为83.20%和86.98%。一个月后（第二轮调查），研究人员向参与第一轮调查的团队成员发放第二轮问卷，问卷内容包含工作努力与工作焦虑。研究人员共发出588份团队成员问卷，其中成功回收505份，回收率为85.88%。在第二轮调查结束的一个月后，研究人员要求团队领导评价团队成员的工作绩效，共发放104份问卷，回收96份。同时，让团队成员自我评价其睡眠质量，发放505份问卷，回收449份。之后，研究人员对三轮调查获得的数据进行匹配，去掉无法匹配的团队领导与团队成员（其中一方未完成问卷调查）。最终，研究人员共获得96对匹配的团队领导—成员数据（包含96名团队领导和449名团队成员样本）。为检验样本损失情况，本研究采用独立样本T检验方法。结果表明，完成三轮调查的被试（团队领导与团队成员）与未完成的被试在人口统计学信息上（性别、年龄、所在部门、教育背景）并无显著性差异（$p>0.05$）。表3—6呈现了具体的数据收集情况。

表3—6　　　　　　　　调研数据收集情况

| 批次 | 评价者 | 调查内容 | 发放量（份） | 回收量（份） | 回收率（%） |
|---|---|---|---|---|---|
| 第一轮 | 团队领导 | 工作狂热倾向、人口统计学信息 | 125 | 104 | 83.20 |
| | 团队成员 | 核心自我评价、人口统计学信息 | 676 | 588 | 86.98 |
| 第二轮 | 团队成员 | 工作努力、工作焦虑 | 588 | 505 | 85.88 |
| 第三轮 | 团队领导 | 职业晋升 | 104 | 96 | 92.31 |
| | 团队成员 | 睡眠质量 | 505 | 449 | 88.91 |

最终样本共有96名团队领导，66.8%为男性，平均年龄为40.7岁（$SD=6.44$），平均司龄为11.6年（$SD=7.83$）。其中，大专学历占17.6%；本科学历占55.7%；硕士及以上学历占26.7%。此外，最终样本共有449名团队成员，54.8%为男性，平均年龄为33.39岁（$SD=9.10$），平均司龄为8.05年（$SD=6.51$）。其中，大专学历占14.9%；本科学历占46.3%；硕士及以上学历占38.8%。

## 二　变量测量

本研究选取优质管理学期刊上公开发表的学术量表对变量进行测量。由于量表大多来自英文期刊，所以研究者对英文量表进行翻译—回译来保障翻译准确性。具体来说，研究者对量表进行翻译，由1位管理学博士进行回译。之后，另由2位英语专业的博士生进行校对核实。本研究涉及的测量量表见附录。除控制变量，本研究皆采用李克特六点量表，1—6表示"非常不符合"到"非常符合"。

（一）领导工作狂热

本研究采用Schaufeli等（2009b）编制的量表对领导工作狂热进行测量。该量表包含10个条目，由团队领导进行自我评价。测量条目示例为："对我而言，努力工作很重要，哪怕我不喜欢我正在做的工作。"该量表的 Cronbach's α 系数为 0.92。

（二）核心自我评价

本研究采用 Judge 等（2003）编制的量表对下属核心自我评价进行测量。该量表共 12 个条目，由团队成员自我评价。测量条目示例为："我有能力处理我所遇到的大部分问题。"该量表的 Cronbach's α 系数为 0.97。由于核心自我评价包含自尊、自我效能感、情绪稳定性和控制点四个维度，所以本研究使用验证性因子分析检验了其二阶因子结构。验证性因子分析结果表明，二阶因子数据拟合良好（$\chi^2 = 176.98$；$df = 50$；$\chi^2/df = 3.54$；$CFI = 0.98$；$TLI = 0.97$；$RMSEA = 0.08$；$SRMR = 0.02$）。因此，本研究将四个子维度内的所有测量条目加总求均值，代表整体核心自我评价。

（三）工作努力

本研究使用 Kuvaas 等（2009）开发的量表对下属工作努力程度进行测量，共 5 个条目，由团队成员进行自我评价。测量条目示例为："必要时我会毫不犹豫地付出额外的努力。"该量表的 Cronbach's α 系数为 0.86。

（四）工作焦虑

本研究采用 McCarthy 等（2016）编制的量表对下属焦虑进行测量。该量表共 8 个条目，由团队成员自我汇报。测量条目示例为："我总是担心不能在规定的时间完成工作职责。"该量表的 Cronbach's α 系数为 0.92。

（五）职业晋升

本研究采用 Harris 等（2006）开发的量表测量下属的职业晋升可能性，共 7 个条目，由领导对下属进行打分。测量条目示例为："如果我必须为我的职位选择一个继任者，我选这个下属。"该量表的 Cronbach's α 系数为 0.96。

（六）睡眠质量

本研究改编 Sonnentag 等（2013）编制的量表对下属睡眠质量进行测量，共 2 个条目，由团队成员自我评价。测量条目示例为："在过去一个月,您的睡眠质量如何?"该量表的 Cronbach's Alpha 系数为 0.82。

(七)控制变量

本研究对团队成员的性别(1 = 男,0 = 女)、年龄、受教育水平(1 = 大专,2 = 本科,3 = 硕士及以上)和司龄进行了控制,以消除这些变量对研究模型结果变量(职业晋升、睡眠质量)的影响。

### 三 数据分析方法

本研究的数据分析方法包括测量模型评估和假设检验两部分。在测量模型评估方面,由于本研究应用问卷调查法收集数据,所以在假设检验前,需要对调查获得的数据进行信度、效度检验,验证理论构念是否被测量变量准确衡量。具体来说,本研究首先使用 Mplus 7.0 软件进行多层次验证性因子分析来评估因子结构(Multilevel Confirmatory Factor Analysis,MCFA)(Muthén,Muthén,2012)。之后,本研究分别计算组合信度(CR)、校正条目相关(CITC)、标准化因子载荷、平均方差提取系数(AVE)和 Cronbach's Alpha 评分来检验信度,并应用 Fornell 和 Larcker(1981)提出的比较法来检验区分效度。此外,在进行假设检验前,本研究还将对共同方法偏差进行评估,确保研究结论不受共同方法偏差的影响。

由于团队领导评价多名团队成员的职业晋升机会,并且团队领导与团队成员来自同一团队,这构成了嵌套数据,因此本研究采用多层次结构方程路径分析方法(Muthén,Muthén,2012)对提出的假设进行统计检验。具体来说,本研究将团队领导视为领导者,设定为团队层次变量,将团队成员视为下属,设定为个体层次变量。对于中介效应假设(假设 3.1c 与假设 3.2c),本研究应用 Preacher 等(2010)提出的多层次中介检验方法进行分析,并使用蒙特卡罗参数拔靴法(Preacher,Selig,2012)估计中介效应量(mediating effect size)和显著置信区间。对于调节效应假设(假设 3.3),本研究应用 Preacher 等(2016)提出的跨层次调节检验方法,并进行简单斜率分析(Aiken,West,1991)。对于被调节的中介假设(假设 3.4),本研究使用 Hayes

(2013)提出的乘积系数法,同时使用蒙特卡罗参数拔靴法估计被调节的中介效应及其对应的显著置信区间。

### 四 信度分析与效度分析结果

表3—7呈现了信度分析结果。具体来说,本研究涉及的6个变量的组合信度(CR)均大于0.70(Bacon et al., 1995);校正条目相关(CITC)均大于0.60(Koufteros, 1999);标准化因子载荷均大于0.60(Schreiber et al., 2006);平均方差提取系数(AVE)均大于0.50(Fornell, Larcker, 1981);每个变量的Cronbach's Alpha均大于0.70(Peterson, 1994)。表3—8呈现了效度分析结果。具体来说,6个变量的AVE平方根均大于变量之间的相关系数。这些结果共同表明,本研究涉及的变量具有良好的区分效度。

表3—7　　　　　　　　　　信度分析结果

| 变量名称 | 测量条目 | 标准化因子载荷 | CITC | Cronbach's Alpha | CR | AVE |
| --- | --- | --- | --- | --- | --- | --- |
| 领导工作狂热 | 对我而言,努力工作很重要,哪怕我不喜欢我正在做的工作 | 0.74 | 0.72 | 0.92 | 0.93 | 0.58 |
| | 我觉得我的内心有某种东西驱使我努力工作 | 0.81 | 0.78 | | | |
| | 即使感到无趣,我觉得也有义务努力工作 | 0.86 | 0.83 | | | |
| | 只要我一刻不工作,我就感到内疚 | 0.82 | 0.80 | | | |
| | 在不工作的时候,我很难感觉放松 | 0.88 | 0.85 | | | |
| | 在工作中,我似乎很匆忙,一直与时间赛跑 | 0.76 | 0.74 | | | |
| | 同事们都下班了,我还在继续工作 | 0.63 | 0.62 | | | |
| | 我同时开展多项工作使自己保持在忙碌状态 | 0.72 | 0.73 | | | |
| | 我花在工作上的时间比花在社交、个人爱好或休闲活动上的时间还要多 | 0.73 | 0.74 | | | |
| | 我经常同一时间做两三件事,比如吃午饭的时候写备忘录、接电话 | 0.62 | 0.63 | | | |

续表

| 变量名称 | 测量条目 | 标准化因子载荷 | CITC | Cronbach's Alpha | CR | AVE |
|---|---|---|---|---|---|---|
| 核心自我评价 | 核心自我评价子维度1：自尊 | 0.84 | 0.80 | 0.97 | 0.92 | 0.74 |
| | 核心自我评价子维度2：自我效能感 | 0.85 | 0.81 | | | |
| | 核心自我评价子维度3：情绪稳定性 | 0.90 | 0.85 | | | |
| | 核心自我评价子维度4：控制点 | 0.86 | 0.81 | | | |
| 工作努力 | 我会付出额外的努力来完成我的工作 | 0.74 | 0.67 | 0.86 | 0.90 | 0.63 |
| | 必要时我会毫不犹豫地付出额外的努力 | 0.83 | 0.76 | | | |
| | 我在工作中倾注了大量的努力 | 0.76 | 0.70 | | | |
| | 我竭尽所能努力工作 | 0.80 | 0.75 | | | |
| | 在工作中，我兢兢业业 | 0.84 | 0.68 | | | |
| 工作焦虑 | 我担心自己工作表现不好 | 0.77 | 0.95 | 0.92 | 0.92 | 0.58 |
| | 我害怕自己业绩比别人差 | 0.72 | 0.87 | | | |
| | 我对业绩不能达标感到紧张和焦虑 | 0.77 | 0.88 | | | |
| | 我担心自己得不到积极的绩效评价 | 0.83 | 0.88 | | | |
| | 我总是担心不能在规定的时间完成工作职责 | 0.77 | 0.84 | | | |
| | 我担心别人是否认为我适合这份工作 | 0.80 | 0.93 | | | |
| | 我担心自己无法应对工作要求 | 0.74 | 0.92 | | | |
| | 即使我竭尽所能，我依然担心我的工作表现是否足够好 | 0.70 | 0.93 | | | |

续表

| 变量名称 | 测量条目 | 标准化因子载荷 | CITC | Cronbach's Alpha | CR | AVE |
|---|---|---|---|---|---|---|
| 职业晋升 | 我相信这个下属会有一个成功的事业 | 0.88 | 0.85 | 0.96 | 0.96 | 0.77 |
| | 如果我需要建议，我会去找这个下属 | 0.91 | 0.88 | | | |
| | 如果我必须为我的职位选择一个继任者，我选这个下属 | 0.89 | 0.86 | | | |
| | 我认为这个下属有很大的潜力 | 0.86 | 0.84 | | | |
| | 这个下属和我们部门非常合拍 | 0.88 | 0.86 | | | |
| | 这个下属的意见对我的决定有影响 | 0.85 | 0.84 | | | |
| | 这个下属就是我们公司想要的那种人 | 0.88 | 0.86 | | | |
| 睡眠质量 | 在过去一个月，您的睡眠质量如何？ | 0.84 | 0.70 | 0.82 | 0.83 | 0.71 |
| | 在过去一个月，您睡眠是否充足？ | 0.84 | 0.70 | | | |

注：由于核心自我评价包含4个子维度，本研究将每个子维度内的条目进行合并，生成4个新条目。

表3—8　　描述性统计与相关系数矩阵

| 变量名称 | 均值 | 标准差 | 1 | 2 | 3 | 4 | 5 | 6 | 7 | 8 | 9 |
|---|---|---|---|---|---|---|---|---|---|---|---|
| 个体层次 | | | | | | | | | | | |
| 1. 下属性别 | 0.55 | 0.50 | | | | | | | | | |
| 2. 下属年龄 | 33.39 | 9.10 | 0.02 | | | | | | | | |
| 3. 下属司龄 | 8.05 | 6.51 | -0.01 | 0.63*** | | | | | | | |
| 4. 下属受教育水平 | 2.25 | 0.71 | 0.07 | -0.32** | -0.24** | | | | | | |
| 5. 核心自我评价 | 4.87 | 0.86 | 0.13** | -0.01 | -0.01 | 0.11* | **0.86** | | | | |
| 6. 工作努力 | 4.45 | 0.90 | 0.06 | -0.02 | -0.03 | 0.02 | 0.21** | **0.79** | | | |
| 7. 工作焦虑 | 3.58 | 1.11 | -0.07 | 0.10* | 0.10* | -0.02 | -0.14** | 0.04 | **0.76** | | |
| 8. 职业晋升 | 3.73 | 1.11 | 0.04 | 0.05 | 0.07 | 0.11* | 0.03 | 0.21** | 0.15** | **0.88** | |
| 9. 睡眠质量 | 4.20 | 1.26 | 0.07 | -0.02 | -0.01 | -0.01 | -0.02 | 0.04 | -0.14** | -0.03 | **0.84** |

续表

| 变量名称 | 均值 | 标准差 | 1 | 2 | 3 | 4 | 5 | 6 | 7 | 8 | 9 |
|---|---|---|---|---|---|---|---|---|---|---|---|
| 团队层次 | | | | | | | | | | | |
| 1. 领导工作狂热 | 4.06 | 1.04 | **0.76** | — | — | — | — | — | — | — | — |

注：N = 96 个团队的 96 名领导和 449 名下属；对角线加粗数字为 AVE 平方根；* 表示 $p < 0.05$；** 表示 $p < 0.01$；*** 表示 $p < 0.001$。

## 五 多层次验证性因子分析结果

与传统的验证性因子分析相比，多层次验证性因子分析（multilevel confirmatory factor analysis）考虑了数据的嵌套性质，并在不同层次的分析中分离协方差结构，从而提供了更准确的参数估计（Dyer et al., 2005）。因此，本研究采用多层次验证性因子分析来评估团队层次与个体层次的变量因子结构。其中，领导工作狂热被设定在团队层次（between-group level），核心自我评价、工作努力、工作焦虑、职业晋升、睡眠质量被设定在个体层次（within-group level）。由于核心自我评价包含 4 个子维度，本研究将每个子维度内的条目进行合并，生成 4 个新条目。表 3—9 展示了多层次验证性因子分析结果。具体来说，六因子模型具有较好的模型拟合指数（$\chi^2 = 911.62$；$df = 324$；$\chi^2/df = 2.81$；$CFI = 0.92$；$TLI = 0.91$；$RMSEA = 0.06$；组间 $SRMR = 0.04$；组内 $SRMR = 0.05$），同时拟合优度显著优于五因子模型 1（$\Delta\chi^2 = 1222.70$，$\Delta df = 4$，$p < 0.001$）、五因子模型 2（$\Delta\chi^2 = 272.42$，$\Delta df = 4$，$p < 0.001$）、五因子模型 3（$\Delta\chi^2 = 951.06$，$\Delta df = 4$，$p < 0.001$）、五因子模型 4（$\Delta\chi^2 = 254.70$，$\Delta df = 4$，$p < 0.001$）。综上，本研究涉及的 6 个变量能有效相互区分。

## 六 共同方法偏差检验

尽管本研究采用多时点的研究设计避免同源方法偏差，但是核心自我评价、工作努力、工作焦虑、睡眠质量均由下属自我评价得出，仍然可能会对研究结果产生影响。因此，本研究采用 Harman（1976）单因子方法对此进行检验。依据该方法，分析结果显示，本研究中的共同方法偏差因子的解释率为 25.9%，远低于参照值 40%。因此，本研究中的下属自评变量并不存在严重的共同方法偏差。

表3—9　　　　　　　　多层次验证性因子分析结果

| 模型 | 因子 | $\chi^2$ | $df$ | $\chi^2/df$ | CFI | TLI | RMSEA | 组间SRMR | 组内SRMR |
|---|---|---|---|---|---|---|---|---|---|
| 六因子模型 | 每个变量对应一个因子 | 911.62 | 324 | 2.81 | 0.92 | 0.91 | 0.06 | 0.04 | 0.05 |
| 五因子模型1 | 工作努力与工作焦虑合并 | 2134.32 | 328 | 6.51 | 0.76 | 0.73 | 0.11 | 0.22 | 0.05 |
| 五因子模型2 | 职业晋升与睡眠质量合并 | 1184.04 | 328 | 3.61 | 0.89 | 0.87 | 0.08 | 0.07 | 0.05 |
| 五因子模型3 | 工作努力与职业晋升合并 | 1862.68 | 328 | 5.68 | 0.79 | 0.77 | 0.10 | 0.11 | 0.05 |
| 五因子模型4 | 工作焦虑与睡眠质量合并 | 1166.32 | 328 | 3.56 | 0.89 | 0.87 | 0.08 | 0.06 | 0.05 |

注：六因子模型包括领导工作狂热、工作努力、工作焦虑、职业晋升、睡眠质量、核心自我评价六个因子；五因子模型1包括领导工作狂热、工作努力与工作焦虑的组合、职业晋升、睡眠质量、核心自我评价五个因子；五因子模型2包括领导工作狂热、工作努力、工作焦虑、职业晋升和睡眠质量的组合、核心自我评价五个因子；五因子模型3包括领导工作狂热、工作努力和职业晋升的组合、工作焦虑、睡眠质量、核心自我评价五个因子；五因子模型4包括领导工作狂热、工作努力、工作焦虑和睡眠质量的组合、职业晋升、核心自我评价五个因子。

### 七　描述性统计分析结果

表3—8呈现了本研究涉及变量之间的相关系数和描述性统计结果。依据表3—8可以看出，工作努力与职业晋升显著正相关（$\gamma = 0.21$，$p < 0.01$）；工作焦虑与睡眠质量显著负相关（$\gamma = -0.14$，$p < 0.01$）。这些描述性统计分析结果为后续假设检验提供了初步基础。

### 八　假设检验结果

表3—10呈现了多层次结构方程路径分析的结果。本研究依据

Preacher 等（2010）提出的多层次中介检验方法中的 2-1-1 模型对假设 3.1 进行检验。具体来说，本研究遵循 Preacher 等（2010）的建议，对个体层次的变量进行组均值中心化（group-mean centered）。依据表 3—10 可知，领导工作狂热对下属工作努力具有显著的正向影响（$b=0.20$，$p<0.001$）。由此，假设 3.1a 得到支持。同时，表 3—10 显示，下属工作努力对下属职业晋升具有显著正向影响（$b=0.24$，$p<0.001$），因此假设 3.1b 也得到支持。为检验假设 3.1c 中的中介效果，本研究采用 Preacher 和 Selig（2012）提出的蒙特卡罗参数拔靴法。偏差校正的拔靴分析结果显示，工作努力在领导工作狂热与职业晋升之间的中介效应值为 0.05，95% 置信区间为 [0.02，0.08]，不包含 0。由此，假设 3.1c 得到支持。

表 3—10　　　　　　　　　结构方程路径分析结果

| 层次 | 预测变量 | 结果变量 | | | |
| --- | --- | --- | --- | --- | --- |
| | | 工作努力 | 工作焦虑 | 职业晋升 | 睡眠质量 |
| 个体层次 | 下属性别 | -0.12 | 0.08 | -0.01 | -0.13 |
| | 下属年龄 | 0.00 | 0.01 | -0.01 | -0.00 |
| | 下属司龄 | -0.01 | 0.00 | 0.01 | 0.00 |
| | 下属受教育水平 | -0.01 | -0.02 | -0.02 | -0.02 |
| | 工作努力（组均值中心化） | — | — | 0.18* | — |
| | 工作焦虑（组均值中心化） | — | — | — | -0.17* |
| | 核心自我评价（组均值中心化） | 0.21*** | -0.14* | — | — |
| 团队层次 | 领导工作狂热 | 0.20*** | 0.16** | 0.02 | -0.07 |
| | 工作努力（组均值） | — | — | 0.24*** | — |
| | 工作焦虑（组均值） | — | — | — | -0.15** |
| | 领导工作狂热 × 核心自我评价 | 0.11** | -0.14** | — | — |
| $R^2$ | — | 0.15 | 0.16 | 0.17 | 0.14 |

注：N=96 个团队的 96 名领导和 449 名下属；* 表示 $p<0.05$；** 表示 $p<0.01$；*** 表示 $p<0.001$；所有系数为非标准化系数（unstandardized coefficient）。

同样应用 Preacher 等（2010）提出的多层次 2-1-1 中介模型，由表 3—10 可知，领导工作狂热对下属工作焦虑具有显著的正向影响（$b = 0.16$, $p < 0.01$）。由此，假设 3.2a 得到支持。此外，表 3—10 显示，下属工作焦虑感对睡眠质量具有显著负向影响（$b = -0.15$, $p < 0.01$），由此假设 3.2b 也得到支持。偏差校正的拔靴分析结果显示，工作焦虑在领导工作狂热与睡眠质量之间的中介效应值为 $-0.02$，95% 置信区间为 [$-0.05$, $-0.01$]，不包含 0。由此，假设 3.2c 得到支持。

本研究采用 Preacher 等（2016）提出的多层次调节检验方法 [$1 \times (2-1)$ 模型] 对调节效应进行检验。Preacher 等（2016）指出，下属评价的组均值（group mean）反映的是构念的团队平均水平；而组均值中心化（group mean centered）的变量则反映同一团队内部个体之间的差异。本研究关注具有不同水平核心自我评价的个体对于工作狂热领导者的差异化反应。因此，在检验核心自我评价的调节效果时，本研究对下属核心自我评价进行组均值中心化处理，检验其跨层次调节效果。

由表 3—10 可知，领导工作狂热与下属核心自我评价的交互项对工作努力具有显著的正向影响（$b = 0.11$, $p < 0.01$）。进一步地，本研究对调节变量（下属核心自我评价）的均值加减一个标准差，计算简单斜率。简单斜率分析结果表明，当下属核心自我评价水平较高时，领导工作狂热对工作努力的正向影响作用显著（$simple\ slope = 0.30$, $t = 5.00$, $p < 0.001$），而当下属核心自我评价水平较低时，该作用不显著（$simple\ slope = 0.11$, $t = 1.79$, $p > 0.05$）。图 3—5 展示了下属核心自我评价的调节效果。由此，假设 3.3a 得到支持。

由表 3—10 可知，领导工作狂热与下属核心自我评价的交互项对工作焦虑具有显著的负向影响（$b = -0.14$, $p < 0.01$）。同时，简单斜率分析结果表明，当下属核心自我评价水平较高时，领导工作狂热对工作焦虑的正向影响作用不显著（$simple\ slope = 0.04$, $t = 0.61$, $p > 0.05$），反之当下属核心自我评价水平较低时，该正向影响作用显著（$simple\ slope = 0.28$，$t = 4.32$，$p < 0.001$）。图 3—6 显示了下属核心自我评价的调节效果。由此，假设 3.3b 得到支持。

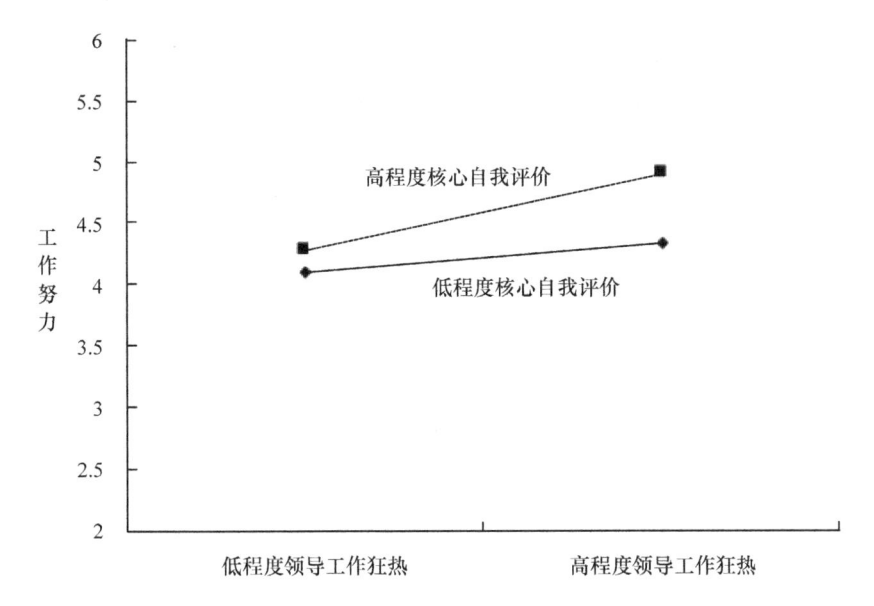

**图 3—5　下属核心自我评价在领导工作狂热对工作努力的影响中的调节作用**

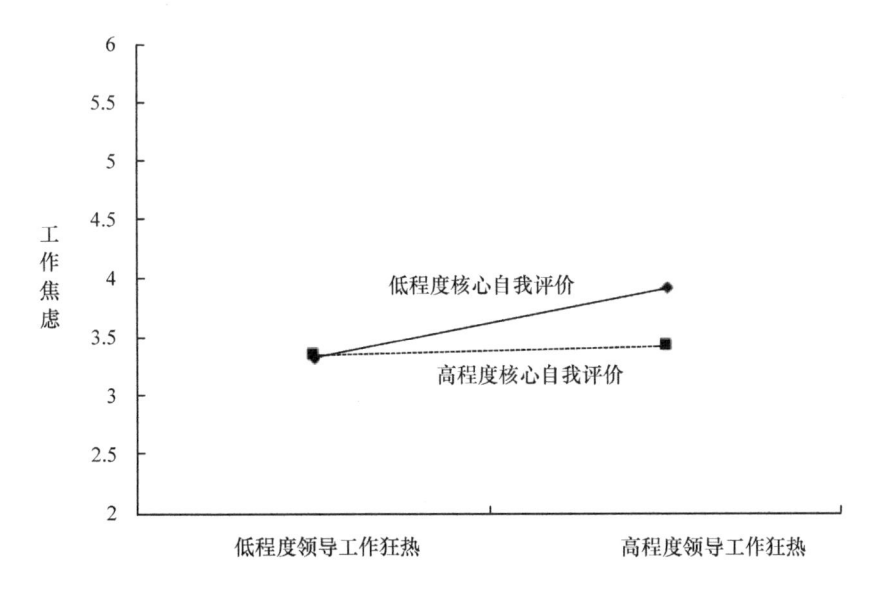

**图 3—6　下属核心自我评价在领导工作狂热对工作焦虑的影响中的调节作用**

本研究利用乘积系数法（Hayes，2013；2015）对被调节的中介作用进行检验。由表3—11可知，当下属核心自我评价水平较高时，领导工作狂热通过下属工作努力影响下属职业晋升的间接效应显著（*indirect effect* = 0.07，95%置信区间为［0.03，0.11］）；而当下属核心自我评价水平较低时，该间接效应不显著（*indirect effect* = 0.03，95%置信区间为［-0.01，0.06］）。此外，蒙特卡罗参数拔靴法显示被调节的中介效应同样显著（*effect size* = 0.03，95%置信区间为［0.01，0.05］）。综上，假设3.4a得到支持。

此外，表3—11显示，当下属核心自我评价水平较高时，领导工作狂热通过下属工作焦虑影响下属睡眠质量的间接效应不显著（*indirect effect* = -0.01，95%置信区间为［-0.03，0.01］）；反之，当下属核心自我评价水平较低时，该间接效应显著（*indirect effect* = -0.04，95%置信区间为［-0.08，-0.01］）。同时，被调节的中介同样显著（*effect size* = 0.02，95%置信区间为［0.01，0.05］）。由此，假设3.4b得到支持。

表3—11　　　　　　　　　　间接效应分析结果

| 结果变量 | 调节变量取值 | 间接效应 | 95%置信区间 |
| --- | --- | --- | --- |
| 职业晋升 | 高核心自我评价（均值+1标准差） | 0.07 | ［0.03，0.11］ |
|  | 低核心自我评价（均值-1标准差） | 0.03 | ［-0.01，0.06］ |
|  | 被调节的中介效应 | 0.03 | ［0.01，0.05］ |
| 睡眠质量 | 高核心自我评价（均值+1标准差） | -0.01 | ［-0.03，0.01］ |
|  | 低核心自我评价（均值-1标准差） | -0.04 | ［-0.08，-0.01］ |
|  | 被调节的中介效应 | 0.02 | ［0.01，0.05］ |

## 第六节　研究结论与讨论

### 一　研究结论

本章基于社会学习理论和情绪认知评价理论，通过一项情景实验和一项多时点、多数据来源问卷调查，检验了领导工作狂热对下属的双刃剑作用、影响机制以及边界条件。研究结果如下。第一，工作狂热领导者能给下属带来一定的积极影响，下属工作努力程度发挥了重要的中介作用。具体而言，工作狂热领导者通过提高下属工作努力程度，进而增加其职业晋升机会。工作狂热领导者以身作则、忘我工作的行为在一定程度上能引发下属的学习模仿，使下属增加自身工作努力程度，从而获得潜在的职业晋升机会。第二，工作狂热领导者同时会给下属带来消极影响，下属工作焦虑发挥了重要的中介作用，即工作狂热领导者会导致下属工作焦虑的增加，进而使其睡眠质量下降。工作狂热领导者高强度的工作节奏，会使下属经常满负荷工作，使其产生焦虑情绪，降低睡眠质量。第三，下属核心自我评价调节了两条中介路径。当下属核心自我评价较高时，下属乐观自信，且愿意像工作狂热领导者一样努力工作、迎接挑战，从而使领导工作狂热的正向影响变强，负向影响变弱；而当下属核心自我评价较低时，工作狂热领导者对下属工作焦虑的正向作用被放大，其对下属睡眠质量的负向影响也随之被增强。相反，工作狂热领导者对下属工作努力程度的正向作用被减弱，其对下属职业晋升机会的正向作用也随之被减弱。以上研究结论为领导工作狂热相关理论研究和管理实践提供了重要的启示。

### 二　理论意义

本研究的理论贡献主要体现在以下四个方面。

第一，本研究拓展了有关工作狂热研究的范围。面对日益激烈的市场竞争以及不断发展的通信技术，越来越多的企业开始推崇"996 工作制"，这也使工作狂热倾向越来越普遍。目前在工作狂热研究领域，学者们大多聚焦于工作狂热员工在工作家庭平衡方面的表现，例如 Robinson 和 Kelley（1998）发现，工作狂热员工会伤害其子女的身心健康；Robinson 等人（2006）发现，工作狂热员工会经历更多的工作家庭冲突，导致其配偶家庭幸福感下降。但是工作狂热倾向不仅会影响个体的家庭生活，更会影响其在工作场所的表现，特别是处于管理者位置的工作狂热领导者，他们不仅会对自身产生影响，更会对下属产生深远的影响。因此，本研究的重要理论贡献之一在于扩展了以往工作狂热领域的研究范围，将研究重点放在工作狂热领导者对其直接下属的影响，不仅响应了 Clark 等（2016b）和李全等（2018）对独立开展领导工作狂热相关研究的呼吁、加深了学术界对于领导工作狂热的认识，也为进一步扩展和完善领导工作狂热的相关研究提供了极为重要的参考。

第二，本研究丰富了对领导工作狂热影响效果的理解。以往实证研究大多强调工作狂热个体的负面效果，且聚焦于几个有限的结果变量，如工作压力（Aziz, Cunningham, 2008）、情绪耗竭（van Beek et al., 2012）、生活满意度下降（Bonebright et al., 2000）、工作家庭冲突（Brady et al., 2008）等。这些研究忽视了工作狂热倾向可能带来的积极影响。Ng 等（2007）呼吁学者关注工作狂热的积极效果，认为工作狂热个体积极进取的工作表现也可能产生正面的效果，例如更好的绩效表现、创新、高组织承诺等。因此，本研究积极响应 Ng 等人（2007）的号召，从下属层次验证了领导工作狂热对下属的潜在积极影响（增加工作努力程度以及职业晋升机会），这不仅证实了工作狂热倾向也能带来积极效果的理论观点（Friedman, Lobel, 2003），也扩展了以往对于工作狂热作用效果的认识。

第三，本研究进一步揭示了工作狂热领导者的双刃剑影响机制。正如 Yukl（1989）所言，任何领导风格或行为都可能有利有弊，工作狂热领导者也不例外。本研究通过整合社会学习理论和情绪认知评价理论，从行为和情绪两个角度探讨了工作狂热领导者对下属态度和行为的不同影响路径。一方面，工作狂热领导者通过促使下属增大工作努力程度正向影响其职业晋升机会；另一方面，工作狂热领导者对工作的高标准、严要求以及随时随地安排工作的方式会给下属带来压力，使他们产生工作焦虑感，从而导致其睡眠质量下降。这一正一负的影响机制反映了工作狂热领导者的正反效果，不仅拓展了社会学习理论和情绪认知评价理论的适用范围，还揭开了工作狂热领导者影响下属态度和行为的作用"黑箱"，为辩证看待领导工作狂热的作用效果提供了新思路。

第四，本研究突出了下属特质对于领导工作狂热作用发挥的重要性。在有关领导力的研究中，学者们指出在探讨领导的有效性时，需要同时考虑到下属在个人特质、认知风格、价值观取向等方面的差异（Avolio et al., 2009；Chemers, 2000；Peters et al., 1985；Strube, Garcia, 1981），比如李全等（2018）通过实证研究检验了高管团队领导认同在工作狂热 CEO 与组织绩效之间的调节作用。尽管他们的研究为理解领导工作狂热有效性的边界条件提供了参考，但是未曾考虑下属个性特征所扮演的重要作用。另外，Clark 等（2016b）尤其呼吁未来有关领导工作狂热的研究重点关注下属特质对领导工作狂热作用发挥的影响。基于此，本研究针对性地提出了员工的关键个体特质（即核心自我评价）在上述正负影响过程中的调节效应，并发现拥有高核心自我评价的下属具有强烈的工作动机和情绪稳定性，能够通过自我调节，灵活应对工作狂热领导者布置的任务，从而缓解领导工作狂热带来的负面影响（如工作焦虑的增加和睡眠质量的下降）。这些研究结论不仅突出强调了下属特质在领导过程中的作用，也有助于更准确、全面地揭示领导工作狂热对于下属态度和行为的影响过程。

### 三　实践意义

本研究对企业管理实践主要有以下四方面的启示。

第一，研究结果表明工作狂热领导者对下属的工作状态和工作行为具有双刃剑效应。这说明领导者是团队中的榜样，他们忘我的工作方式对下属有着直接的影响（Carasco-Saul et al.，2015）。因此，领导者自身需要充分意识到其工作狂热倾向可能带来的正面影响和负面影响。在日常工作中，工作狂热领导者需要展现出一定的工作热忱和执着，通过自身的表率作用激励下属增大工作努力程度，激发下属工作主动性，但同时也不能给下属施加过重的工作压力，特别是不能要求下属也做到随时随地上岗工作，否则可能适得其反。也就是说，领导者需要把握好工作狂热的程度，充分发挥其积极作用，并尽量减少可能存在的消极作用。另外，企业也应该制订针对性的培训计划，强化对下属的情绪疏导，并加强其应对工作焦虑的能力。

第二，本研究发现领导工作狂热会通过增加下属工作焦虑感负向影响下属睡眠质量。结合其他学者的研究发现，即工作狂热个体的睡眠质量通常较差（Caesens et al.，2014；Gillet et al.，2018）。本研究建议对工作狂热领导者自身而言，首先需要意识到睡眠的重要性，不能一味追求工作而忽略睡眠，因为睡眠质量的好坏对绩效等有重要的影响（Barnes，2012；Barnes et al.，2016a）。另外，领导也要在个人作息上以身作则，而不是带头熬夜甚至半夜给下属安排工作并要求及时回复等。除此之外，Barnes 等（2016b）建议企业推出"睡眠友好"政策，建立健康的组织睡眠制度。比如允许员工下班后回归生活，脱离工作；在工作中安排必要的休息时间，如"午休制度"；等等，以此缓解工作的疲劳和焦虑，保证组织成员的身心健康和工作效率。

第三，本研究发现核心自我评价是下属面对工作狂热领导者时缓解焦虑感的"良药"。拥有高核心自我评价的下属能更好地适应工作狂热领导者的工作节奏，同时进行积极的自我调节。这一研究发现对于下属处理好与工作狂热领导者的关系具有重要的启示作用。在企业实践中，下属较难有机会选择心仪的领导。所以，在与工作狂热领导者共事时，下属需要积极调整自己以适应领导的工作方式。另外，企业也可以通过设计一系列人力资源管理措施以评估和培养员工的核心自我评价水平。在招聘新员工时，通过无领导小组面试和纸笔测验等方式有目的地选择核心自我评价高的候选人。针对高核心自我评价的员工，企业也可以通过创造良好的工作氛围，进一步激发其工作内驱力，而对于低核心自我评价的员工，企业可以通过提供特定的指导和培训机会（如情绪管理等），提升其核心自我评价水平。

第四，企业在组建工作团队时需要考虑领导者工作风格和下属个性特征的匹配。在企业内部，不同员工个性特征（如核心自我评价）可能会存在较大差异，有些具有高工作内驱力和自我调节能力，而有些则不具备。面对工作狂热领导者，企业安排核心自我评价较高的下属进入其团队，更可能使其带领团队获得出色的业绩。同时，企业也应当注意到，核心自我评价低的下属并非无法有效完成工作任务。企业需要鼓励领导者与这些下属进行沟通交流，了解他们的工作目标和期望，有针对性地激励他们实现组织目标。

### 四 研究局限

本研究也存在一定的局限性，需要在未来研究中进一步改进。

第一，虽然本研究采用了情景实验以及多时点、多数据来源的问卷调查设计，但本质仍然属于静态研究，难以准确厘清各变量之间的动态关系。因此，未来研究可以考虑采用纵向时间序列研究揭示变量的动态变化以及动态关系。比如，在一年内分多个时间点重复测量员工的工作努力、工作焦虑、职业晋升、身心健康等变量，分析领导工作狂热对这些变量变化趋势的影响。

第二，基于社会学习理论和情绪认知评价理论，本研究发现了领导工作狂热对下属的双刃剑影响效应，但领导工作狂热的作用机制可能不止于此。未来研究可以继续探讨领导工作狂热对下属影响的其他中介机制。比如，本研究提出领导工作狂热在管理下属时会具有角色示范作用，下属因此会学习模仿领导的工作方式，进而增加其工作投入。在这里，角色示范是一个可能的中介变量。未来研究可以直接探讨角色示范在领导工作狂热和下属工作投入之间的中介作用，或者检验其他可能解释领导工作狂热有效性的作用途径，进一步丰富领导工作狂热相关研究。

第三，在变量测量方面，本研究也有一定的改进空间。在领导工作狂热的测量上，本研究采用了目前国外学者常用的量表，对其进行了严格的翻译及回译，以使其更容易被理解，虽然经测量，其信度和效度较高，但是工作狂热倾向可能因文化背景不同而有所差异。因此，未来研究可以考虑开发中国情境下的工作狂热量表。此外，本研究邀请领导评价其直接下属的职业晋升机会，虽然该测量方式应用较为普遍（Barnes，2012；Harris et al.，2006；Paustian-Underdahl et al.，2016），但领导评价的测量方式主观性较强，不一定反映了下属的实际晋升情况。因此，未来研究可以综合考虑更为客观的指标来衡量员工晋升机会，例如晋升速度、晋升次数等。

第四，本研究仅考察了下属核心自我评价的调节作用，未考虑其他下属特征的影响。领导—下属匹配理论指出，当领导与下属在个性、价值观等方面存在一致性时，领导对下属的影响更明显（Day et al.，2014；Uhl-Bien et al.，2014）。工作狂热领导者把工作视为生活的中心，即使在下班的时候仍然心系工作。因此，下属的其他个人特质（如尽责性）可能拥有着重要的调节作用。比如对于工作狂热领导者，高尽责性的下属更容易在工作价值观念上与其产生共鸣，并全身心地投入工作，努力奋斗，而低尽责性的下属由于缺乏认真工作的态度，很难受到工作狂热领导者的鼓舞和带动。总之，后续研究可以进一步探讨其他因素的调节作用，加深对于领导工作狂热发挥影响力的边界条件的理解。

## 第七节　本章小结

本章通过整合社会学习理论和情绪认知评价理论，从行为和情绪两个方面系统性地探究了领导工作狂热影响下属的作用机制以及边界条件。通过一项情景实验和一项多时点、多来源的问卷调查，实证结果支持了本章提出的理论假设。具体来说，本章证实了领导工作狂热对下属的积极影响，即可以通过带动下属增大工作努力程度，以增加其职业晋升机会，同时发现领导工作狂热对下属也存在消极影响，即会增加下属的工作焦虑感进而降低其睡眠质量。同时，本章也解释了下属核心自我评价的调节作用。本章的研究内容丰富了领导工作狂热相关研究，同时也为组织正确认识领导工作狂热的利弊以及其他企业管理实践提供了一定的启示。此外，本章也指出了当前研究的局限和不足之处，并相应地提出了未来研究方向。

# 第四章

# 领导工作狂热对团队的"双刃剑"影响研究

本章从团队层次出发研究领导工作狂热对团队的双刃剑影响效果,重点探讨领导工作狂热对团队绩效的影响机制和边界条件。具体而言,本章首先从社会学习和情绪认知评价两个不同的理论视角切入,分析领导工作狂热对团队绩效产生影响的过程机制。从社会学习视角看,工作狂热领导者会带动团队成员增加工作卷入,从而提升团队绩效;从情绪认知评价视角看,工作狂热领导者也会造成团队的消极情绪,使团队的整体绩效表现下降。其次,本章进一步分析工作意义在领导工作狂热与团队工作卷入和团队消极情绪之间的调节作用,并在此基础上提出被调节的中介假设。再次,本章详细介绍数据收集及分析情况,并汇报数据分析结果。最后,针对研究结论,本章对该研究的理论贡献和实践意义进行讨论,并指出研究不足和未来研究方向。

## 第一节 研究概述

如前两章所述,随着"996 工作制"的悄然普及以及通信技术的不断发展,"工作狂热现象"在越来越多的企业里出现,并逐渐引起社会各界的关注。大部分学者指出,工作狂热倾向通常会对个体产生负面影响,比如降低工作满意度(Burke,MacDermid,1999;胡俏,何铨,2018)、导致反生产行为(Galperin,Burke,2006)、增加工作压力感(Kanai et al.,1996)等。然而,也有部分研究指出,工作狂热倾向具有一定的积极作用,比如,Ng等(2007)发现工作狂热个体在工作中会花费大量时间精力,因此其工作绩效能得到一定的提升;李全等(2018)以92位CEO及高管团队为研究样本,发现工作狂热CEO对于组织绩效具有积极影响。这些研究表明工作狂热倾向具有双面性,既会带来消极影响,也存在积极影响。

尽管这些研究为厘清工作狂热倾向的有效性提供了借鉴,然而,目前学术界关于工作狂热倾向的研究仍存在以下两个不足。一是大部分研究关注的是工作狂热倾向对员工个人或其配偶的影响,鲜有研究探讨组织情境下领导工作狂热倾向的影响。实际上,由于行业竞争的日益加剧,越来越多的领导变成了"工作狂热领导者",表面上看对组织大有裨益,但是实际效果究竟如何需要进一步探究。二是在为数不多的有关领导工作狂热的研究中,学者们大多集中在个体层次(Clark et al.,2016b;Pan,2018;李全等,2018;佘卓霖等,2021),而团队层次的实证研究凤毛麟角。由于工作难度和复杂性不断增加,越来越多的企业选择以团队合作的方式达成目标(Stewart,2006)。与此对应,领导的任务不仅仅是管理和激励每一位下属,还应该包括管理和激励整个团队(Zaccaro et al.,2001)。作为团队的引领者,团队领导不仅拥有分配任务、协调资源的权力,更肩负着带领团队实现组织目标的责任(Zaccaro et al.,2001)。Morgeson等(2010)指出,带领团队达成目标是领导的重要职能之一。那么,在团队层次,工作狂热领导者的有效性究竟如何?这种影响是如何发生的?会受到哪些情境因素的激发或制约?以及个体层次累积的有关领导工作狂热有效性的实证发现是否可以推广到团队层次?这一系列问题都值得进一步的探索和研究。

因此，为了弥补当前研究的空白，也为了丰富对领导工作狂热有效性的理解，本研究旨在考察领导工作狂热对团队工作表现的影响。考虑到团队绩效是衡量团队工作表现的主要指标（Hackman，1987），并且领导工作狂热对于团队绩效的影响机制尚不清楚（Clark et al., 2016b），本研究选取团队绩效作为结果变量，深入探讨领导工作狂热对团队绩效的双刃剑效应。本研究认为，在工作狂热领导者带领的团队中，一方面这些领导者对待工作的执着和忘我投入会为团队树立榜样，潜移默化下，团队成员的工作卷入（job involvement）也会相应增加，从而对团队绩效带来积极影响；另一方面，工作狂热领导者对于工作的过度投入以及无时无刻不开展工作的风格也会间接导致团队处于超负荷的工作状态，进而使团队成员长期处于负面情绪之下。在此情况下，团队绩效可能会受到负面影响。

具体而言，本研究认为领导工作狂热会同时给团队绩效带来积极影响和消极影响，而这些影响分别是通过团队工作卷入和团队消极情绪进行传导的。一方面，领导工作狂热会通过增加团队工作卷入促进团队任务的完成。根据社会学习理论，不管是个体还是群体，都会从环境中寻找直接或间接的观察对象进行学习（Bandura，1986；1977）。在企业中，对于团队成员而言，领导者是他们最直接的学习模仿对象（Bandura，1977）。正如前文所述，工作狂热领导者以身作则、废寝忘食地工作，会给团队树立一个认真工作的领导形象。团队成员也会认为努力工作、增加投入是领导的内隐期望。为了和领导步调一致且完成领导布置的工作任务，潜移默化下，团队成员会增加工作卷入，进而提升团队整体绩效表现。然而另一方面，工作狂热领导者不分昼夜地工作也可能会给团队带来一系列的问题，本研究认为最直接的影响之一就是团队成员会产生较高水平的消极情绪。情绪认知评价理论指出，员工会随时观察评估组织环境，并产生一系列的情绪反应，进而影响其随后的工作态度和工作行为（Lazarus，1966；1991；Lazarus，Folkman，1984）。工作狂热领导者持续不断地投入工作，甚至远远超出组织的基本要求（Oates，1971）。在工作狂热领导者的管理下，整个团队也不得不完成超出预期的工作量。另外，工作狂热领导者会随时随地安排工作（李全等，2018），这会使团队成员需要不断付出时间和精力来完成工作狂热领导者的要求。在这种情况下，团队成员会认为工作强度已经超出自己所能接受的范围，感到负担过重而产生消极情绪。工作中的消极情绪往往是团队绩效下降的重要诱因之一（Jordan et al.，2006）。因此，本研究认为领导工作狂热也会引起团队的消极情绪，从而对团队绩效产生负面影响。

最后，本研究尝试探讨缓解领导工作狂热负面作用的因素。社会学习理论和情绪认知评价理论均指出，在企业中，团队成员的学习模仿行为以及情绪认知的形成除了会受信息发送方（例如领导者）的影响，同时还会受到个人认知的影响（Bandura，1977；Lazarus，1991）。由此，本研究引入工作意义，以探究工作意义的调节作用。工作意义反映了团队成员对工作重要性、促进长期发展以及有益他人的主观性评价（Hackman，Oldham，1975）。当团队感知到的工作意义较高时，团队成员认为工作是有价值的，能够得到外界认可的，并且为该工作付出是值得的。因此，团队成员更愿意像工作狂热领导者一样，在工作中付出更多，同时减少消极情绪。反之，当团队感知到的工作意义较低时，团队成员认为像工作狂热领导者一样疯狂工作是徒劳的、毫无意义的。在此情况下，工作狂热领导者的持续工作行为只会加剧团队成员的工作超负荷感，导致其消极情绪的进一步增加和团队工作卷入的下降。

综上所述，通过这一系列的探究，本研究意在从三个方面丰富现有研究。第一，本研究试图通过检验领导工作狂热对团队绩效的双刃剑影响效应，丰富已有文献对领导工作狂热有效性的理解。第二，本研究整合社会学习理论和情绪认知评价理论，从团队过程和团队情绪视角切入，探究团队工作卷入与团队消极情绪的中介作用，深化领导工作狂热影响团队绩效的内在机制。第三，本研究尝试检验工作意义的调节效应，厘清领导工作狂热发挥影响效果的边界条件，帮助组织和团队趋利避害。这部分的理论模型如图4—1所示。

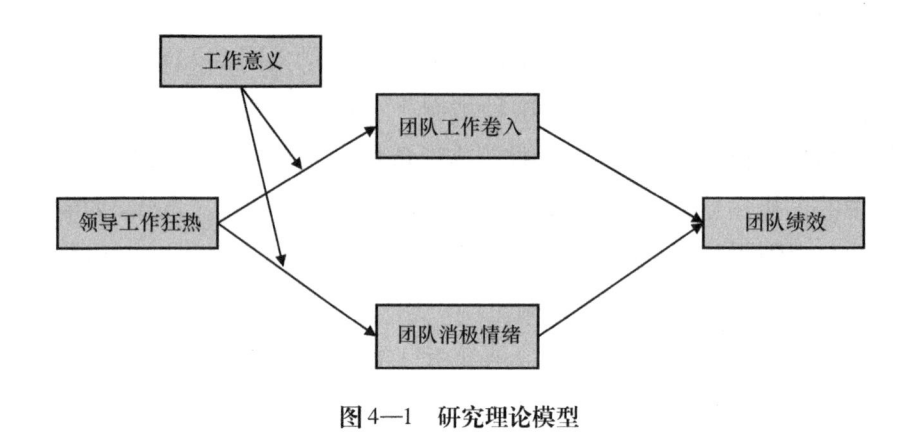

图4—1 研究理论模型

## 第二节 理论与假设

### 一 领导工作狂热对团队绩效的积极影响路径

本研究重点关注领导对团队绩效的影响。在现有研究中，工作狂热通常被定义为"强迫自身过度努力的工作倾向"（Schaufeli et al., 2008a）。Schaufeli 等（2008a）进一步指出，工作狂热包含过度投入和工作执念两个维度。其中过度投入是指，个体将大量时间精力投入工作，远超出组织正式要求；工作执念是指，由于不可抑制的内在驱动而投入工作。据此，学者们将具有该工作倾向的领导者定义为工作狂热领导者。考虑到工作狂热领导者的这些行为特点，基于社会学习理论，本研究认为工作狂热领导者会对团队工作卷入产生积极的影响，进而带来团队绩效的提升。

工作卷入（job involvement）指的是个体在认知上专注以及在行为上积极参与当前工作的程度（Kanungo，1982）。它反映了个体对于工作的心理认同感（Rabinowitz，Hall，1977）。尽管工作卷入常见于个体层次研究，但团队成员由于在同一团队内开展工作，所以会产生对团队工作参与情况的整体感知，进而构成团队工作卷入（Bunderson，2003）。因此，遵循以往研究，本研究将团队工作卷入定义为团队成员积极参与目前所从事工作的程度。Gorn 和 Kanungo（1980）通过实证研究发现，比起内在动机，外在因素更能影响工作卷入程度。Rabinowitz 和 Hall（1977）在其综述文章中总结到，领导风格和领导行为是团队工作卷入的重要前因变量。基于此，本研究认为领导对于团队工作卷入有积极的促进作用。

根据社会学习理论，在团队中，由于团队领导与团队成员人际互动较为频繁，所以成员们会学习和模仿领导的行为（Bandura，1977）。团队领导既有榜样示范作用，也会不断向团队成员传达行为信息。就领导和团队工作卷入的关系而言，工作狂热领导者可以为团队成员提供榜样示范和行为信息，促进团队积极参与工作。一方面，工作狂热领导者以身作则在工作中投入大量时间精力，甚至完成超乎组织和个人经济要求之外的工作量（Clark et al.，2016b；李全等，2018）。他们对于工作的态度在团队内部会起到示范作用，且会为整个团队树立起标杆，激发团队成员内化并且学习模仿领导者的行为。在此情况下，团队成员会更为努力地投入本职工作中，提高团队工作卷入水平。另一方面，基于社会学习理论，领导者对员工的行为和态度具有重要的导向作用。Clark 等（2016b）指出，工作狂热领导者在自身努力工作的同时，还会不断跟员工强调工作的重要性。员工会认为努力工作是企业和领导所要求的，从而在认知上增加对工作任务的重视程度；另外，工作狂热领导者随时随地安排工作的风格也在无形中增加了团队成员的工作任务，使团队成员在行为上更为专注于本职工作，从而加深工作卷入程度。根据以上分析，本研究提出假设。

假设4.1a：领导工作狂热对团队工作卷入具有正向影响。

当团队成员积极参与本职工作时，即团队工作卷入程度较高时，该团队更可能取得优异的绩效表现。首先，在工作中具有高工作卷入水平的团队将会付出更多的努力以实现既定的团队目标，并且由于全神贯注于工作，团队的问题处理和解决能力也能得到提升（Rotenberry，Moberg，2007），进而对团队绩效产生积极影响。其次，当团队成员都努力投入工作时，他们会合作更为紧密、关系更为融洽（Brown，1996）。在这种工作模式下，团队内部会形成一种积极持续的工作状态，并且资源、信息等更易在团队内部被分享，从而使团队整体绩效得以提升。另外，高水平的团队工作卷入表明团队成员更为认可本职工作，且团队成员在面临挑战性的工作时会更具耐力和持久力，推动团队有效实现绩效目标（Rabinowitz，Hall，1977）。诸多实证研究显示，团队工作卷入可以显著正向预测团队绩效。比如，Brown（1996）通过荟萃分析发现工作卷入水平与总体绩效表现显著正相关。类似地，Diefendorff及同事（2002）基于130位员工的问卷调查发现，工作卷入是绩效表现的重要影响因素。因此，基于上述分析，本研究认为团队工作卷入将正向影响团队绩效。

根据社会学习理论，个体或团队在组织中会观察他人进行模仿学习，调整或者改变自己的工作态度和行为。这种学习模仿行为会对其后续发展产生深远影响（Bandura，1977）。基于此，综合以上分析，可以推断团队工作卷入是联结领导工作狂热和团队绩效的关键中介变量，即当领导者表现出工作狂热倾向时，他们对待工作的认真态度会为团队做出榜样，在领导者的感召下，团队成员也会以工作狂热领导者的标准要求自己，更多地参与团队工作，进而带动团队绩效的整体提升。因此，本研究提出如下假设。

假设4.1b：团队工作卷入对团队绩效具有正向影响。

假设4.1c：团队工作卷入在领导工作狂热与团队绩效关系中发挥中介作用。

## 二 领导工作狂热对团队绩效的消极影响路径

尽管工作狂热领导者能够以身作则，加深团队成员的工作卷入程度，从而对团队绩效带来积极的影响，但是正如前文所述，领导的工作狂热倾向存在双面性，兼有积极和消极的影响（Yukl，

1989）。因此，如果要全面理解领导工作狂热对团队的影响作用，在考虑其积极效应时也必须同时考虑其消极效应。据此，基于情绪认知评价理论，本研究认为领导工作狂热也会引起团队的消极情绪，从而抑制团队绩效的提升。

在组织生活中，个人常会体验不同的情绪，如开心、愉悦、焦虑等。学者们进一步将情绪类型划分为积极情绪和消极情绪，并指出二者的作用效果相对独立，可以根据研究问题单独聚焦其中一种（Diener，Emmons，1984）。本部分的关注点是领导工作狂热的负面影响，因此将着重探讨团队消极情绪的作用机制。消极情绪指的是个人在工作场合中感知到的不愉快的情绪综合，包括焦虑、厌烦等各种负面情绪（Russell，Carroll，1999）。由于越来越多的企业选择以团队形式完成工作，学者们进一步指出，团队成员会把个人的情绪体验带入团队合作中，通过情绪的感染和传递，形成团队的整体情绪状态（Barsade，2002）。因此，团队消极情绪指的是"团队的一种不愉悦的、消极的共享情绪状态"，其形成于团队成员互动时的情绪感染（Collins et al.，2013；George，King，2007）。情绪认知评价理论指出，个体或群体面对环境刺激时，会首先评价该刺激的利弊，进而产生相应的情绪反应。不同的情绪会进一步影响其工作态度和行为（Lazarus，1991；Lazarus，Folkman，1984）。对团队成员而言，领导行为是重要的环境刺激，对团队的情绪状态有直接影响（Sy et al.，2005）。

领导工作狂热对团队消极情绪的影响可以从两方面解释。首先，工作狂热领导者通常对所管理的团队具有较高的绩效期望（Scott et al.，1997）。他们不仅要求团队成员全身心地投入工作，同时也会为团队设定颇具挑战性的目标。受到工作狂热领导者的影响，团队成员长时间处于殚精竭虑的状态，甚至担心难以有效完成工作狂热领导者设定的目标，在这种情况下，团队成员会将工作狂热领导者视为"有害或威胁"刺激，致使消极情绪在团队中蔓延。其次，工作狂热领导者长时间处于工作状态，即使在下班后，他们也会通过即时通信技术（如微信、钉钉、电子邮件等）布置、安排工作。受此影响，团队成员不得不随时查看手机和邮件，及时回复工作狂热领导者的任务安排。这种长时间、高强度的工作方式会使团队成员将工作狂热领导者看作"有害或威胁"刺激，从而导致团队成员产生焦虑、烦躁等消极情绪。由此，本研究认为领导工作狂热会导致团队成员产生消极情绪。基于上述分析，本研究提出以下假设。

假设4.2a：领导工作狂热对团队消极情绪具有正向影响。

情绪认知评价理论在设定了环境刺激引发情绪反应后进一步指出不同的情绪状态会影响到个人或群体随后的工作态度和行为（Lazarus，1991）。考虑到消极情绪反映了心情低落、不愉悦的情绪状态，本研究进一步认为团队消极情绪会对团队绩效造成不利影响。一方面，团队消极情绪会影响团队成员接收和处理各类信息的工作效率，因为团队成员需要花费额外的时间精力调整消极的情绪状态（Paulsen et al.，2016），这将使团队成员难以集中注意力处理工作问题。团队绩效的提升要求团队成员付出足够的精力。当团队成员将宝贵的时间精力花费在处理消极情绪上，在完成本职工作时势必会有力不从心之感，导致团队绩效的下降（Greer，Jehn，2007）。另一方面，当团队沉浸于消极情绪中时，团队的凝聚力可能会降低，甚至导致团队冲突的产生，从而降低团队的整体绩效水平（George，King，2007；Varela et al.，2008）。另外，团队消极情绪会降低团队追求更高绩效的工作动机，同时，团队成员主动参与工作、为组织发展贡献力量的欲望也将降低，从而将削弱团队的运行效率。目前，已有部分研究探讨了团队消极情绪与团队绩效的关系。例如，Gibson（2003）的研究结果表明，团队情绪状态与团队效能显著相关。进一步地，Chi和Huang（2014）通过对61个研发团队的样本进行分析，发现团队的消极情绪会负向预测团队的绩效表现。以上分析表明团队的消极情绪与团队绩效之间可能会存在显著的负相关关系。

综合以上分析，本研究推论，工作狂热领导者在管理团队时，对团队绩效的负面影响机制可能是通过团队消极情绪的中介作用实现的。情绪认知评价理论提出了"认知—情绪—行为反应"的分析框架，即个人或群体会对工作环境中的刺激进行评估，进而产生不同的情绪反应，而情绪反应又将进一步影响工作结果。工作狂热领导者会给团队带来较大的工作压力，使团队产生较高的消极情绪，进而不利于团队绩效的有效提升。因此，团队消极情绪在领导工作狂热与团队绩效的关系之间起到了重要的中介作用。鉴于此，本研究提出以下假设。

假设 4.2b：团队消极情绪对团队绩效具有负向影响。

假设 4.2c：团队消极情绪在领导工作狂热与团队绩效关系中发挥中介作用。

### 三 工作意义的调节作用

通过以上分析可以看出，领导工作狂热对于团队绩效是一把双刃剑，既会激励团队增加工作卷入程度，带来绩效的提升，但同时会使团队成员的工作任务加重，进而诱发团队的高消极情绪，对团队绩效造成负面影响。然而，面对同一领导，个体或者群体的反应和表现却不尽相同（Avolio et al., 2009；Chemers, 2000；Peters et al., 1985；Strube, Garcia, 1981）。考虑到工作狂热领导者对于工作的态度，在他们影响团队成员的过程中，团队成员对于工作的看法和定位也值得考察（Clark et al., 2016b）。据此，本研究认为工作意义作为反映团队对工作价值的基本评价（Hackman, Oldham, 1975），将是影响领导工作狂热有效性的重要调节因素。

工作意义（meaning of work）代表了个体对于工作价值高低的感知（Hackman, Oldham, 1975）。Steger 及同事（2012）定义工作意义为积极的工作体验，反映的是个体对于工作内容重要程度、对个人未来发展以及对外部（他人或社会）有益程度的认知。具体而言，工作意义的含义可以从三个方面来解释。一是意义感知（psychological meaningfulness work），指的是对工作价值大小的判断；二是意义创造（meaning making through work），指的是个体是否把工作当成生命意义的来源；三是利他动机（greater good motivation），强调的是工作结果对他人和社会是否会带来积极影响（Steger et al.，2012）。虽然工作意义最初被定义在个体层次，但学者认为在团队内部，团队成员也可能会形成共同的工作意义感知，其原因主要有两方面。一方面，在团队中，团队成员的工作特征通常是相似的，面对同样或相似的工作，团队成员往往会具有相似的体验和态度。另一方面，由于团队内部紧密的工作互动与人际互动，成员之间会相互交流对工作的看法，从而形成共同的工作意义感知（Rosso et al.，2010）。因此，尽管个体可能对工作的意义和价值存在差异化的感知，但是整个团队也会存在共享的工作意义感知。

根据社会学习理论，Bandura（1977）指出，学习行为除了会受到外部因素的影响（如领导示范、言传身教），也会受到内部因素的影响（如个体或群体的认知观念）。当团队工作意义较高时，团队成员会认为当前工作是有价值的，值得并且应该为之付出时间和精力。在这种情况下，工作狂热领导者全情投入工作的行为更能够给团队带来角色示范效应。因此，对于高工作意义的团队而言，工作狂热领导者更能发挥榜样作用，激励团队成员努力参与工作，进而提高团队工作卷入水平。另外，当团队成员从工作中感知到高的意义时，会以更积极的态度对待工作，并且对工作充满兴趣。Cartwright 和 Holmes（2006）表示，工作意义能够增强工作动力，促使员工追求更高目标。因此，高的工作意义也会促使团队成员主动向工作狂热领导者看齐，全身心地投入工作，增加工作卷入程度。反之，当团队工作意义较低时，团队成员会认为工作本身价值低，不值得持续投入时间精力（Allan et al.，2015）。在此情况下，团队成员会从心里抵触工作狂热领导者的工作方式，甚至不情愿遵循工作狂热领导者设定的要求和目标。Arnoux-Nicolas 等（2016）的研究发现，工作意义与离职意向显著负相关。由此可以推知，较低的团队工作意义会导致工作狂热领导者的示范作用被削弱，使团队的工作卷入水平降低。由此，本研究提出如下假设。

假设 4.3a：工作意义正向调节领导工作狂热与团队工作卷入之间的关系，即工作意义越高，领导工作狂热对团队工作卷入的正向影响越强。

类似地，由于工作意义不同，团队成员在面对工作狂热领导者时产生的情绪认知评价也会存在差别。如第二章所述，情绪认知评价理论表示不管是个体还是群体，都会对外界刺激进行评估，进而产生不同的情绪反应（Lazarus，1966；1991；Lazarus，Folkman，1984）。当外界刺激具有较高挑战性时，个人或群体如果认为难以应对，则会产生消极情绪，反之，则会产生积极情绪（Lazarus，1991）。基于此，本研究提出高的工作意义会提高团队成员的情绪认知评价，从而达到缓解工作狂热领导者负面影响的效果。

当工作意义较高时，团队成员发自内心地认可自己的工作，并认为积极参与工作是应该的（Steger et al.，2012）。因此，在工作狂热领导者对团队的影响过程中，如果工作意义较高，团队成员整体会更积极地看待工作狂热领导者努力投入工作的行为。即使工作狂热领导者为团队设置了高的绩效期望、安排了超额的工作任务，团队成员在工作意义感的支撑下，也会坚信"工作再苦再累都值得"。受此影响，他们会更积极地自我调整，不至于产生过高焦虑感等消极情绪反应。Rosso 等（2010）在对工作意义的综述文章中表示，工作意义能够有效缓解工作压力带来的消极反应。因此，可以推论当工作意义较高时，领导工作狂热对团队消极情绪的正向影响将会被削弱。相反，当工作意义较低时，团队成员会对自己所从事的工作持否定态度，甚至反复质疑当前工作所创造的价值（Steger et al.，2012），这预示着团队成员会消极对待外部的工作要求和工作压力，这也将影响到团队成员的情绪认知评价过程。当工作狂热领导者提出高的工作标准和要求时，团队成员由于缺乏对工作价值和意义的认可，更容易产生消极抵触情绪。另外，出于对上级命令的服从，当工作狂热领导者随时随地安排工作并要求及时响应时（李全等，2018），团队成员不得不保持同样的工作节奏。在此情况下，团队成员如果感知到的工作意义较低，更会将工作狂热领导者视为压力源。工作狂热领导者给团队带来的不满、厌倦等消极情绪会被放大。循此逻辑，当团队成员认为工作具有较高意义时，工作狂热领导者给团队带来的消极情绪会得到一定程度的缓解。由此，本研究提出如下假设。

假设4.3b：工作意义负向调节领导工作狂热与团队消极情绪之间的关系，即工作意义越高，领导工作狂热对团队消极情绪的正向影响越弱。

### 四 被调节的中介作用

根据上述假设推导，本研究进一步提出两个被调节的中介假设（Hayes，2015；Preacher et al.，2007；温忠麟等，2014）。按照Edwards和Lambert（2007）的分析，被调节的中介作用是指调节变量对中介过程的影响，即自变量通过中介变量影响因变量的中介作用会受到调节变量的影响。根据以上分析，本研究认为领导工作狂热通过团队工作卷入影响团队绩效的作用以及领导工作狂热通过团队消极情绪对团队绩效的影响会受到工作意义的调节。当团队工作意义较高时，团队成员认为像工作狂热领导者一样全身心投入工作是有价值的，因此更可能以工作狂热领导者为榜样，增加工作参与程度，从而带来团队绩效的提升。同时高的工作意义感能够缓解与工作狂热领导者共事所产生的消极情绪，从而削弱领导工作狂热对团队绩效的负面影响。

相反，当团队工作意义较低时，团队成员主观上不认可工作的价值，在面对工作狂热领导者安排的工作任务和要求时，更可能产生抵触情绪，不愿意像工作狂热领导者一样过度工作，从而影响团队工作卷入程度，降低团队的整体绩效表现。同时低的工作意义会使团队成员在工作时更容易产生不满意等消极态度。在这种情况下，团队更可能将工作狂热领导者视为压力源，消极情绪随之被加强，进而损害团队整体绩效。据此，本研究提出以下假设。

假设 4.4a：工作意义调节团队工作卷入在领导工作狂热与团队绩效之间的中介作用，即工作意义越高，这一中介作用越强；工作意义越低，这一中介作用越弱。

假设 4.4b：工作意义调节团队消极情绪在领导工作狂热与团队绩效之间的中介作用，即工作意义越高，这一中介作用越弱；工作意义越低，这一中介作用越强。

## 第三节　研究方法

本研究采用情景实验和问卷调查混合方法对理论模型进行检验。正如第三章所述，情景实验的优势在于能够通过被试随机分配排除混淆变量干扰，检验变量之间的因果关系。但情景实验的局限在于，难以检验变量之间的间接效应（中介效应），并且由于情景实验依赖于研究者对管理情境的模拟，所以其外部效度较低，容易受到社会赞许效应的干扰。相比之下，问卷调查方法的优势在于能够快速获取大量数据，而且由于在企业内开展，能够较为准确地描述管理现实，具有较高的外部效度。但其局限在于，该方法难以验证因果关系。鉴于此，为检验本章提出的研究假设，笔者开展了一项情景实验（研究①）和一项问卷调查（研究②）。研究①以 272 名 MBA 学员为被试开展情景实验，用于检验领导工作狂热（自变量）对团队成员工作卷入、消极情绪（中介变量）的因果关系以及工作意义（调节变量）的调节作用。研究②在深圳一家物业管理服务公司开展多时点、多来源问卷调查，以采集到的 105 个团队（包括 105 名团队领导和 512 名团队成员）为样本对全模型（中介效应、调节效应以及被调节中介效应）进行检验。这两项研究相互补充，共同为本章的理论模型提供实证支持。

## 第四节 情景实验

### 一 研究样本

在中国北方某高校 MBA 项目中心的支持下，笔者招募 MBA 学员作为被试参与情景实验。为了更好地契合研究模型，笔者仅邀请在企业中具有工作经历的在职 MBA 学员参与情景实验。此外，为了提升被试参与率，笔者向每名被试承诺，完成情景实验后将获得价值 30 元的咖啡代金券。本研究共招募 300 名 MBA 学员，其中 272 名 MBA 学员完成了情景实验，响应率为 90.67%。在 272 名被试中，男性占比为 66.91%，平均年龄为 32.75 岁（SD=6.16），平均司龄为 8.33 年（SD=7.24）；全部被试具有本科及以上学历。本研究使用 G*Power 软件对样本量进行灵敏度功效分析（sensitivity power analysis）。结果显示，在此样本量和 80% 检验力下（$\alpha=0.05$，power=0.80），能检测到的最小效应量为 $d=0.35$，属于适中效应水平（$0.25<d<0.50$）。因此，本研究的样本量是合适的。

### 二 实验程序

本研究采用情景实验中的双因素被试间设计（$2\times2$ 设计），将前因变量分为高程度领导工作狂热和低程度领导工作狂热两类，将调节变量分为高程度工作意义和低程度工作意义两类，共形成 4 个模拟情景，以此考察被试作为团队成员在面对不同程度领导工作狂热时的情绪、认知反应。为了打消被试参与情景实验的顾虑，在情景实验正式开始前，笔者向所有被试说明此次情景实验完全匿名，答案没有对错之分，并且收集到的数据仅作学术研究使用，不会对外公开。在情景实验开始后，被试被随机分配到 4 个模拟情景中的一种，通过阅读情景材料及自身工作经历，对情景中的领导做出判断和反应，并回答相关测量问题。结合领导工作狂热的定义和测量量表（Schaufeli et al.，2009b），本研究对两类情景的设定如表 4—1 所示。

表4—1　高程度领导工作狂热和低程度领导工作狂热的情景设置

| 情景 | 情景描述 |
| --- | --- |
| 实验组：<br>高程度领导工作狂热＋<br>高程度工作意义 | 张宇是A公司某业务团队的直接领导，您是张宇团队中的成员。通过一段时间的工作相处，您发现对张宇而言，努力工作是最重要的。哪怕不喜欢正在做的工作，他也觉得有义务努力工作。在工作的时候，他总是很忙碌，一直与时间赛跑，并且经常同时开展多项工作，甚至在吃午饭的时候同时写备忘录、接电话。您在组织中经常见到周围同事都下班了，张宇还在继续工作。在不工作的时候，他也很难放松自己，甚至会感到内疚。他花在工作上的时间要比花在社交、个人爱好或休闲活动上的时间多很多。关于你们团队所从事的工作，总体而言，工作颇具意义，既能够帮助团队成员实现人生价值，也有助于团队成长发展。除此之外，这些工作也具有更广泛的社会意义，能够对他人产生积极的影响 |
| 对照组1：<br>高程度领导工作狂热＋<br>低程度工作意义 | 张宇是A公司某业务团队的直接领导，您是张宇团队中的成员。通过一段时间的工作相处，您发现对张宇而言，努力工作是最重要的。哪怕不喜欢正在做的工作，他也觉得有义务努力工作。在工作的时候，他总是很忙碌，一直与时间赛跑，并且经常同时开展多项工作，甚至在吃午饭的时候同时写备忘录、接电话。您在组织中经常见到周围同事都下班了，张宇还在继续工作。在不工作的时候，他也很难放松自己，甚至会感到内疚。他花在工作上的时间要比花在社交、个人爱好或休闲活动上的时间多很多。关于你们团队所从事的工作，总体而言，工作意义不高，不仅很难帮助团队成员实现人生价值，对团队成长发展也并无太多益处。除此之外，这些工作的社会意义也有限，很难对他人产生积极的影响 |
| 对照组2：<br>低程度领导工作狂热＋<br>高程度工作意义 | 张宇是A公司某业务团队的直接领导，您是张宇团队中的成员。通过一段时间的工作相处，您发现对张宇而言，努力工作虽然重要，但面对不喜欢的工作，他觉得没有必要拼命努力。在工作的时候，他总是保持正常的工作节奏，不会让自己过于忙碌，并且很少同时开展多项工作。在吃午饭的时候同时写备忘录、接电话这种情况在他身上并不常见。您在组织中很少见到周围同事都下班了，张宇还在继续工作。在不工作的时候，他能够放松自己，也不会感到内疚。他花在工作上的时间和花在社交、个人爱好或休闲活动上的时间基本持平。关于你们团队所从事的工作，总体而言，工作颇具意义，既能够帮助团队成员实现人生价值，也有助于团队成长发展。除此之外，这些工作也具有更广泛的社会意义，能够对他人产生积极的影响 |
| 对照组3：<br>低程度领导工作狂热＋<br>低程度工作意义 | 张宇是A公司某业务团队的直接领导，您是张宇团队中的成员。通过一段时间的工作相处，您发现对张宇而言，努力工作虽然重要，但面对不喜欢的工作，他觉得没有必要拼命努力。在工作的时候，他总是保持正常的工作节奏，不会让自己过于忙碌，并且很少同时开展多项工作。在吃午饭的时候同时写备忘录、接电话这种情况在他身上并不常见。您在组织中很少见到周围同事都下班了，张宇还在继续工作。在不工作的时候，他能够放松自己，也不会感到内疚。他花在工作上的时间和花在社交、个人爱好或休闲活动上的时间基本持平。关于你们团队所从事的工作，总体而言，工作意义不高，不仅很难帮助团队成员实现人生价值，对团队成长发展也并无太多益处。除此之外，这些工作的社会意义也有限，很难对他人产生积极的影响 |

在阅读情景描述之后，被试将对张宇的工作狂热程度以及感知到的工作意义进行评价（操纵检验）。随后，被试将代入情景，评价由直接上级张宇引发的工作卷入和消极情绪。最后，被试需要汇报自身性别、年龄、司龄等人口统计学变量。在272名被试中，有69名被试被随机分配到了高程度领导工作狂热、高程度工作意义组（实验组），有67名被试被随机分配到了高程度领导工作狂热、低程度工作意义组（对照组1），有70名被试被随机分配到了低程度领导工作狂热、高程度工作意义组（对照组2），有66名被试被随机分配到了低程度领导工作狂热、低程度工作意义组（对照组3）。多因素方差分析（MANOVA）结果显示，实验组与对照组被试在性别、年龄、司龄、受教育水平等人口统计学信息上的差异并不显著。具体情景实验流程如图4—2所示。

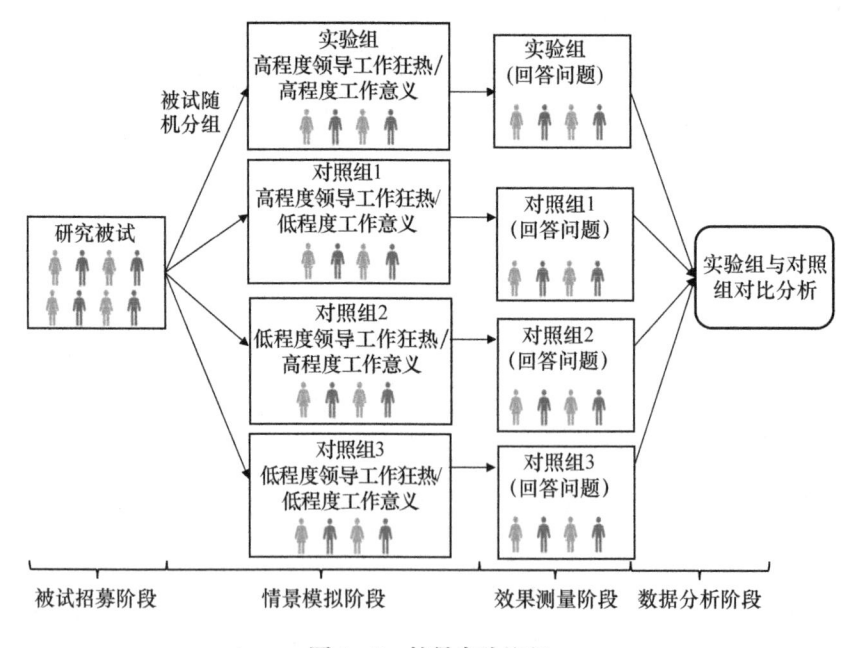

**图4—2　情景实验流程**

## 三　变量测量

本研究选取优质管理学期刊上公开发表的学术量表对变量进行

测量。由于量表大多来自英文期刊，研究者对英文量表进行翻译—回译来保障翻译准确性。具体来说，研究者对量表进行翻译，由1位管理学博士进行回译。之后，另由2位英语专业的博士生进行校对核实。本研究涉及的测量量表见附录。除控制变量，本研究皆采用李克特六点量表，1—6表示"非常不符合"到"非常符合"。

（一）领导工作狂热

在操纵检验（manipulation check）环节，本研究通过Schaufeli等（2009b）编制的量表测量被试感知到的领导工作狂热。该量表包含10个条目，由被试进行评价。测量条目示例为："同事们都下班了，张宇还在继续工作。"该量表的Cronbach's α系数为0.92。

（二）工作意义

在操纵检验环节，本研究通过Steger等（2012）开发的量表来测量被试感知到的工作意义。该量表包含10个条目，由被试进行评价。测量条目示例为："在上述情景中，您所在团队的工作很有意义。"该量表的Cronbach's α值为0.92。

（三）团队工作卷入

本研究应用Kanungo（1982）开发的量表对被试工作卷入进行测量。量表包含10个条目，由被试进行自我评价。测量条目示例为："在张宇的领导下，我们团队将努力投入工作。"该量表的Cronbach's α值为0.95。

（四）团队消极情绪

本研究采用Watson等（1988）开发的量表对被试的消极情绪进行测量，共5个条目，由被试进行自我评价。示例条目为："在张宇的团队中工作，团队成员会感到紧张。"该量表的Cronbach's α值为0.95。

（五）控制变量

本研究对被试的性别（1=男，0=女）、年龄、司龄、受教育水平（1=大专，2=本科，3=硕士及以上）进行了控制。

## 四 数据分析方法

本研究的数据分析方法包括测量模型评估和假设检验两部分。在测量模型评估方面，由于本研究应用情景实验方法收集数据，所以在假设检验前，需要对数据进行信度、效度检验，验证理论构念是否被测量变量准确衡量。具体来说，首先，本研究使用 Mplus 7.0 软件进行验证性因子分析来评估因子结构（Muthén, Muthén, 2012）。其次，本研究分别计算组合信度（CR）、校正条目相关（CITC）、标准化因子载荷、平均方差提取系数（AVE）和 Cronbach's Alpha 评分来检验信度，并应用 Fornell 和 Larcker（1981）提出的比较法来检验区分效度。由于本研究采用情景实验方法收集数据，所以在假设检验前还将进行操纵检验，确保情景模拟发挥实际效果。在假设检验方面，本研究将使用单因素方差分析（One-way ANOVA）检验自变量（领导工作狂热）对中介变量（团队工作卷入、团队消极情绪）的直接影响，使用多因素方差分析检验调节变量（工作意义）的调节效应。

## 五 信度分析与效度分析

表4—2呈现了信度分析结果。具体来说，本研究涉及的2个变量的组合信度（CR）均大于0.70（Bacon et al., 1995）；校正条目相关（CITC）均大于0.60（Koufteros, 1999）；标准化因子载荷均大于0.60（Schreiber et al., 2006）；平均方差提取系数（AVE）均大于0.50（Fornell, Larcker, 1981）；每个变量的 Cronbach's Alpha 均大于0.70（Peterson, 1994）。表4—3呈现了效度分析结果。具体来说，2个变量的 AVE 平方根均大于变量之间的相关系数。这些结果共同表明，本研究涉及的变量具有良好的区分效度。

表 4—2 信度分析结果

| 变量名称 | 测量条目 | 标准化因子载荷 | CITC | Cronbach's Alpha | CR | AVE |
|---|---|---|---|---|---|---|
| 团队消极情绪 | 在张宇的团队中工作,团队成员会容易愤怒 | 0.85 | 0.85 | 0.95 | 0.92 | 0.69 |
| | 在张宇的团队中工作,团队成员会感到抵触、厌烦 | 0.86 | 0.86 | | | |
| | 在张宇的团队中工作,团队成员会感到紧张 | 0.83 | 0.85 | | | |
| | 在张宇的团队中工作,团队成员会焦虑不安 | 0.82 | 0.85 | | | |
| | 在张宇的团队中工作,团队成员会感到害怕 | 0.79 | 0.80 | | | |
| 团队工作卷入 | 在张宇的领导下,投入工作对我们来说会很重要 | 0.88 | 0.85 | 0.95 | 0.96 | 0.69 |
| | 在张宇的领导下,工作将是我们生活的大部分 | 0.86 | 0.85 | | | |
| | 在张宇的领导下,我们团队将努力投入工作 | 0.82 | 0.86 | | | |
| | 在张宇的领导下,我们团队心里想的都会是工作 | 0.83 | 0.79 | | | |
| | 在张宇的领导下,我们团队的重心将聚焦在工作上 | 0.77 | 0.82 | | | |
| | 在张宇的领导下,我们团队会重视工作 | 0.84 | 0.83 | | | |
| | 在张宇的领导下,工作上的事对我们来说会非常重要 | 0.84 | 0.85 | | | |
| | 在张宇的领导下,我们团队将是以工作为导向的 | 0.85 | 0.80 | | | |
| | 在张宇的领导下,工作将是我们的重心 | 0.82 | 0.82 | | | |
| | 在张宇的领导下,我们团队会大部分时间都专注于工作 | 0.80 | 0.81 | | | |

表4—3 描述性统计与相关系数矩阵

| 变量名称 | 均值 | 标准差 | 1 | 2 | 3 | 4 | 5 | 6 | 7 | 8 | 9 | 10 |
|---|---|---|---|---|---|---|---|---|---|---|---|---|
| 1. 被试性别 | 0.50 | 0.50 | | | | | | | | | | |
| 2. 被试年龄 | 32.75 | 6.16 | 0.05 | | | | | | | | | |
| 3. 被试司龄 | 8.33 | 7.24 | 0.03 | −0.26** | | | | | | | | |
| 4. 被试受教育水平 | 2.51 | 0.61 | 0.04 | 0.46*** | −0.27** | | | | | | | |
| 5. 领导工作狂热（操纵） | 0.50 | 0.50 | −0.02 | −0.05 | 0.01 | −0.06 | | | | | | |
| 6. 领导工作狂热（感知） | 3.75 | 1.21 | 0.01 | −0.09 | 0.21** | −0.11 | 0.62*** | | | | | |
| 7. 工作意义（操纵） | 0.50 | 0.50 | 0.02 | 0.02 | −0.08 | 0.06 | 0.11 | 0.10 | | | | |
| 8. 工作意义（感知） | 3.32 | 1.02 | 0.02 | −0.06 | 0.09 | −0.08 | 0.12 | 0.11 | 0.62*** | | | |
| 9. 团队工作卷入 | 3.75 | 1.08 | 0.05 | −0.03 | −0.01 | −0.02 | 0.24** | 0.31*** | 0.15* | 0.16* | **0.83** | |
| 10. 团队消极情绪 | 3.66 | 1.06 | 0.01 | −0.06 | 0.11 | 0.09 | 0.22** | 0.33*** | 0.11* | −0.15* | −0.07 | **0.83** |

注：$N=272$ 名被试；对角线加粗数字为 AVE 平方根；* 表示 $p<0.05$；** 表示 $p<0.01$；*** 表示 $p<0.001$。

## 六 验证性因子分析

为了检验团队工作卷入、团队消极情绪之间的因子结构，本研究使用 Mplus 7.0 软件进行了验证性因子分析。分析结果表明，两因子模型具有较好的模型拟合指数（$\chi^2 = 629.78$；$df = 89$；$\chi^2/df = 7.08$；$CFI = 0.91$；$TLI = 0.90$；$RMSEA = 0.11$；$SRMR = 0.05$），同时拟合优度显著优于单因子模型（$\chi^2 = 2220.44$；$df = 90$；$\chi^2/df = 24.67$；$CFI = 0.66$；$TLI = 0.64$；$RMSEA = 0.26$；$SRMR = 0.22$；$\Delta\chi^2 = 1590.66$，$\Delta df = 1$，$p < 0.001$）。综合上述结果，本研究涉及的2个变量能够有效相互区分。

## 七 实验操纵检验

在假设检验开始前，本研究对低/高程度领导工作狂热的情景操纵的有效性进行了检验。独立样本 T 检验结果显示，实验组被试感知到的领导工作狂热水平较高（mean = 4.91，SD = 1.12），对照组被试感知到的领导工作狂热水平较低（mean = 3.03，SD = 1.07），并且二者之间存在显著性差异（$t = 28.33$，$df = 270$，$p < 0.001$，$d = 1.21$）。因此，本研究在情景实验中对领导工作狂热的操纵是成功的。

此外，本研究对低/高程度工作意义情景操纵的有效性进行了检验。独立样本 T 检验结果显示，实验组被试感知到的工作意义水平较高（mean = 4.69，SD = 0.85），对照组被试感知到的工作意义水平较低（mean = 3.21，SD = 0.81），并且二者之间存在显著性差异（$t = 14.23$，$df = 270$，$p < 0.001$，$d = 1.26$）。因此，本研究在情景实验中对工作意义的操纵是成功的。

## 八 描述性统计分析结果

表4—3呈现了本研究涉及变量之间的相关系数和描述性统计结果。依据表4—3可以看出，领导工作狂热（操纵）与团队工作卷入

显著正相关（$\gamma = 0.24$，$p < 0.01$）；领导工作狂热（操纵）与团队消极情绪同样显著正相关（$\gamma = 0.22$，$p < 0.01$）。这些描述性统计分析结果为后续假设检验提供了初步基础。

## 九 假设检验结果

单因素方差分析结果显示，领导工作狂热（操纵）对团队工作卷入具有显著的正向影响［$F(1, 270) = 12.95$，$p < 0.001$，$\eta^2 = 0.30$］。由此，假设4.1a得到支持。此外，单因素方差分析结果表明，领导工作狂热（操纵）对团队消极情绪具有显著正向影响［$F(1, 270) = 9.54$，$p < 0.001$，$\eta^2 = 0.26$］，因此假设4.2a也得到了支持。

多因素方差分析结果显示，领导工作狂热（操纵）与工作意义（操纵）的交互项对团队工作卷入具有显著影响［$F(3, 268) = 11.89$，$p < 0.001$，$\eta^2 = 0.22$］。图4—3显示了工作意义的调节作用。从图4—3中可以看出，当领导工作狂热（操纵）与工作意义（操纵）同时取高值时，团队工作卷入水平最高（mean = 4.81，SD = 0.85）。由此，假设4.3a得到了支持。

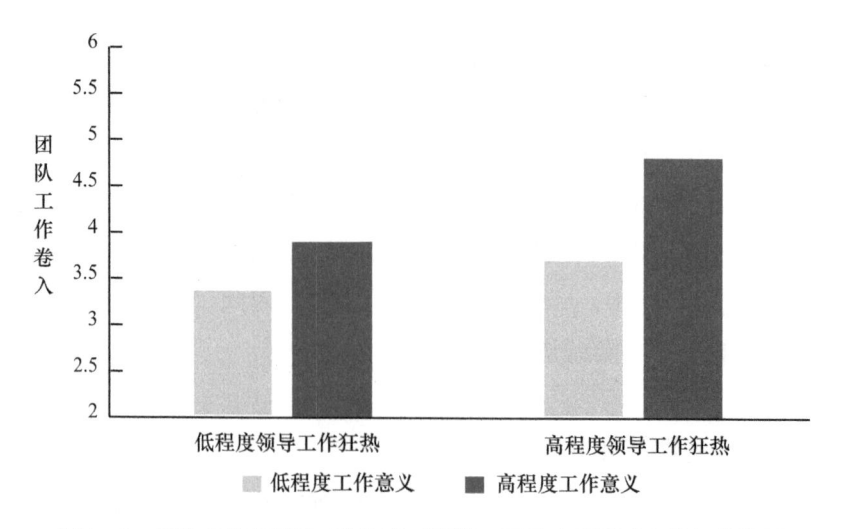

图4—3 工作意义在领导工作狂热对团队工作卷入的影响中的调节作用

多因素方差分析结果显示，领导工作狂热（操纵）与工作意义（操纵）的交互项对团队消极情绪具有显著影响 [$F(3, 268) = 14.92$, $p < 0.001$, $\eta^2 = 0.27$]。图4—4显示了工作意义的调节作用。从图4—4中可以看出，当领导工作狂热（操纵）取高值，同时工作意义（操纵）取低值时，团队消极情绪水平最高（mean = 4.97，SD = 0.91）。由此，假设4.3b得到了支持。

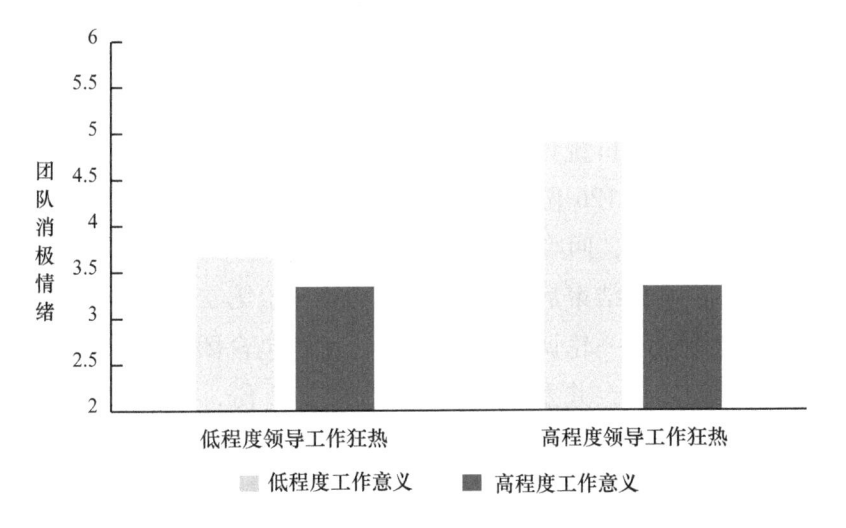

图4—4 工作意义在领导工作狂热对团队消极情绪的影响中的调节作用

## 第五节 问卷调查

### 一 研究样本与数据收集过程

本研究进一步采用问卷调查的研究设计，在深圳一家物业管理服务公司收集数据。该公司主营业务为物业管理，其物业管理团队分散在深圳市的各个楼盘。为了更好地检验研究模型，本研究将调查对象限定为该企业内的物业管理团队（区域经理及业务主管），基层物业员工不参与调查。进一步地，由于物业管理团队共同负责辖区内业务工作，本研究将区域经理一级人员视为团队领导，将业务主管一级人员视为团队成员。在征得企业人力资源管理部门同意后，笔者获得了自愿参与问卷调查的人员名单。根据这份名单，笔者向团队领导以及团队成员发送电子邮件，解释研究的目的与程序，并声明研究调查结果不以实名制的形式反馈给企业。为避免同源方法偏差，本研究采用多时点、多来源设计，分三个时点进行调查，每次调查时间间隔为一个月。具体数据收集情况如表4—4所示。

在第一轮调查中，笔者邀请152个物业管理团队的152名团队领导和对应的839名团队成员参与问卷调查。笔者向团队领导发放包含工作狂热倾向和人口统计学信息的纸质问卷，向团队成员发放包含工作意义和人口统计学信息的纸质问卷。本轮共发放152份团队领导问卷，回收126份，回收率82.89%；共发放839份团队成员问卷，回收677份，回收率80.69%。

在第一轮调查结束后的一个月，笔者开始第二轮调查。具体而言，笔者向参与第一轮调查的团队成员发放包含团队工作卷入和团队消极情绪的问卷，共发放677份，回收512份，回收率75.63%。独立样本T检验分析结果表明，两次调查都参与者与第二轮调查未参与者在性别、年龄、司龄、受教育水平方面并无显著差异（$p > 0.05$），这说明样本损失是随机的。为了更加准确地衡量模型中的结果变量——团队绩效，本研究邀请团队领导的上级（大区经理）对整个团队的绩效进行评价。在第三轮调查中，笔者共发放126份问卷，回收105份，回收率83.33%。

表4—4 调研数据收集情况

| 轮次 | 评价者 | 调查内容 | 发放量（份） | 回收量（份） | 回收率（%） |
| --- | --- | --- | --- | --- | --- |
| 第一轮 | 团队领导 | 工作狂热倾向、人口统计学信息 | 152 | 126 | 82.89 |
| | 团队成员 | 工作意义、人口统计学信息 | 839 | 677 | 80.69 |
| 第二轮 | 团队成员 | 团队工作卷入、团队消极情绪 | 677 | 512 | 75.63 |
| 第三轮 | 大区经理 | 团队绩效 | 126 | 105 | 83.33 |

在对数据进行匹配后，最终的数据样本共有 105 个团队，包括 105 名团队领导和 512 名团队成员。在 105 名团队领导中，男性占 62.9%，平均年龄为 38.5 岁（$SD = 9.03$），平均司龄为 6.1 年（$SD = 3.24$），41.9% 具有大专学历，47.6% 具有本科学历，10.5% 具有硕士及以上学历。在 512 位团队成员中，男性占 58.4%，平均年龄为 33.3 岁（$SD = 4.62$），平均司龄为 6.7 年（$SD = 3.63$），42.6% 具有大专学历，46.5% 具有本科学历，10.9% 具有硕士及以上学历。

## 二 变量测量

本研究选取优质管理学期刊上公开发表的学术量表对变量进行测量，并通过翻译—回译来保障翻译的准确性。笔者首先对量表进行翻译，之后由 1 位管理学博士进行回译。最后，另由 2 位英语专业的博士生进行复审校对以确保无语义偏差。本研究涉及的所有变量测量条目均采用李克特六点量表，1—6 表示"非常不同意"到"非常同意"。具体的测量量表详见附录。

（一）领导工作狂热

本研究采用 Schaufeli 等（2009b）编制的量表对领导工作狂热进行测量。该量表包含 10 个条目，由团队领导进行自我评价。测量条目示例为："只要我一刻不工作，我就感到内疚。"该量表的 Cronbach's Alpha 系数为 0.95。

（二）团队工作卷入

本研究使用 Kanungo（1982）开发的量表对团队工作卷入进行测量，并应用 Chan（1998）提出的"参照点转移模型"（referent-shift consensus model）将团队成员评价的加总平均值（group mean）作为团队工作卷入。量表包含 10 个条目，由团队成员进行自我评价。团队加总平均值计为团队工作卷入。测量条目示例为："投入工作对我们团队来说很重要。"该量表的 Cronbach's Alpha 值为 0.91。聚合检验结果表明，该变量的组内评分信度（Within-group interrater reliability，Rwg）为 0.83，组内相关系数（Intra-class Correlation，

ICC）（1）为 0.38（$p < 0.001$），ICC（2）为 0.75。这些结果共同说明，该变量具有较高的团队内一致性和较明显的团队间差异，因此将团队成员评分聚合到团队层次是合理的。

（三）团队消极情绪

遵循以往研究（Sy et al., 2005），本研究将团队消极情绪视为团队成员的共同情绪体验，并应用 Chan（1998）提出的"加总聚合模型"（additive form of aggregation model）将团队成员评价的加总平均值（group mean）作为团队消极情绪。本研究使用 Watson 等（1988）开发的量表对团队成员的消极情绪进行测量，共 5 个条目，由成员进行自我评价。测量条目示例为："在团队中工作，我感到抵触、厌烦。"该量表的 Cronbach's Alpha 值为 0.96。聚合检验结果表明，该变量的 Rwg 为 0.73，ICC（1）为 0.43（$p < 0.001$），ICC（2）为 0.79。因此，该变量具有较高的团队内一致性和较明显的团队间差异，将其聚合到团队层次是合理的。

（四）工作意义

本研究采用 Steger 等（2012）开发的量表对工作意义进行测量，共 10 个条目，由团队成员评价。测量条目示例为："我们团队的工作很有意义。"团队加总平均值代表团队成员共同感知到的团队工作意义。该量表的 Cronbach's Alpha 值为 0.96。聚合检验结果表明，该变量的 Rwg 为 0.73，ICC（1）为 0.33（$p < 0.001$），ICC（2）为 0.71。这些结果表明，该变量具有较高的团队内一致性和较明显的团队间差异，因此将该变量聚合到团队层次是合理的。

（五）团队绩效

本研究采用 Gonzalez-Mulé 等（2016）编制的量表对团队绩效进行测量，共 4 个条目，由大区经理对物业管理团队整体绩效进行评价。测量条目示例为："就整体而言，这个团队是非常成功的。"该量表的 Cronbach's Alpha 值为 0.87。

（六）控制变量

本研究对可能影响团队绩效评价的因素加以控制。选取的控制变量包括：团队规模、团队成立年限。此外，考虑到这些物业管理团队分管不同楼盘，且楼盘之间也存在差异，因此，本研究对楼盘属性也进行了控制。具体来说，本研究将楼盘（辖区）的规模（1 = 小型；2 = 中型；3 = 大型）和档次（1 = 普通；2 = 中档；3 = 豪华）作为控制变量。

### 三　数据分析方法

由于本研究模型涉及的变量均在团队层次，在统计分析前，本研究将团队成员评价的变量（工作意义、工作卷入、消极情绪）聚合到团队层次，并通过计算组内评分信度（Rwg）和组内相关系数（ICC）证明聚合的合理性。此外，在假设检验前，本研究需要对变量的信度和效度进行检验来确保后续统计分析的严谨性。在信度检验上，本研究主要考察组合信度（CR）、校正条目相关（CITC）、标准化因子载荷、平均方差提取系数（AVE）和 Cronbach's Alpha 评分等指标。在效度检验上，本研究重点考察多层次验证性因子分析（Multilevel Confirmatory Factor Analysis，MCFA）结果、AVE 平方根比较结果。

在模型统计分析上，本研究采用结构方程路径分析方法（Muthén，Muthén，2012），并使用 Mplus 7.0 作为实现软件。在中介效应检验上（假设 4.1c 和假设 4.2c），本研究采用 Hayes（2013）提出的乘积系数法，并通过偏差校正的蒙特卡罗参数拔靴法（Preacher，Selig，2012）对中介效应进行估计，同时检验其显著性。在调节效应检验上，本研究遵循 Aiken 和 West（1991）的建议，在构建乘积项前对变量进行中心化处理，并进行简单斜率分析。在被调节的中介效应检验上，本研究同样应用乘积系数法（Hayes，2013），并使用偏差校正的蒙特卡罗参数拔靴法（Preacher，Selig，2012）估计不同调节变量取值下的间接效应及其显著性。

## 四 信度与效度分析结果

信度分析结果（见表4—5）显示，本研究涉及所有变量的组合信度（CR）均大于0.70（Bacon et al., 1995）；校正条目相关（CITC）均大于0.60（Koufteros, 1999）；标准化因子载荷均大于0.60（Schreiber et al., 2006）；平均方差提取系数（AVE）均大于0.50（Fornell, Larcker, 1981）；每个变量的Cronbach's Alpha评分均大于0.70（Peterson, 1994）。效度分析结果（见表4—6）表明，本研究变量的AVE平方根均大于相关系数（Anderson, Gerbing, 1988），证明变量之间能够有效进行区分。综上，本研究涉及的所有变量具有良好的信度与效度。

表4—5　　　　　　　　　信度分析结果

| 变量名称 | 测量条目 | 标准化因子载荷 | CITC | Cronbach's Alpha | CR | AVE |
| --- | --- | --- | --- | --- | --- | --- |
| 领导工作狂热 | 对我而言，努力工作很重要，哪怕我不喜欢我正在做的工作 | 0.78 | 0.75 | 0.95 | 0.95 | 0.63 |
| | 我觉得我的内心有某种东西驱使我努力工作 | 0.78 | 0.78 | | | |
| | 即使感到无趣，我觉得也有义务努力工作 | 0.86 | 0.85 | | | |
| | 只要我一刻不工作，我就感到内疚 | 0.76 | 0.76 | | | |
| | 在不工作的时候，我很难感觉放松 | 0.81 | 0.79 | | | |
| | 在工作中，我似乎很匆忙，一直与时间赛跑 | 0.81 | 0.79 | | | |
| | 同事们都下班了，我还在继续工作 | 0.84 | 0.83 | | | |
| | 我同时开展多项工作使自己保持在忙碌状态 | 0.78 | 0.77 | | | |
| | 我花在工作上的时间比花在社交、个人爱好或休闲活动上的时间还要多 | 0.79 | 0.79 | | | |
| | 我经常同一时间做两三件事，比如吃午饭的时候写备忘录、接电话 | 0.74 | 0.74 | | | |

续表

| 变量名称 | 测量条目 | 标准化因子载荷 | CITC | Cronbach's Alpha | CR | AVE |
|---|---|---|---|---|---|---|
| 团队工作卷入 | 投入工作对我们团队来说很重要 | 0.75 | 0.7 | 0.91 | 0.91 | 0.55 |
| | 对我们团队来说，工作是生活的大部分 | 0.79 | 0.74 | | | |
| | 我们团队工作非常投入 | 0.78 | 0.73 | | | |
| | 我们团队心里想的都是工作 | 0.80 | 0.75 | | | |
| | 我们团队的重心聚焦在工作上 | 0.75 | 0.69 | | | |
| | 我们团队重视工作 | 0.83 | 0.79 | | | |
| | 工作上的事对我们来说非常重要 | 0.67 | 0.65 | | | |
| | 我们团队是以工作为导向的 | 0.72 | 0.70 | | | |
| | 工作是我们的重心 | 0.66 | 0.65 | | | |
| | 我们团队大部分时间都专注于工作 | 0.62 | 0.61 | | | |
| 团队消极情绪 | 在团队中工作，我容易愤怒 | 0.91 | 0.87 | 0.96 | 0.95 | 0.81 |
| | 在团队中工作，我感到抵触、厌烦 | 0.92 | 0.89 | | | |
| | 在团队中工作，我感到紧张 | 0.93 | 0.90 | | | |
| | 在团队中工作，我焦虑不安 | 0.86 | 0.85 | | | |
| | 在团队中工作，我感到害怕 | 0.87 | 0.87 | | | |
| 工作意义 | 我们团队的工作很有意义 | 0.79 | 0.79 | 0.96 | 0.96 | 0.72 |
| | 我们团队的工作有助于团队成员实现人生价值 | 0.83 | 0.83 | | | |
| | 我们团队清楚所从事工作的意义 | 0.82 | 0.81 | | | |
| | 我们团队的工作能让他人更好 | 0.88 | 0.86 | | | |
| | 我们团队的工作有助于团队成员的个人成长 | 0.90 | 0.88 | | | |
| | 我们团队的工作帮助团队成员更好地了解自己 | 0.87 | 0.84 | | | |
| | 我们团队的工作能够帮助团队成员理解周围世界 | 0.89 | 0.86 | | | |
| | 我们团队的工作对他人也有影响 | 0.93 | 0.91 | | | |
| | 我们团队的工作对他人产生了积极的影响 | 0.90 | 0.87 | | | |
| | 我们团队的工作有很大的社会意义 | 0.65 | 0.64 | | | |
| 团队绩效 | 该团队能很好地实现既定目标 | 0.84 | 0.75 | 0.87 | 0.87 | 0.63 |
| | 该团队绩效表现很好 | 0.86 | 0.76 | | | |
| | 该团队为公司业绩做出了很大贡献 | 0.73 | 0.67 | | | |
| | 就整体而言，这个团队是非常成功的 | 0.73 | 0.67 | | | |

表 4—6 描述性统计与相关系数矩阵

| 变量名称 | 均值 | 标准差 | 1 | 2 | 3 | 4 | 5 | 6 | 7 | 8 | 9 |
|---|---|---|---|---|---|---|---|---|---|---|---|
| 1. 团队规模 | 4.88 | 1.10 | | | | | | | | | |
| 2. 团队成立年限 | 5.03 | 1.94 | 0.07 | | | | | | | | |
| 3. 楼盘规模 | 1.64 | 0.57 | 0.04 | 0.02 | | | | | | | |
| 4. 楼盘档次 | 1.76 | 0.69 | -0.12 | -0.07 | -0.12 | | | | | | |
| 5. 领导工作狂热 | 4.50 | 0.98 | -0.03 | 0.12 | 0.04 | 0.05 | **0.79** | | | | |
| 6. 团队工作卷入 | 4.38 | 0.55 | -0.09 | -0.03 | -0.15 | 0.22* | 0.35*** | **0.75** | | | |
| 7. 团队消极情绪 | 3.65 | 0.97 | 0.17 | -0.07 | 0.04 | -0.06 | 0.43*** | -0.06 | **0.90** | | |
| 8. 工作意义 | 3.72 | 1.06 | -0.02 | -0.08 | -0.10 | -0.02 | 0.06 | 0.14 | -0.03 | **0.85** | |
| 9. 团队绩效 | 4.84 | 0.76 | -0.08 | 0.05 | 0.12 | -0.10 | 0.18 | 0.38*** | -0.19⁺ | -0.11 | **0.79** |
| 10. 客户投诉率(千分比) | 4.31 | 2.09 | 0.14 | 0.04 | 0.05 | -0.01 | -0.01 | -0.14 | 0.38*** | -0.10 | 0.03 |

注：N=105 个团队；客户投诉率为千分比(‰)；对角线加粗数字为 AVE 平方根；⁺表示 $p<0.10$；*表示 $p<0.05$；**表示 $p<0.01$；***表示 $p<0.001$

## 五 多层次验证性因子分析结果

为进一步检验变量间的区分效度，本研究使用多层次验证性因子分析。具体来说，本研究将团队领导自评的工作狂热倾向和大区经理评价的团队绩效设定在团队层次（between-group level），其他由团队成员评价的变量设定在个体层次（within-group level）。结果（见表4—7）显示，假设的五因子模型（领导工作狂热、工作意义、团队工作卷入、团队消极情绪、团队绩效）具有良好的拟合优度（$\chi^2 = 964.38$；$df = 348$；$\chi^2/df = 2.77$；$CFI = 0.93$；$TLI = 0.93$；$RMSEA = 0.06$；组间 $SRMR = 0.06$；组内 $SRMR = 0.04$），同时显著优于

表4—7　　　　　　　　多层次验证性因子分析结果

| 模型 | 因子 | $\chi^2$ | $df$ | $\chi^2/df$ | CFI | TLI | RMSEA | 组间SRMR | 组内SRMR |
|---|---|---|---|---|---|---|---|---|---|
| 五因子模型 | 每个变量对应一个因子 | 964.38 | 348 | 2.77 | 0.93 | 0.93 | 0.06 | 0.06 | 0.04 |
| 四因子模型1 | 领导工作狂热与团队绩效合并 | 1126.85 | 349 | 3.23 | 0.92 | 0.91 | 0.07 | 0.15 | 0.04 |
| 四因子模型2 | 工作意义与团队工作卷入合并 | 3441.68 | 350 | 9.83 | 0.67 | 0.63 | 0.13 | 0.06 | 0.30 |
| 四因子模型3 | 工作意义与团队消极情绪合并 | 3103.19 | 350 | 8.67 | 0.70 | 0.67 | 0.13 | 0.06 | 0.15 |
| 四因子模型4 | 团队工作卷入与团队消极情绪合并 | 3138.96 | 350 | 8.97 | 0.70 | 0.67 | 0.13 | 0.06 | 0.14 |

注：五因子模型包括领导工作狂热、团队工作卷入、团队消极情绪、团队绩效、工作意义五个因子；四因子模型1包括领导工作狂热和团队绩效的组合、团队工作卷入、团队消极情绪、工作意义四个因子；四因子模型2包括领导工作狂热、工作意义和团队工作卷入的组合、团队消极情绪、团队绩效四个因子；四因子模型3包括领导工作狂热、工作意义和团队消极情绪的组合、团队工作卷入、团队绩效四个因子；四因子模型4包括领导工作狂热、工作意义、团队工作卷入和团队消极情绪的组合、团队绩效四个因子。

四因子模型 1（$\Delta\chi^2 = 162.47$，$\Delta df = 1$，$p < 0.001$）；四因子模型 2（$\Delta\chi^2 = 2477.30$，$\Delta df = 2$，$p < 0.001$）；四因子模型 3（$\Delta\chi^2 = 2138.81$，$\Delta df = 2$，$p < 0.001$）；四因子模型 4（$\Delta\chi^2 = 2174.58$，$\Delta df = 2$，$p < 0.001$）。以上分析结果为区分效度提供了有效佐证。

## 六 共同方法偏差检验

尽管本研究采用多时点的问卷调查设计，但是本研究中的工作意义、团队工作卷入、团队消极情绪均由团队成员自我评价得出，可能存在潜在的同源方法偏差。因此，本研究采用 Harman（1976）的单因子方法对此进行检验。分析结果表明，本研究中的共同方法偏差因子对测量条目的解释率为 31.2%，低于参照值 40%。因此，本研究中的团队成员自评变量并不存在严重的共同方法偏差问题。

## 七 描述性统计分析结果

表 4—6 展示了研究变量的描述性统计信息以及相关系数矩阵。根据表 4—6，领导工作狂热与团队工作卷入、团队消极情绪分别显著正相关（$\gamma = 0.35$，$p < 0.001$；$\gamma = 0.43$，$p < 0.001$）；团队工作卷入与团队绩效显著正相关（$\gamma = 0.38$，$p < 0.001$）；团队消极情绪与团队绩效边际显著负相关（$\gamma = -0.19$，$p = 0.10$）。上述相关性统计信息为后续假设检验提供了初步依据。

## 八 假设检验结果

表 4—8 呈现了结构方程路径分析结果。由表 4—8 可知，加入控制变量后，领导工作狂热对团队工作卷入具有显著正向影响（$b = 0.19$，$p < 0.001$）；同时，团队工作卷入对团队绩效具有显著正向影响（$b = 0.56$，$p < 0.001$）。由此，假设 4.1a 和假设 4.1b 同时得到支持。此外，偏差校正的拔靴分析结果显示，团队工作卷入在领导工作狂热与团队绩效之间的间接效应值为 0.11，95% 置信区间为

[0.03，0.18]，未包含0。综上，中介假设4.1c得到支持。

表4—8显示，领导工作狂热正向显著影响团队消极情绪（$b = 0.41$，$p < 0.001$）；同时，团队消极情绪负向显著影响团队绩效（$b = -0.19$，$p < 0.05$）。因此，假设4.2a和假设4.2b都得到支持。此外，偏差校正的拔靴分析结果显示，团队消极情绪在领导工作狂热与团队绩效之间的间接效应值为$-0.08$，95%置信区间为[$-0.15$，$-0.01$]，未包含0。由此，中介假设4.2c得到支持。

表4—8  结构方程路径分析结果

| 预测变量 | 结果变量 | | |
|---|---|---|---|
| | 团队工作卷入 | 团队消极情绪 | 团队绩效 |
| 控制变量 | | | |
| 团队规模 | -0.04 | 0.18* | -0.02 |
| 团队成立年限 | -0.01 | -0.05 | 0.10 |
| 楼盘规模 | -0.10 | -0.01 | 0.21 |
| 楼盘档次 | 0.12 | -0.07 | -0.20* |
| 自变量 | | | |
| 领导工作狂热 | 0.19*** | 0.41*** | 0.12 |
| 中介变量 | | | |
| 团队工作卷入 | — | — | 0.56*** |
| 团队消极情绪 | — | — | -0.19* |
| 调节变量 | | | |
| 工作意义 | 0.07 | -0.09 | — |
| 交互项 | | | |
| 领导工作狂热 × 工作意义 | 0.08** | -0.14** | — |
| $R^2$ | 0.25 | 0.28 | 0.25 |

注：$N = 105$个团队；*表示$p < 0.05$；**表示$p < 0.01$；***表示$p < 0.001$；所有系数为非标准化系数（unstandardized coefficient）。

根据表4—8，领导工作狂热与工作意义的交互项正向显著影响团队工作卷入（$b=0.08$，$p<0.01$）。为进一步展示工作意义的调节作用，本研究参照 Aiken 和 West（1991）的方法，对工作意义的均值加减一个标准差，分别代表"高程度工作意义"与"低程度工作意义"，调节效应如图4—5所示。简单斜率分析结果表明，当工作意义程度较高时，领导工作狂热对团队工作卷入的促进作用更强（$simple\ slope=0.28$，$t=4.87$，$p<0.001$）；当工作意义程度较低时，领导工作狂热对团队工作卷入的促进作用被削弱（$simple\ slope=0.11$，$t=2.22$，$p<0.05$）。综上，假设4.3a得到支持。

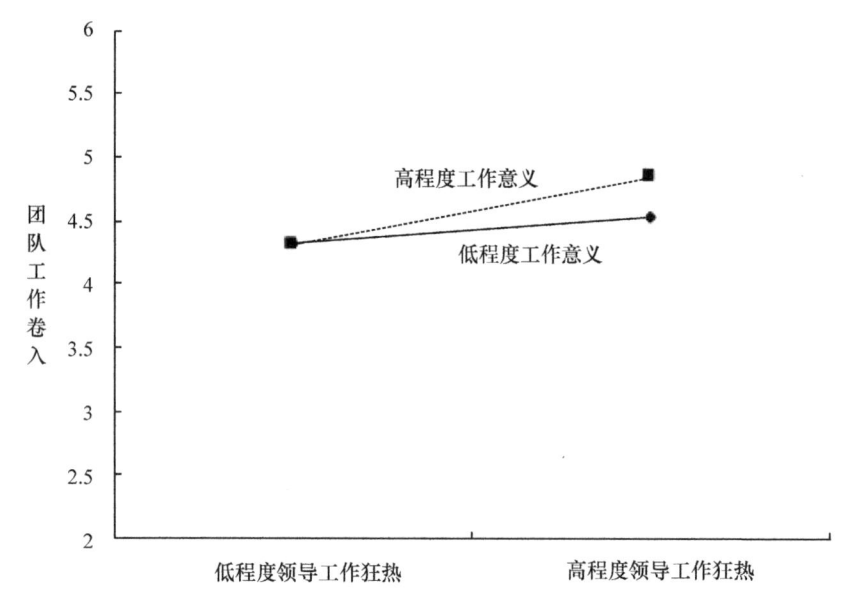

图4—5　工作意义在领导工作狂热对团队工作卷入的影响中的调节作用

如表4—8显示，领导工作狂热与工作意义的交互项负向显著影响团队消极情绪（$b=-0.14$，$p<0.01$）。进一步地，本研究对工作意义的均值加减一个标准差，分别代表"高程度工作意义"与"低程度工作意义"，计算简单斜率。图4—6显示，当工作意义程度较低时，领导工作狂热对团队消极情绪的正向作用被强化（$simple\ slope=0.56$，$t=6.07$，$p<0.001$）；当工作意义程度较高时，领导工作狂热对团队

消极情绪的正向作用被削弱（*simple slope* = 0.26，*t* = 2.10，*p* < 0.05）。由此，假设4.3b得到支持。

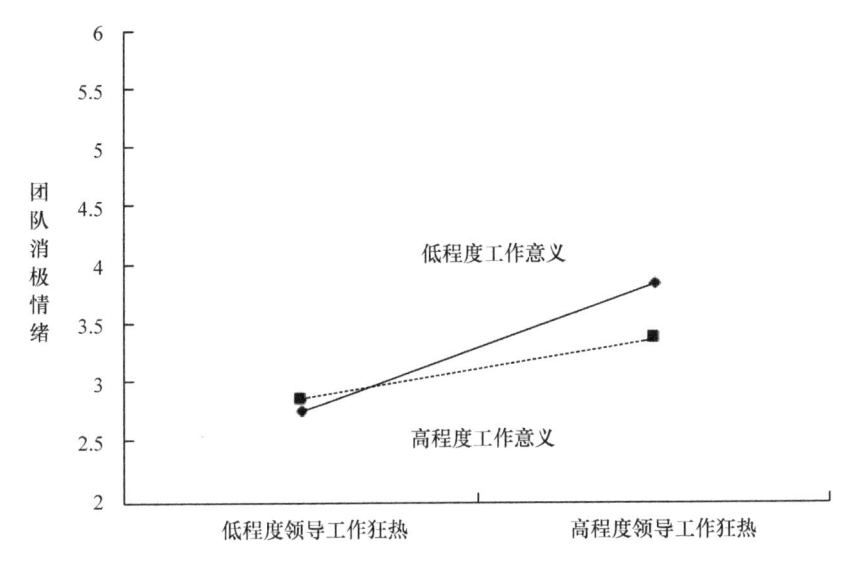

图4—6　工作意义在领导工作狂热对团队消极情绪的影响中的调节作用

为检验不同程度工作意义下，团队工作卷入在领导工作狂热与团队绩效之间的间接效应，本研究使用Hayes（2013）提出的乘积系数法进行检验。蒙特卡罗参数拔靴法检验结果（见表4—9）显示，当团队工作意义程度较高时（取均值加一个标准差），领导工作狂热通过团队工作卷入影响团队绩效的间接效应显著（*indirect effect* = 0.16，95%置信区间为［0.05，0.26］）；而当团队工作意义程度较低时（取均值减一个标准差），该间接效应不显著（*indirect effect* = 0.06，95%置信区间为［-0.02，0.47］）。此外，被调节的中介效应同样显著（*indirect effect* = 0.04，95%置信区间为［0.01，0.08］）。因此，假设4.4a得到支持。

同样采用乘积系数法，表4—9显示，当工作意义程度较高时（取均值加一个标准差），领导工作狂热通过团队消极情绪影响团队绩效的间接效应不显著（*indirect effect* = -0.05，95%置信区间为

[-0.11, 0.01]）；而当团队工作意义程度较低时（取均值减一个标准差），该间接效应显著（*indirect effect* = -0.11, 95%置信区间为 [-0.20, -0.02]）。此外，被调节的中介效应同样显著（*indirect effect* = 0.03, 95%置信区间为 [0.02, 0.06]）。因此，假设4.4b 得到支持。

表4—9　　　　　　　　　　间接效应分析结果

| 中介变量 | 调节变量取值 | 间接效应 | 95%置信区间 |
| --- | --- | --- | --- |
| 团队工作卷入 | 高程度工作意义（均值+1标准差） | 0.16 | [0.05, 0.26] |
|  | 低程度工作意义（均值-1标准差） | 0.06 | [-0.02, 0.47] |
|  | 被调节的中介效应 | 0.04 | [0.01, 0.08] |
| 团队消极情绪 | 高程度工作意义（均值+1标准差） | -0.05 | [-0.11, 0.01] |
|  | 低程度工作意义（均值-1标准差） | -0.11 | [-0.20, -0.02] |
|  | 被调节的中介效应 | 0.03 | [0.02, 0.06] |

## 九　补充分析

在本研究中，大区经理对团队绩效进行评价可能会受到个人主观判断的影响。因此，为了进一步揭示领导工作狂热对团队绩效的影响，本研究采用客户投诉率这一客观指标来衡量团队绩效，并进行补充数据分析。客户投诉率（千分比）为一个季度内（三个月）物业管理团队接到的客户投诉数量除以辖区总业主数量的值，所有数据由企业方提供。本研究认为，领导工作狂热会增加团队的工作卷入，进而降低客户投诉率（补充分析1），同时，领导工作狂热会增加团队消极情绪，进而增加客户投诉率（补充分析2）。此外，工作意义会正向调节团队工作卷入在领导工作狂热与客户投诉率之间的中介效果（补充分析3）；工作意义会负向调节团队消极情绪在领导工作狂热与客户投诉率之间的中介效果（补充分析4）。对于以上补充分析，本研究同样采用结构方程路径分析进行检验。

由表4—10可知，团队工作卷入与客户投诉率之间的负向关系不显著（$b = -0.16$，$p > 0.05$），同时，团队工作卷入的中介效应同样不显著（$indirect\ effect = -0.03$，95%置信区间为[-0.19，0.13]）。因此，补充分析1没有得到支持。

表4—10显示，团队消极情绪正向显著影响客户投诉率（$b = 0.97$，$p < 0.001$），同时，中介效应显著（$indirect\ effect = 0.41$，95%置信区间为[0.17，0.69]）。因此，补充分析2得到支持。

表4—10　　　　　　　　结构方程路径分析结果

| 预测变量 | 结果变量 | | |
|---|---|---|---|
| | 团队工作卷入 | 团队消极情绪 | 客户投诉率 |
| 控制变量 | | | |
| 团队规模 | -0.04 | 0.18* | 0.10 |
| 团队成立年限 | -0.01 | -0.05 | 0.08 |
| 楼盘规模 | -0.10 | -0.01 | 0.12 |
| 楼盘档次 | 0.12 | -0.07 | 0.16 |
| 自变量 | | | |
| 领导工作狂热 | 0.19*** | 0.41*** | -0.44 |
| 中介变量 | | | |
| 团队工作卷入 | — | — | -0.16 |
| 团队消极情绪 | — | — | 0.97*** |
| 调节变量 | | | |
| 工作意义 | 0.07 | -0.09 | — |
| 交互项 | | | |
| 领导工作狂热 × 工作意义 | 0.08** | -0.14** | — |
| $R^2$ | 0.25 | 0.28 | 0.19 |

注：$N = 105$个团队；*表示$p < 0.05$；**表示$p < 0.01$；***表示$p < 0.001$；所有系数为非标准化系数（unstandardized coefficient）。

表4—11 显示，当工作意义程度较高时，团队工作卷入的间接效应不显著（indirect effect = -0.05，95% 置信区间为 [-0.27，0.18]）；当工作意义程度较低时，该间接效应同样不显著（indirect effect = -0.02，95% 置信区间为 [-0.11，0.07]）。此外，被调节的中介效应不显著（indirect effect = -0.01，95% 置信区间为 [-0.08，0.05]）。综上，补充分析3没有得到支持。

表4—11　　　　　　　　　　间接效应分析结果

| 中介变量 | 调节变量取值 | 间接效应 | 95% 置信区间 |
| --- | --- | --- | --- |
| 团队工作卷入 | 高程度工作意义<br>（均值 +1 标准差） | -0.05 | [-0.27, 0.18] |
|  | 低程度工作意义<br>（均值 -1 标准差） | -0.02 | [-0.11, 0.07] |
|  | 被调节的中介效应 | -0.01 | [-0.08, 0.05] |
| 团队消极情绪 | 高程度工作意义<br>（均值 +1 标准差） | 0.26 | [0.02, 0.50] |
|  | 低程度工作意义<br>（均值 -1 标准差） | 0.56 | [0.26, 0.87] |
|  | 被调节的中介效应 | -0.14 | [-0.27, -0.02] |

根据表4—11，当工作意义程度较低时，团队消极情绪的间接效应显著（indirect effect = 0.56，95% 置信区间为 [0.26，0.87]）；当工作意义程度较高时，该间接效应被削弱（indirect effect = 0.26，95% 置信区间为 [0.02，0.50]）。与此同时，被调节的中介效应显著（indirect effect = -0.14，95% 置信区间为 [-0.27，-0.02]）。因此，补充分析4得到支持。

对于上述分析结果，本研究认为原因有以下三个方面。首先，客户投诉率代表了客户对于物业管理团队的不满意程度，更可能受到团队消极情绪而非积极工作状态的影响。具体来说，物业管理团队的消极情绪会渗透到日常工作中，使团队难以为客户提供满意的服务，导致客户投诉率上升。而团队努力投入工作并不能缓解这种消极影响。因此，团队消极情绪的中介效果会比团队工作卷入的中介效果更容易观察到。其次，由于团队工作卷入对客户投诉率的抑制作用不显著，所以整体的被调节中介作用不被支持。最后，虽然补充分析采用了客观指标衡量团队绩效，但是数据本身为横截面数据且整体样本数量仍然有限，这些也限制了本研究对变量间因果关系的推测，需要在未来研究中进一步检验。

## 第六节　研究结论与讨论

### 一　研究结论

本章基于社会学习理论和情绪认知评价理论，通过一项情景实验和一项多时点、多数据来源的问卷调查，探究了领导工作狂热对团队绩效的双刃剑影响效果，及其作用机制和边界条件。研究结果如下。

第一，工作狂热领导者能给团队绩效带来一定的促进作用，团队工作卷入发挥了重要的中介作用。具体而言，工作狂热领导者通过提高团队工作卷入促进团队绩效提升。工作狂热领导者全力以赴投入工作的行为表现会给团队树立榜样，激励团队成员增加其工作参与程度，从而带来团队绩效的整体提升。

第二，工作狂热领导者同时也会给团队绩效带来负面影响，团队消极情绪发挥了重要的中介作用，即工作狂热领导者会增加团队消极情绪，进而负面影响团队绩效的完成。工作狂热领导者高标准、严要求的工作方式也会使团队不得不超负荷工作，产生团队消极情绪，降低团队绩效表现。

第三，工作意义调节了两条中介路径。当工作意义较高时，团队成员极其认可工作的价值，这会使团队愿意学习工作狂热领导者，努力投入工作，所以工作狂热领导者对团队工作卷入的正向影响会变强，对团队消极情绪的正向影响变弱；而当工作意义较低时，工作狂热领导者对团队消极情绪的正向作用被放大，对团队绩效的负向影响也随之被增强。相反，工作狂热领导者对团队工作卷入的正向作用被减弱，对团队绩效的正向作用也随之被减弱。以上研究结论为领导工作狂热相关的理论研究和管理实践提供了重要的启示。

**二 理论意义**

本研究主要有四个方面的理论贡献。

第一，本研究丰富了对领导工作狂热有效性的认识。在现实的组织管理实践中，工作狂热倾向越来越普遍。作为新兴的研究领域，学者们对工作狂热的研究逐步深入，即从概念到测量再到个体层次。如前所述，多数研究探讨了工作狂热倾向对员工自身和配偶的消极影响，但对于领导工作狂热有效性的理论探讨和实证研究却较为缺乏，尤其是在工作团队层次开展的研究。由于领导行为对于团队管理至关重要，所以本研究首次从团队层次出发，验证了领导工作狂热对于团队绩效的双刃剑效应。这一探索表明，考察领导工作狂热有效性时，有必要考虑研究层次（level of analysis），即在个体层次所发现的研究结果，在团队层次是否也能成立。因此，本研究的重要理论贡献之一在于拓展了领导工作狂热的研究层次，填补了以往研究在此方面的不足。除此之外，本研究也有效回应了 Clark 等（2016b）和李全等（2018）所呼吁的未来研究应该深入探索工作狂热领导者如何影响团队的倡议。

第二，本研究加深了对领导—团队绩效关系的认识。在团队绩效的研究领域，学者们长期以来关注积极领导风格（例如变革型领导、参与型领导、授权型领导等）对团队绩效的激励、促进作用（Huang et al., 2010; Schaubroeck et al., 2007; Srivastava et al., 2006）。随着研究的不断推进，学者们开始呼吁从消极领导视角考察特定领导行为对团队绩效的破坏作用（Schyns, Schilling, 2013）。响应这些研究号召，本研究重点考察了工作狂热领导者对团队绩效的负面作用，是对先前研究的有益补充。更重要的是，在问卷调查研究中，本研究分别运用了领导评价的团队绩效数据以及团队绩效的客观数据（客户投诉率）进行实证检验，这进一步增加了本研究结论（即领导工作狂热对团队绩效存在双刃剑效应）的说服力和可信度。除了团队绩效，未来的研究可以关注其他团队结果变量，如团队创造力、团队离职行为以及团队满意度等。通过进一步深入探讨领导工作狂热对于不同团队结果变量的影响，更好地揭示领导工作狂热在团队层次的影响效果。

第三，本研究探讨了领导工作狂热对团队绩效影响的内在机制。虽然 Clark 等（2016b）在其理论文章中指出工作狂热领导者对于组织而言可能有利有弊，但我们对于这些影响是如何发生的却知之甚少。基于此，本研究通过整合社会学习理论和情绪认知评价理论，发现有两种机制（团队工作卷入和团队消极情绪）可以解释二者之间的双刃剑关系。一方面，基于社会学习理论，工作狂热领导者全力以赴投入工作能树立榜样，引导团队成员积极参与工作，进而提升团队的绩效水平；另一方面，基于情绪认知评价理论，工作狂热领导者会加剧团队成员的工作负担，致使团队成员产生高的消极情绪，最终削弱团队的整体工作绩效。本研究从团队行为和团队情绪状态着手，找到了解释领导工作狂热和团队绩效之间的中介机制，有利于揭开领导工作狂热影响团队的"黑箱"，同时还响应了 Marks 等（2001）的呼吁，即未来团队层次的研究应该同时考虑团队过程机制和团队状态机制。

第四，本研究揭示了工作意义是领导工作狂热在团队发挥影响力的重要边界条件。社会学习理论和情绪认知评价理论均强调，团队成员的学习过程和情绪评价过程除了会受领导者的影响，还会受到团队成员认知的影响（Bandura，1977；Lazarus，1991）。与之一致，本研究发现，当工作意义较高时，团队成员认可工作价值，愿意在工作中付出时间和精力。在这种情况下，工作狂热领导者的角色示范作用会被放大，其对团队工作卷入的积极效应将会增强，进一步推动团队绩效的提升，同时，工作狂热领导者的负面作用会得到缓解，因为当团队成员感知到自身工作的意义时，他们会从更加正面的角度看待工作狂热领导者的行为表现，从而减少团队消极情绪。通过探索工作意义的调节作用，本研究不仅加深了对领导工作狂热作用边界条件的理解，更突出了团队成员的认知观念对于领导效能发挥的重要作用，为缓解领导工作狂热的负面影响提供了有益借鉴。

### 三 实践意义

本研究通过验证领导工作狂热对团队绩效的双刃剑效应，给领导行为和团队管理提供了重要启示。

第一，领导的工作狂热倾向是一把双刃剑，对团队而言同时具有积极效应和消极效应。所以不管是企业还是领导自身，都需要辩证地看待工作狂热倾向，一味提倡或制止并不可取。对于工作狂热领导者而言，其积极影响在于给团队树立了榜样。因此，除了要激励团队成员积极投入工作，领导在醉心工作的同时，还需要向团队成员展现出忘我的工作状态。团队成员通过观察领导的一言一行，会潜移默化向领导看齐，增加工作卷入，为团队绩效的提升贡献力量。

第二，本研究发现，工作狂热领导者也会引发团队的消极情绪，阻碍团队整体绩效的提升。这启示工作狂热领导者需要意识到他们可能给团队成员带来工作压力，使团队面临长期超负荷工作的局面。在给团队布置任务和传达期望时，领导者需要注意团队成员的情绪反应，更需要合理地安排工作任务，使其在团队成员可以承受的范围之内。否则，会影响到后续的工作表现。另外，诸多学者指出，工作狂热倾向会负向影响自身的健康水平和工作幸福感（Salanova et al., 2016; Shimazu et al., 2015; Ten Brummelhuis et al., 2017）。因此，领导者也需要意识到工作狂热倾向对自身和家庭的潜在威胁，有意地调整自己的工作节奏，比如下班后或者假期时，主动融入家庭或社交，以趋利避害。同时，企业也可以对工作狂热领导者开展培训，如采取心理测评、情景模拟、角色扮演、案例讨论等方式，帮助领导认识到工作狂热倾向潜在的危害，"以此为镜"把握好工作中的"度"。

第三，本研究发现，团队消极情绪增加将不利于团队绩效的提升，因此，领导者应密切关注团队成员的情绪状态，当他们在工作中陷入消极情绪时，应及时沟通疏导，比如领导可以向团队成员提供积极反馈，多运用鼓励而不是批评的方式。另外，企业也可以制定一系列的情绪管理策略，以培养和增强团队成员的情绪管理能力。比如，情绪管理培训课程和心理咨询等。有学者还指出，正念培训和认知行为疗法对于缓解工作压力、改善情绪具有明显的作用（Grossman et al.，2004），因此，在团队建设时，企业可以采用此类方法有针对性地缓解团队消极情绪。而在人才选拔、员工招聘时，可以将情绪稳定性等特征纳入参考指标，如果公司倾向于采取工作狂热的工作方式，就需要选择情绪稳定性较高的候选人，以便减轻团队消极情绪给绩效表现带来的危害。

第四，本章的研究结论为抑制工作狂热领导者对团队绩效的负面影响也提供了新思路。研究表明，当工作意义较高时，工作狂热领导者的正面作用会被放大，而负面作用会被缓解。因此，企业应该帮助团队成员提升工作意义感。Schnell等（2013）通过实证研究发现，核心工作特征（包括工作技能多样性、任务完整性、任务重要性）对于工作意义有着决定性的影响。基于此，企业要注重工作再设计，以使团队成员认可自己的工作，让他们觉得工作是有意义、有价值的（Allan，2017）。具体而言，可以设置轮岗制让员工适应不同岗位要求，这不仅能增加员工技能，也能给他们提供发挥多种能力的平台。另外，确保每位团队成员清晰了解整个工作流程，参与一个项目的整个过程，以确保其任务完整性，这使团队成员更能体验到工作的意义。此外，通过组织文化塑造和企业核心价值观宣传等强调当前工作对于他人和社会的实际影响程度，能提升团队成员的工作意义感。

## 四 研究局限

尽管本研究揭示了领导工作狂热对团队绩效的影响机制和边界条件,不可否认,本研究也存在一定的局限性。

第一,本研究通过一项情景实验和一项多时点、多数据来源的问卷调查检验研究模型,保障了研究结论的可靠性。尽管如此,本研究本质上仍然属于静态研究,并不能分析挖掘研究变量的动态变化,以及变量之间的动态关系。未来研究可以考虑采用纵向研究设计(longitudinal research design),以此考察领导工作狂热的动态影响效应。此外,本研究表明领导工作狂热对团队绩效既有积极影响也有消极影响。尽管该研究对于理解领导工作狂热的有效性提供了重要参考,且团队绩效的数据来自团队直接领导的评价以及上一季度的客户投诉率,但这些数据仍然属于短期绩效数据,未来采用纵向研究设计的研究可以进一步厘清领导工作狂热对于团队绩效的长期影响。

第二,本研究基于社会学习理论和情绪认知评价理论,从团队行为和团队情绪的视角探讨了领导工作狂热影响团队绩效的具体机制。未来研究可以从其他理论视角分析领导工作狂热对团队的影响,比如领导认同理论指出,领导者的魅力和展现出的积极品质有助于提升下属对领导的认同程度,促进下属改变自身与领导保持一致(Hogg,2001)。工作狂热领导者始终以工作为中心,具有较高的工作目标和强烈的工作动力(Clark et al., 2016b)。这可能会影响到团队的领导认同,进而影响后续表现。另外,本研究关注的中介变量之一是团队消极情绪。未来研究可以在此基础上进一步探讨具体的情绪反应,如焦虑、抑郁等,以帮助企业对症下药,提升团队成员的情绪管理能力。此外,在问卷调查中测量消极情绪时,本研究要求团队成员回顾过去一个月的情绪状态。尽管这一方法被诸多研究者采用(Chi, Huang, 2014; Xu et al., 2019),但现实中个人或群体的情绪反应是不断波动的,因此,未来研究可以使用经验抽样方法（experience sampling method），对团队成员每天的情绪状态进行测量，以此更好地控制其他因素对团队情绪的影响，更深入地检验领导工作狂热影响团队的情绪机制。

第三，在调节变量上，本研究重点关注了工作意义，并未考虑其他变量的潜在调节作用，例如领导自身的绩效表现（performance reputation）和团队任务依赖性（task interdependence）。当工作狂热领导者同时具有较高的绩效表现时，团队成员可能更愿意将其视为榜样，向其看齐，并努力投入工作。相反，如果工作狂热领导者醉心工作但自身绩效表现不佳，那么团队成员可能不情愿学习他们的工作方式，因为劳逸不结合反而阻碍了发展。此外，当团队任务依赖性较低时，领导与团队成员在工作任务上无过多交集，可能导致工作狂热领导者的积极与消极影响同时被削弱，反之亦然。因此，后续研究可以探究其他因素的调节作用，从而加深对于领导工作狂热影响边界条件的理解。

第四，本研究的问卷调研数据均来自同一家公司的工作团队（团队直接领导和团队成员）。虽然此种取样可以有效控制公司差异等因素对研究结果的干扰，提高研究结果的内部效度（internal validity），但是在一定程度上却影响了外部效度（external validity）。因此，本章的研究结论在其他行业或者其他类型的企业（如国有企业）是否同样成立还有待考证。未来研究可以选择来自不同组织、不同行业的工作团队进行分析，以验证本研究的结果。

## 第七节　本章小结

本章基于社会学习理论和情绪认知评价理论，探讨了领导工作狂热对团队绩效的影响，并从团队行为和团队情绪两个方面深入剖析了作用机制和边界条件。通过此项研究，本章试图回答：对团队而言，遇上工作狂热领导者究竟是福报还是负担，抑或两者兼有？

通过一项情景实验和一项多时点、多来源的问卷调查,研究发现,领导工作狂热对团队绩效而言是一把双刃剑。一方面,工作狂热领导者以身作则,会带动团队积极参与工作,增加工作卷入程度,进而带来团队绩效的提升;另一方面,工作狂热领导者也会导致团队成员产生较高的消极情绪,反而阻碍了团队整体绩效的完成。同时,本章也探究了工作意义的调节作用,发现工作意义能有效缓解工作狂热领导者对团队绩效的消极作用,同时促进其积极作用。本章的研究内容丰富了领导工作狂热在团队层次的研究,揭示了领导工作狂热对团队绩效的影响,为组织全面认识领导工作狂热的有效性提供了参考。最后,本章指出了当前研究存在的局限性,并相应地提出了未来研究方向。

# 第 五 章

# 领导工作狂热对自身的"双刃剑"影响研究

本章从领导个人层次出发研究领导工作狂热对领导自身的双刃剑影响效果,重点探讨领导工作狂热对自身工作绩效和身心健康的影响机制和边界条件。具体而言,本章首先从持续性认知的理论视角切入,分析领导工作狂热对自身工作绩效和身心健康产生影响的过程机制。一方面,领导工作狂热会引发问题解决沉思,从而提升自身工作绩效。另一方面,领导工作狂热也会导致情感反刍,使自身身心健康遭受负面影响。其次,本章进一步分析调节焦点在领导工作狂热与问题解决沉思和情感反刍之间的调节作用,并在此基础上提出被调节的中介假设。再次,本章详细介绍数据收集及分析情况,并汇报数据分析结果。最后,针对研究结论,本章对该研究的理论贡献和实践意义进行讨论,并指出研究不足和未来研究方向。

## 第一节 研究概述

随着领导相关研究的不断推进,学术界逐渐认识到领导者所展现出的行为表现会对自身的心理与行为产生至关重要的影响(actor-centric influence)（Foulk et al.，2018）。尽管现有研究围绕该议题对诸多领导行为，[如变革型领导（Lanaj et al.，2016）、服务型领导（Liao et al.，2021）、辱虐型领导（Qin et al.，2018）、教练型领导（She et al.，2019）等]进行了探讨，但领导工作狂热相关研究却付之阙如。事实上，在当今充满高压的商业形势下，领导者越发需要努力工作、带领团队在激烈市场竞争中脱颖而出。然而在现实之中，领导者因积劳成疾患上职业病的现象时有发生，甚至出现过劳猝死的悲剧。那么，对于工作狂热领导者而言，他们是否会顾此失彼，履行了工作职责却损害了身心健康？这一现象背后的作用机理与边界条件是什么？这些关键性的问题在以往研究中仍未能找到答案。

鉴于此，本章旨在探讨领导工作狂热对自身工作绩效和身心健康的影响效应，并挖掘其背后的作用机制。其中，工作绩效是指在一定时期内，个体完成工作任务的数量、质量、效率和效果（Iaffaldano，Muchinsky，1985）；身心健康是指个体的身体和心理均处于良好或正常的状态（Goldberg，1978）。本章重点关注工作绩效和身心健康是因为，对于管理者而言，保持出色的业绩表现与健康的工作状态同等重要。一方面，业绩表现是管理者工作效果的重要评价标准，不仅能够为管理者带来更高的收入，更能助力管理者未来职业发展（Black，Porter，1991；Lyness，Heilman，2006）。另一方面，健康的工作状态不仅是管理者高效工作的前提，更是其生活满意度与幸福感的重要来源（Envick，2012）。

具体而言，本章认为领导工作狂热会对自身产生双刃剑影响，即领导工作狂热对自身工作绩效产生积极影响，同时对自身的身心健康产生消极影响。持续性认知理论（perseverative cognition theory）指出，个体在工作场所的情感反应和认知反应具有持续性，会延续到下班后或假期等非工作时间（Brosschot et al.，2005；2006）。作为持续性认知的一种表现形式，工作反刍（work-related rumination）是指个体在工作之外反复思考与工作有关的问题和事件的状态，包括问题解决沉思（problem-solving pondering）和情感反刍（affective rumination）两种形式（Querstret，Cropley，2012）。前者是指个体对工作问题持续的心理审视，例如通过评估先前的工作来思考如何改进；后者是指个体沉浸于工作经历所带来的消极情感体验，例如反复回想工作失败经历。基于持续性认知理论，本章认为，一方面，工作狂热领导者出于对工作的热情与重视，很容易沉浸于问题解决沉思，不断思考如何改进工作方法、提升工作效率，进而对自身工作绩效带来积极影响；另一方面，工作狂热领导者也可能会不断回想与工作相关的消极经历，如任务失败、工作进展受挫等，从而产生情感反刍。在情感反刍的作用下，工作狂热领导者的心理资源长期无法得到有效恢复，进而对自身身心健康产生负面影响。据此，本章将分别探究问题解决沉思和情感反刍在领导工作狂热与工作绩效和身心健康之间的中介作用。

尽管领导工作狂热会对自身产生积极影响（如问题解决沉思、提升工作绩效），但不容忽视的是，领导工作狂热也会产生负面效果（如情感反刍、影响身心健康）。在这种情况下，尽可能地促进工作狂热领导者的问题解决沉思，抑制其情感反刍是十分必要的。因此，除作用机制之外，本章还将探索领导工作狂热影响自身结果的边界条件。持续性认知理论指出，个体工作反刍的内容究竟是问题解决沉思还是情感反刍，很大程度上取决于个体对于事物的关注点。当个体关注于事物的过去与消极面，更可能经历情感反刍，当个体关注于事物的未来与积极面，则更可能经历问题解决沉思（Jimenez et al.，2022；Querstret，Cropley，2012）。以往研究表明，调节焦点与个体对外界事物的认识、理解、加工密切相关，具有促进型调节焦点的个体更容易对外界事物产生积极认知（Johnson et al.，2015；Yoon et al.，2012）。因此，借鉴持续性认知理论的重要观点以及调节焦点相关研究发现，本章认为调节焦点能对领导者的认知方式产生影响，从而调节领导工作狂热与问题解决沉思和情感反刍之间的关系。具体而言，当工作狂热领导者具有促进型调节焦点时，更可能以积极的方式看待工作相关活动，产生更多问题解决沉思；而当工作狂热领导者具有防御型调节焦点时，则可能在意工作中的挫折与失败，产生更多情感反刍。

综上所述，通过这一系列的探究，本章意在从三个方面丰富现有研究。首先，本章通过检验工作狂热领导者对自身的双刃剑影响效果，为全面、辩证地理解领导工作狂热作用效果提供重要参考。其次，本章基于持续性认知理论，分析问题解决沉思与情感反刍的中介作用，打开领导工作狂热影响自身效果的"黑箱"。最后，本章通过检验领导者调节焦点的调节效应，揭示领导工作狂热发挥影响作用的边界条件，帮助领导者趋利避害。该部分的理论模型如图 5—1 所示。

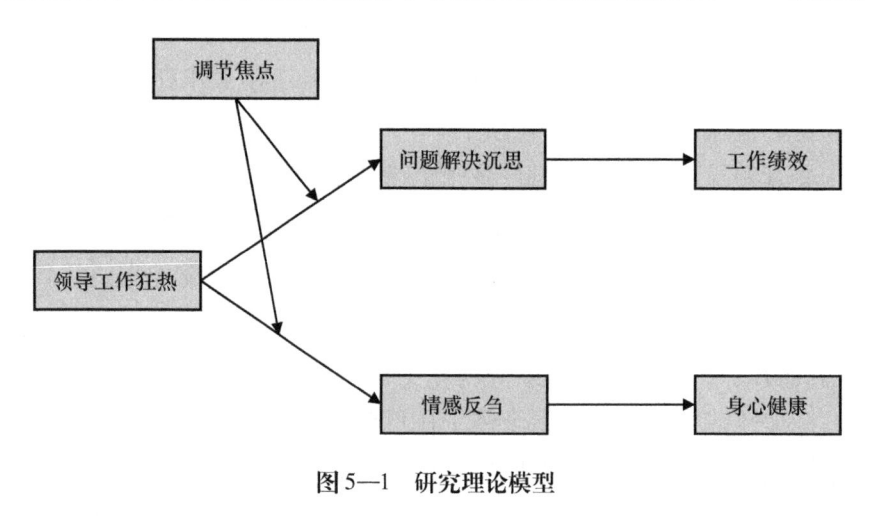

图 5—1 研究理论模型

## 第二节 理论与假设

### 一 领导工作狂热对自身的积极影响路径

持续性认知理论认为，外部事件对个体既能产生短暂的生理唤醒，也能产生长期而持续的影响，而后者主要是通过持续性的认知发挥作用的（Brosschot et al., 2005; O'Connor et al., 2013; Ottaviani et al., 2016; Verkuil et al., 2010）。例如，当由于工作未达标被领导责骂时，个体除了立刻经历愤怒、委屈、羞愧等压力体验，还可能在这一事件结束后在头脑中不断回想,使压力体验反复重现,进而导致持续性的后果。依据持续性认知理论,持续性认知分为问题解决沉思与情感反刍两类(Querstret,Cropley,2012)。当个体经历前者时,会将注意力集中在解决工作中遇到的难题或促进工作开展方面,通常不会对个体的身心造成损害,而当个体经历后者时,会将注意力集中到愤怒、抑郁、焦虑等不良情绪之中,会抑制个体心理资源的恢复(Clancy et al.,2016;Verkuil et al.,2010)。借助持续性认知理论,本章试图分析领导工作狂热对自身的双刃剑效应,即激发问题解决沉思的积极路径和诱发情感反刍的消极路径。

本章认为,领导工作狂热会引起自身的问题解决沉思,进而促进领导者的工作绩效。问题解决沉思代表了个体围绕未实现的任务目标,为找出更完善的解决方案而进行的持续性思考,反映了一种目标导向的认知加工过程(Querstret,Cropley,2012;Watkins,Roberts,2020;张晶等,2020)。工作狂热领导者具有较高的工作执念,对完成工作目标充满激情和信心(佘卓霖等,2020)。当任务进展受挫或工作遇到困难时,工作狂热领导者会协调一切相关资源去解决工作难题,以推动工作任务的顺利开展(Clark et al.,2016b;李全等,2023)。因此,他们可能会利用空闲时间思考工作问题,导致更多的问题解决沉思。尽管尚未有研究检验工作狂热与问题解决沉思之间的关系,但以往研究发现对二者之间的关系提供了间接证据。例如,Syrek 和 Antoni(2014)发现,领导者的高绩效期望能够显著促进问题解决沉思。Donahue 等(2012)发现高工作热情的个体更可能在下班后经历问题解决沉思。根据以上分析,本研究提出如下假设。

假设 5.1a:领导工作狂热对问题解决沉思具有正向影响。

进一步地,问题解决沉思会促进工作狂热领导者的工作绩效。以往研究表明,问题解决沉思能够帮助个体深入思索工作问题出现的原因,尝试从新的角度思考问题,找到消除阻碍因素的办法(Weinberger et al.,2018;Zhang et al.,2021)。对工作狂热领导者而言，他们通过问题解决沉思，可以更好地加深对工作任务的理解与认知，提升工作技能，解决工作相关的问题，进而提升自身工作绩效。此外，由于问题解决沉思能够帮助个体推进工作进展，工作狂热领导者也会因此获得愉悦体验并产生积极结果预期（Kinnunen et al., 2017）。在这种情况下，他们更可能产生创造性的想法，改进工作方法，有条不紊地应对工作中的困难与挑战，从而获得出色业绩。Vahle-Hinz等（2017）发现，问题解决沉思能够有效提升个体的创造力水平。基于上述分析，本研究认为问题解决沉思将促进工作狂热领导者的工作绩效。

根据持续性认知理论，经历问题解决沉思的个体更可能对未来产生积极结果预期，不断克服工作困难，探索实现目标的方法，从而对自身产生积极影响（Brosschot et al., 2005；O'Connor et al., 2013；Ottaviani et al., 2016；Verkuil et al., 2010）。综合以上分析可以推断，问题解决沉思是联结领导工作狂热和工作绩效的关键中介变量。即当领导者具有工作狂热倾向时，出于对工作的重视与执念，他们更可能经历问题解决沉思，不断思索工作难题的解决方案，同时积累工作经验，磨炼工作技能，最终获得良好的业绩表现。综上，本研究提出如下假设。

假设5.1b：问题解决沉思对领导者工作绩效具有正向影响。

假设5.1c：问题解决沉思在领导工作狂热与领导者工作绩效的关系中发挥中介作用。

## 二 领导工作狂热对自身的消极影响路径

尽管领导工作狂热会给自身带来一定的积极影响（问题解决沉思与提升工作绩效），但是本研究认为，工作狂热领导也可能通过不断回想工作负面事件，使自己陷入消极情绪之中，进而对自身的身心健康造成不良影响。根据持续性认知理论，情感反刍反映了由于工作相关目标受阻而引发的状态性反刍，具体表现为个体在脑海中反复回想难以掌控的压力源，使认知思维陷入工作经历所带来的消极情感体验之中（Querstret，Cropley，2012；Watkins，Roberts，2020；张晶等，2020）。工作狂热领导者重视工作，更倾向于为自己设定高目标、高标准（Clark et al.，2016b；Li，She，2020）。当其目标的实现受到阻碍时，他们会不断地反省和自责，在经历失败后容易对自我产生消极评价（Clark et al.，2016a；Ng et al.，2007）。在这种情况下，工作狂热领导者更可能不断回想与工作相关的消极经历，从而产生情感反刍。尽管尚未有研究直接检验工作狂热与情感反刍之间的关系，但以往研究发现为此提供了间接证据。Xie等（2019）的元分析发现，对工作追求完美的个体更容易经历情感反刍。综合以上分析，本研究提出如下假设。

假设5.2a：领导工作狂热对情感反刍具有正向影响。

进一步地，情感反刍会损害工作狂热领导者的身心健康。情感反刍使工作狂热领导者的认知资源一直被处理消极情绪占用（Capobianco et al.，2018；Kircanski et al.，2018）。在这种情况下，工作狂热领导者难以有效地将时间精力分配到其他认知活动之中，导致在心理和生理上持续处于紧张性刺激的状态，从而对其身心健康造成负面影响。与此同时，情感反刍也会阻碍工作狂热领导者在非工作时间的自我调整与恢复（van Laethem et al.，2017；2018）。由于长时间无法得到充分休息，工作狂热领导者的心理资源将被不断损耗，其身心健康水平可能进一步恶化。以往研究发现，个体经历情感反刍时，会体验到更多的情绪耗竭（Baranik et al.，2017；Flaxman et al.，2018）、疲惫感（Querstret，Cropley，2012）以及抑郁感（Vandevala et al.，2017；Wang et al.，2013）。事实上，这些负面体验都不利于个体的身心健康（Ganster，Rosen，2013；Holmgren Caicedo et al.，2010）。因此，基于上述分析，本研究认为情感反刍将负向影响工作狂热领导者的身心健康。

持续性认知理论指出，经历情感反刍的个体容易产生消极成果预期，使个体所经历的压力感与负面体验得以重复呈现，延长心理与生理应激反应，最终对个体自身产生长期影响（Brosschot et al.，

2005; O'Connor et al., 2013; Ottaviani et al., 2016; Verkuil et al., 2010)。综合以上分析可以推断,情感反刍是联结领导工作狂热和身心健康的关键中介变量,即当领导者具有工作狂热倾向时,由于自身对工作的高要求与高期望,他们更可能经历情感反刍,反复经历消极情感体验,持续性地损耗自身心理资源,最终导致身心健康受损。综上,本研究提出如下假设。

假设5.2b:情感反刍对领导者身心健康具有负向影响。

假设5.2c:情感反刍在领导工作狂热与领导者身心健康的关系中发挥中介作用。

### 三 领导者调节焦点的调节作用

持续性认知理论指出,个体持续性认知的产生除了受个体所经历的工作事件的直接影响,还会受到个体特征的间接影响(Jimenez et al., 2022; Minnen et al., 2021; Querstret, Cropley, 2012)。个体特征会影响个体对外界事物的敏感程度和关注点,进而影响个体的持续性认知产生过程(Jimenez et al., 2022; Minnen et al., 2021; Querstret, Cropley, 2012)。依据持续性认知理论,本研究认为调节焦点能够影响工作狂热领导者对于事物的关注点,使领导者将其注意力聚焦于事物的未来和积极面,从而抑制情感反刍,促进问题解决沉思。调节焦点(regulatory focus)是指个体在追求目标过程中的自我调节倾向,分为促进型与防御型两类(Higgins, 1997)。其中,前者更关注成就和获得,个体对风险和不确定性接受度更高,更可能采取冒险行为;后者更关注失败和损失,个体对不利信息较为敏感,更可能采取保守行为(Higgins, 1997)。遵循以往研究(González-Cruz et al., 2019; Moss, 2009),本研究认为促进型与防御型调节焦点并非两种独立的特征,而是同一种特征的两类不同体现,即同一连续体的两个极端。

具体而言,本研究认为领导者促进型调节焦点会强化领导工作狂热对问题解决沉思的积极影响。具有促进型调节焦点的领导者通常以增长、发展和成功为目标，他们更加关注外部环境中的积极信息线索（Johnson et al.，2015；Yoon et al.，2012）。在他们眼中，工作中的困难与挑战都是成长的契机。他们认为通过努力不仅能够取得成功，更能够锻炼自身能力（Hamstra et al.，2014；韦彩云、张兰霞，2023）。因此，具有促进型调节焦点的工作狂热领导者更可能从积极角度看待工作中的困难与挑战，从而投入问题解决沉思。此外，具有促进型调节焦点的领导者往往具备冒险精神和高风险偏好，并且善于通过主动性策略来达成目标（Hamstra et al.，2014；Johnson et al.，2017；张宏宇等，2019）。在这种情况下，他们认为自身有能力采取措施克服工作难题，因此会投入更多认知资源进行问题解决沉思。

相反，当领导者具有防御型调节焦点时，领导工作狂热对问题解决沉思的积极影响则会被削弱。以往研究表明，具有防御型调节焦点的领导者更注重安全和稳定，倾向于通过遵循工作场所基本规则、规避风险来满足自身安全感需求，其在为人处世中较为保守和谨慎（Hamstra et al.，2014；Johnson et al.，2017；张宏宇等，2019）。受此影响，在经历工作困难与挑战时，他们会更加倾向于规避或者绕开问题，从而维持较低程度的问题解决沉思。此外，与具有促进型调节焦点的领导者相比，具有防御型调节焦点的领导者更关心风险和损失，对外部情境中的负向信息线索更加敏感（Johnson et al.，2015；Lai et al.，2018；Yoon et al.，2012）。在这种情况下，他们通常会将工作困难与挑战视为对自身的严重威胁，经历更多的心理资源损耗，无力投入问题解决沉思。由此，本研究提出如下假设。

假设5.3a：领导者调节焦点调节领导工作狂热与问题解决沉思之间的关系，即当领导者具有促进型调节焦点时，领导工作狂热对问题解决沉思的正向影响越强，反之则越弱。

此外，本研究认为领导者促进型调节焦点会弱化领导工作狂热对情感反刍的积极影响。具有促进型调节焦点的领导者通常能够乐观地看待工作中的挑战，坚信自己有能力解决工作难题，具有较强的环境适应能力（Hamstra et al., 2014；Johnson et al., 2017；乔朋华等，2022）。当经历负面工作事件时，具有促进型调节焦点的领导者能够保持情绪稳定，及时进行自我调整，化解不良情绪，从而降低情感反刍。此外，具有促进型调节焦点的领导者通常对未来抱有积极预期（Hamstra et al., 2014；Johnson et al., 2017；张宏宇等，2019），即使经历工作挫折和失败，他们也会认为眼前的困难仅仅是暂时的，未来能够通过自己的努力进行克服，不会过度陷入沮丧、失落等不良情绪之中。Pattershall 等（2012）研究发现，相比于具有防御型调节焦点的个体，具有促进型调节焦点的个体更容易回忆起积极事件。Miocevic（2022）的研究发现，具有促进型调节焦点的CEO 更会在危机中保持情绪稳定。综上，具有促进型调节焦点的工作狂热领导者更可能维持较低水平的情感反刍。

相反，领导者防御型调节焦点则会强化领导工作狂热对情感反刍的积极影响。具有防御型调节焦点的领导者较为在意风险和损失，对工作中的困难与挑战缺乏足够的信心和热情（Johnson et al., 2015；Yoon et al., 2012；乔朋华等，2022）。当经历负面工作事件时，具有防御型调节焦点的领导者容易将其视为对自身的严重威胁，从而经历更多的心理资源损耗，导致心有郁闷而难以排解。此外，具有防御型调节焦点的领导者通常较为悲观和保守（Hamstra et al., 2014；Johnson et al., 2017；张宏宇等，2019）。因此，在经历工作挫折和失败时，他们更容易感受到压力，并陷入重复性的消极情绪之中。Pattershall 等（2012）研究发现，具有防御型调节焦点的个体更容易回忆起消极情绪。Li 等（2019）研究发现，具有防御型调节焦点的个体更倾向于采用情绪导向的策略来应对压力，导致自己陷入消极情绪之中。综合以上分析，本研究提出如下假设。

假设 5.3b：领导者调节焦点调节领导工作狂热与情感反刍之间的关系，即当领导者具有防御型调节焦点时，领导工作狂热对情感反刍的正向影响越强，反之则越弱。

### 四 被调节的中介作用

综合假设5.1—5.3的推导过程,本研究进一步提出被调节的中介模型(Hayes,2015;Preacher et al.,2007;温忠麟等,2014),即领导工作狂热通过问题解决沉思影响工作绩效的间接作用以及领导工作狂热通过情感反刍影响身心健康的间接作用会受到领导者调节焦点的影响。对于促进型调节焦点的工作狂热领导者来说,他们乐观自信,对未来抱有积极预期,更愿意去解决工作中的困难与挑战,因此可能进行问题解决沉思,获得工作绩效提升,同时他们能够从积极的一面看待工作挫折和问题,不会过度陷入消极情绪之中,从而维持较低的情感反刍水平。

相反,对于防御型调节焦点的工作狂热领导者而言,由于害怕应对工作挑战,他们更倾向于沿用以往的办法来解决工作问题,不愿意投入精力想出创造性的解决办法,从而减少问题解决沉思,最终不利于工作绩效,同时由于他们较为保守、悲观,面对工作中的挫折与负面事件,更易沉浸于消极情绪之中,产生情感反刍,进而导致身心健康受损。综上,本研究提出以下假设。

假设5.4a:领导调节焦点调节问题解决沉思在领导工作狂热与工作绩效之间的中介作用,即领导者具有促进型调节焦点时,这一中介作用越强;领导者具有防御型调节焦点时,这一中介作用越弱。

假设5.4b:领导调节焦点调节情感反刍在领导工作狂热与身心健康之间的中介作用,即领导者具有防御型调节焦点时,这一中介作用越强;领导者具有促进型调节焦点时,这一中介作用越弱。

## 第三节 研究方法

本研究采用问卷调查(questionnaire survey)对理论模型进行

检验。正如第三章、第四章所述，问卷调查的优势在于可以面向众多的调查对象收集信息，并且可以大规模地进行。此外，相比于其他调查方法（如访谈法、观察法或实验法等），问卷调查操作简便，可以节省人力、物力、财力等。鉴于此，为检验本章提出的研究假设，笔者开展了两项问卷调查（研究①、研究②）。研究①对212名MBA学员开展多时点问卷调查，用于检验领导工作狂热（自变量）对问题解决沉思与情感反刍（中介变量）、对领导者工作绩效与身心健康（结果变量）的影响作用。研究②在北京一家大型互联网公司开展多时点、多来源问卷调查，以采集到的128名团队领导为样本对全模型（中介效应、调节效应以及被调节的中介效应）进行检验。两项问卷调查共同为本章的理论模型提供实证支持。

## 第四节　问卷调查 I

### 一　研究样本与数据收集过程

本研究通过北京某高校的MBA项目进行数据收集。为了更好地契合研究模型，笔者仅选取具有工作经验的、在职的、具有正式管理职位的MBA学员作为调查对象。在MBA中心的协助下，笔者招募MBA学员参与问卷调查。为了提升问卷调查参与率，本研究向所有问卷调查参与者保证所有数据仅用于学术研究，不会泄露给第三方，同时完成所有调查问卷的参与者将获得30元的现金激励。为了便于数据收集整理，所有的问卷都通过网络在线形式进行收集。参与者需要进行三轮问卷调查，每次调查时间间隔为一个月。共有271名MBA学员报名参与。数据收集情况如表5—1所示。

在第一轮调查中，笔者邀请271名参与者填写网络问卷调查。调查内容包括工作狂热倾向和人口统计学信息。本轮共发放271份问卷，回收 265 份，回收率 97.79%。在第一轮调查结束一个月后，笔者开始第二轮调查。在第二轮调查中，笔者向回答第一轮调查问卷的 265 名参与者发放网络问卷。调查内容包括问题解决沉思和情感反刍。本轮共发放 265 份问卷，回收 242 份，回收率 91.32%。在第二轮调查结束一个月后，笔者开始第三轮调查。在第三轮调查中，笔者向回答第二轮调查问卷的 242 名参与者发放网络问卷。调查内容包括工作绩效和身心健康。本轮共发放 242 份问卷，回收 212 份，回收率 87.60%。独立样本 T 检验分析结果表明，三次调查都参与者与中途退出者（第一轮或第二轮退出者）在性别、年龄、司龄方面并无显著差异（$p > 0.05$），表明样本损失是随机的。在对数据进行厘清后，最终的数据样本共有 212 名参与者。其中，男性占 57.1%，平均年龄为 39.08 岁（$SD = 6.67$），平均司龄为 8.14 年（$SD = 5.31$）。

表 5—1　　　　　　　　　调研数据收集情况

| 轮次 | 评价者 | 调查内容 | 发放量（份） | 回收量（份） | 回收率（%） |
| --- | --- | --- | --- | --- | --- |
| 第一轮 | 参与者 | 工作狂热倾向、人口统计学信息 | 271 | 265 | 97.79 |
| 第二轮 | 参与者 | 问题解决沉思、情感反刍 | 265 | 242 | 91.32 |
| 第三轮 | 参与者 | 工作绩效、身心健康 | 242 | 212 | 87.60 |

## 二　变量测量

本研究选取优质管理学期刊上公开发表的学术量表对变量进行测量。由于量表大多来自英文期刊，笔者对英文量表进行翻译—回译来保障翻译的准确性。具体来说，笔者对量表进行翻译，由 1 位管理学博士进行回译。之后，另由 2 位英语专业的博士生进行校对核实。本研究涉及的测量量表见附录。除控制变量，本研究皆采用李克特六点量表，1—6 表示"非常不符合"到"非常符合"。

（一）领导工作狂热

本研究采用 Schaufeli 等（2009b）编制的量表测量领导工作狂

热。该量表包含 10 个条目，由参与者自我评价。测量条目示例为："我同时开展多项工作使自己保持在忙碌状态。"该量表的 Cronbach's Alpha 系数为 0.90。

（二）问题解决沉思

本研究使用 Cropley 等（2012）开发的量表对问题解决沉思进行测量，共 5 个条目，由参与者进行自我评价。测量条目示例为："下班后，我会考虑如何提高我的工作表现。"该量表的 Cronbach's Alpha 系数为 0.93。

（三）情感反刍

本研究采用 Cropley 等（2012）编制的量表对情感反刍进行测量。该量表共 5 个条目，由参与者自我汇报。测量条目示例为："在空闲时间想到与工作有关的问题时，我会感到紧张。"该量表的 Cronbach's Alpha 系数为 0.92。

（四）工作绩效

本研究采用 Janssen（2001）开发的量表测量工作绩效，共 5 个条目，由参与者进行自我打分。测量条目示例为："我总能完成工作说明书中要求的各项职责。"该量表的 Cronbach's Alpha 系数为 0.88。

（五）身心健康

本研究改编 Goldberg 等（1997）编制的量表对身心健康进行测量，共 12 个条目，由参与者自我评价。测量条目示例为："你能集中精力做你正在做的事吗？"该量表的 Cronbach's Alpha 系数为 0.86。

（六）控制变量

本研究对参与者的性别（1 = 男，0 = 女）、年龄、司龄进行控制，以消除这些变量对研究模型结果变量（工作绩效、身心健康）的潜在影响。

### 三　数据分析方法

本研究的数据分析方法包括测量模型评估和假设检验两部分。

在测量模型评估方面，由于本研究应用问卷调查法收集数据，所以在假设检验前，需要对调查获得的数据进行信度、效度检验，验证理论构念是否被测量变量准确衡量。具体来说，本研究首先使用 Mplus 7.0 软件进行验证性因子分析来评估因子结构（Muthén，Muthén，2012）。之后，本研究分别计算组合信度（CR）、校正条目相关（CITC）、标准化因子载荷、平均方差提取系数（AVE）和 Cronbach's Alpha 评分来检验信度，并应用 Fornell 和 Larcker（1981）提出的比较法来检验区分效度。此外，由于本研究的变量全部由参与者进行自我评价，因此，在进行假设检验前，本研究还将对共同方法偏差进行评估，确保研究结论不受共同方法偏差的影响。在假设检验方面，本研究将使用结构方程路径分析方法（Muthén，Muthén，2012）检验理论模型。对于中介效应假设（假设 5.1c 与假设 5.2c），本研究应用 Hayes（2013）提出的乘积系数方法进行分析，并使用蒙特卡罗参数拔靴法（Preacher，Selig，2012）估计中介效应量（mediating effect size）和显著置信区间。

### 四 信度分析与效度分析

表 5—2 呈现了信度分析结果。具体来说，本研究涉及的 5 个变量的组合信度（CR）均大于 0.70（Bacon et al.，1995）；校正条目相关（CITC）均大于 0.60（Koufteros，1999）；标准化因子载荷均大于 0.60（Schreiber et al.，2006）；平均方差提取系数（AVE）均大于 0.50（Fornell，Larcker，1981）；每个变量的 Cronbach's Alpha 均大于 0.70（Peterson，1994）。表 5—3 呈现了效度分析结果。具体来说，5 个变量的 AVE 平方根均大于变量之间的相关系数。这些结果共同表明，本研究涉及的变量具有良好的区分效度。

### 五 验证性因子分析

为了检验领导工作狂热、问题解决沉思、情感反刍、工作绩效、身心健康之间的因子结构，本研究使用 Mplus 7.0 软件进行验证性因子分析。根据表5—4，五因子模型具有较好的模型拟合指数（$\chi^2 = 1626.81$；$df = 619$；$\chi^2/df = 2.63$；$CFI = 0.94$；$TLI = 0.92$；$RMSEA = 0.06$；$SRMR = 0.06$），其拟合优度显著优于四因子模型 1（$\Delta\chi^2 = 1235.41$，$\Delta df = 4$，$p < 0.001$）、四因子模型 2（$\Delta\chi^2 = 1445.60$，$\Delta df = 4$，$p < 0.001$）、四因子模型 3（$\Delta\chi^2 = 1280.34$，$\Delta df = 4$，$p < 0.001$）、四因子模型 4（$\Delta\chi^2 = 1209.83$，$\Delta df = 4$，$p < 0.001$）。综合上述结果，本研究涉及的 5 个变量能够有效相互区分。

表5—2　　　　　　　　　　信度分析结果

| 变量名称 | 测量条目 | 标准化因子载荷 | CITC | Cronbach's Alpha | CR | AVE |
| --- | --- | --- | --- | --- | --- | --- |
| 领导工作狂热 | 对我而言，努力工作很重要，哪怕我不喜欢我正在做的工作 | 0.80 | 0.82 | 0.90 | 0.96 | 0.71 |
| | 我觉得我的内心有某种东西驱使我努力工作 | 0.82 | 0.80 | | | |
| | 即使感到无趣，我觉得也有义务努力工作 | 0.86 | 0.81 | | | |
| | 只要我一刻不工作，我就感到内疚 | 0.90 | 0.85 | | | |
| | 在不工作的时候，我很难感觉放松 | 0.82 | 0.81 | | | |
| | 在工作中，我似乎很匆忙，一直与时间赛跑 | 0.79 | 0.84 | | | |
| | 同事们都下班了，我还在继续工作 | 0.83 | 0.72 | | | |
| | 我同时开展多项工作使自己保持在忙碌状态 | 0.82 | 0.75 | | | |
| | 我花在工作上的时间比花在社交、个人爱好或休闲活动上的时间还要多 | 0.83 | 0.77 | | | |
| | 我经常同一时间做两三件事，比如吃午饭的时候写备忘录、接电话 | 0.92 | 0.86 | | | |

续表

| 变量名称 | 测量条目 | 标准化因子载荷 | CITC | Cronbach's Alpha | CR | AVE |
| --- | --- | --- | --- | --- | --- | --- |
| 问题解决沉思 | 下班后，我会考虑如何提高我的工作表现 | 0.78 | 0.81 | 0.93 | 0.91 | 0.67 |
| | 在空闲时间，我发现自己在重新评估在工作中做过的事情 | 0.81 | 0.76 | | | |
| | 下班后，我会考虑第二天工作中需要完成的任务 | 0.80 | 0.75 | | | |
| | 我发现在空闲时间思考工作能让我更有创造力 | 0.85 | 0.71 | | | |
| | 我尝试在空闲时间找到解决工作相关问题的方法 | 0.84 | 0.87 | | | |
| 情感反刍 | 在空闲时间想到与工作有关的问题时，我会感到紧张 | 0.73 | 0.86 | 0.92 | 0.91 | 0.66 |
| | 在不工作的时候，我会因为思考与工作有关的问题而烦恼 | 0.87 | 0.80 | | | |
| | 在不工作的时候，我会被工作问题激怒 | 0.81 | 0.85 | | | |
| | 我会因为在空闲时间思考与工作相关的问题而感到疲劳 | 0.82 | 0.73 | | | |
| | 在不工作的时候，我会被工作相关的问题所困扰 | 0.84 | 0.78 | | | |
| 工作绩效 | 我总能完成工作说明书中要求的各项职责 | 0.77 | 0.89 | 0.88 | 0.88 | 0.60 |
| | 我履行了本职工作的全部职责 | 0.72 | 0.85 | | | |
| | 我很少出现无法履行基本职责的情况 | 0.77 | 0.75 | | | |
| | 我从未忽略我工作职责的任何一方面 | 0.83 | 0.78 | | | |
| | 我达到了所有正式的工作绩效标准 | 0.77 | 0.81 | | | |

续表

| 变量名称 | 测量条目 | 标准化因子载荷 | CITC | Cronbach's Alpha | CR | AVE |
|---|---|---|---|---|---|---|
| 身心健康 | 你能集中精力做你正在做的事吗 | 0.80 | 0.73 | 0.86 | 0.97 | 0.71 |
| | 你是否因为焦虑而失眠（反向） | 0.74 | 0.72 | | | |
| | 你是否觉得自己在工作中扮演了一个有用的角色 | 0.70 | 0.83 | | | |
| | 你觉得自己有能力做决定吗 | 0.88 | 0.85 | | | |
| | 你总是感到压力巨大吗（反向） | 0.91 | 0.80 | | | |
| | 你觉得自己能克服困难吗 | 0.89 | 0.88 | | | |
| | 你能享受正常的日常生活吗 | 0.86 | 0.83 | | | |
| | 你能正视自己的问题吗 | 0.88 | 0.85 | | | |
| | 你是否感到不开心和沮丧（反向） | 0.85 | 0.80 | | | |
| | 你是否对自己失去信心（反向） | 0.88 | 0.81 | | | |
| | 你是否认为自己是一个毫无价值的人（反向） | 0.84 | 0.82 | | | |
| | 你感到幸福吗 | 0.84 | 0.83 | | | |

表5—3　描述性统计与相关系数矩阵

| 变量名称 | 均值 | 标准差 | 1 | 2 | 3 | 4 | 5 | 6 | 7 | 8 |
|---|---|---|---|---|---|---|---|---|---|---|
| 1. 性别 | 0.57 | 0.51 | | | | | | | | |
| 2. 年龄 | 39.08 | 6.67 | 0.17 | | | | | | | |
| 3. 司龄 | 8.14 | 5.31 | 0.06 | 0.52*** | | | | | | |
| 4. 领导工作狂热 | 4.76 | 0.86 | −0.05 | −0.18** | −0.14* | **0.84** | | | | |
| 5. 问题解决沉思 | 4.83 | 0.91 | 0.02 | 0.03 | 0.02 | 0.31*** | **0.82** | | | |
| 6. 情感反刍 | 4.56 | 0.85 | −0.04 | 0.04 | −0.04 | 0.32*** | 0.30*** | **0.81** | | |
| 7. 工作绩效 | 4.15 | 0.89 | 0.10 | −0.05 | 0.09 | 0.12* | 0.44*** | −0.10 | **0.77** | |
| 8. 身心健康 | 3.87 | 0.92 | −0.11 | 0.07 | −0.05 | −0.11* | 0.13* | −0.35*** | 0.18** | **0.84** |

注：N=212名参与者；对角线加粗数字为AVE平方根；* 表示 $p<0.05$；** 表示 $p<0.01$；*** 表示 $p<0.001$。

表5—4　　　　　　　　　　验证性因子分析结果

| 模型 | 因子 | $\chi^2$ | $df$ | $\chi^2/df$ | CFI | TLI | RMSEA | SRMR |
|---|---|---|---|---|---|---|---|---|
| 五因子模型 | 每个变量对应一个因子 | 1626.81 | 619 | 2.63 | 0.94 | 0.92 | 0.06 | 0.06 |
| 四因子模型1 | 领导工作狂热与问题解决沉思合并 | 2862.22 | 623 | 4.59 | 0.88 | 0.87 | 0.11 | 0.18 |
| 四因子模型2 | 领导工作狂热与情感反刍合并 | 3072.41 | 623 | 4.93 | 0.83 | 0.82 | 0.12 | 0.18 |
| 四因子模型3 | 问题解决沉思与情感反刍合并 | 2907.15 | 623 | 4.67 | 0.85 | 0.84 | 0.12 | 0.19 |
| 四因子模型4 | 工作绩效与身心健康合并 | 2836.64 | 623 | 4.55 | 0.89 | 0.87 | 0.11 | 0.17 |

注：五因子模型包括领导工作狂热、问题解决沉思、情感反刍、工作绩效、身心健康五个因子；四因子模型1包括领导工作狂热与问题解决沉思的组合、情感反刍、工作绩效、身心健康四个因子；四因子模型2包括领导工作狂热与情感反刍的组合、问题解决沉思、工作绩效、身心健康四个因子；四因子模型3包括领导工作狂热、问题解决沉思与情感反刍的组合、工作绩效、身心健康四个因子；四因子模型4包括领导工作狂热、问题解决沉思、情感反刍、工作绩效与身心健康的组合四个因子。

## 六　共同方法偏差检验

尽管本研究采用多时点的问卷调查设计，但是本研究中的全部变量皆由参与者自我评价得出，可能存在潜在的同源方法偏差。因此，本研究采用Harman（1976）的单因子方法对此进行检验。分析结果表明，本研究中的共同方法偏差因子对测量条目的解释率为36.5%，低于参照值40%。因此，本研究中的自评变量并不存在严重的共同方法偏差问题。

## 七　描述性统计分析结果

表5—3呈现了本研究涉及变量之间的相关系数和描述性统计结果。具体而言，领导工作狂热与问题解决沉思（$\gamma=0.31$，$p<0.001$）与情感反刍（$\gamma=0.32$，$p<0.001$）均存在显著正相关；问

题解决沉思与工作绩效显著正相关($\gamma = 0.44$，$p < 0.001$)；情感反刍与身心健康显著负相关($\gamma = -0.35$，$p < 0.001$)。这些描述性统计分析结果为后续假设检验提供了初步基础。

## 八 假设检验结果

表5—5呈现了结构方程路径分析结果。由表5—5可知，加入控制变量后，领导工作狂热对问题解决沉思具有显著正向影响($b = 0.30$，$p < 0.001$)，同时，问题解决沉思对工作绩效具有显著正向影响($b = 0.42$，$p < 0.001$)。由此，假设5.1a和假设5.1b同时得到支持。此外，偏差校正的拔靴分析结果显示，问题解决沉思在领导工作狂热与工作绩效之间的间接效应值为0.13，95%置信区间为[0.07, 0.19]，未包含0。综上，中介假设5.1c得到支持。

表5—5显示，领导工作狂热正向显著影响情感反刍($b = 0.32$，$p < 0.001$)，同时，情感反刍负向显著影响身心健康($b = -0.33$，$p < 0.001$)。因此，假设5.2a和假设5.2b都得到支持。此外，偏差校正的拔靴分析结果显示，情感反刍在领导工作狂热与身心健康之间的间接效应值为-0.11，95%置信区间为[-0.15, -0.07]，未包含0。由此，中介假设5.2c得到支持。

表5—5　　　　　　　　　结构方程路径分析结果

| 预测变量 | 结果变量 | | | |
|---|---|---|---|---|
| | 问题解决沉思 | 情感反刍 | 工作绩效 | 身心健康 |
| 控制变量 | | | | |
| 性别 | 0.02 | -0.02 | 0.00 | 0.04 |
| 年龄 | -0.03 | -0.00 | 0.08 | -0.01 |
| 司龄 | -0.02 | -0.04 | 0.04 | 0.09 |
| 自变量 | | | | |
| 领导工作狂热 | 0.30*** | 0.32*** | 0.10 | -0.09 |

续表

| 预测变量 | 结果变量 | | | |
|---|---|---|---|---|
| | 问题解决沉思 | 情感反刍 | 工作绩效 | 身心健康 |
| 中介变量 | | | | |
| 问题解决沉思 | — | — | 0.42*** | — |
| 情感反刍 | — | — | — | -0.33*** |
| $R^2$ | 0.18 | 0.26 | 0.24 | 0.20 |

注：N=212 名参与者，* 表示 $p<0.05$，** 表示 $p<0.01$，*** 表示 $p<0.001$。

## 第五节 问卷调查 II

### 一 研究样本与数据收集过程

本研究进一步采用问卷调查的研究设计，在北京一家大型互联网公司收集数据。该公司主营业务为开发在线平台、提供技术解决方案、为客户提供软件维护服务等。为了更好地契合研究模型，本研究将调查对象限定为该企业内的团队领导，基层员工不参与调查。在征得企业人力资源管理部门同意后，笔者获得了自愿参与问卷调查的人员名单。根据这份名单，笔者向团队领导发送电子邮件，解释研究的目的与程序，并声明研究调查结果不以实名制的形式反馈给企业。为避免同源方法偏差，本研究采用多时点、多来源设计，分三个时点进行调查，每次调查时间间隔为一个月。具体数据收集情况如表5—6所示。

表5—6　　　　调研数据收集情况

| 轮次 | 评价者 | 调查内容 | 发放量（份） | 回收量（份） | 回收率（%） |
|---|---|---|---|---|---|
| 第一轮 | 团队领导 | 工作狂热倾向、调节焦点、人口统计学信息 | 148 | 142 | 95.95 |
| 第二轮 | 团队领导 | 问题解决沉思、情感反刍 | 142 | 135 | 95.07 |

续表

| 轮次 | 评价者 | 调查内容 | 发放量（份） | 回收量（份） | 回收率（%） |
|---|---|---|---|---|---|
| 第三轮 | 团队领导 | 身心健康 | 135 | 128 | 94.81 |
|  | 部门经理 | 工作绩效 | 135 | 132 | 97.78 |

在第一轮调查中，笔者邀请148名团队领导参与问卷调查。笔者向团队领导发放包含工作狂热倾向、调节焦点、和人口统计学信息的纸质问卷。本轮共发放148份团队领导问卷，回收142份，回收率为95.95%。在第一轮调查结束一个月后，笔者开始第二轮调查。笔者向参与第一轮调查的团队领导发放包含问题解决沉思和情感反刍的问卷，共发放142份，回收135份，回收率为95.07%。在第二轮调查结束一个月后，笔者开始第三轮调查。笔者向参与第二轮调查的团队领导发放包含身心健康的问卷，共发放135份，回收128份，回收率为94.81%。为更加准确地衡量模型中的结果变量——工作绩效，本研究邀请团队领导的上级（部门经理）对团队领导的工作绩效进行评价。笔者共发放包含工作绩效的问卷135份，回收132份，回收率为97.78%。独立样本T检验分析结果表明，参与全部问卷调查的团队领导与中途退出调查的团队领导在性别、年龄、司龄、受教育水平方面并无显著差异（$p > 0.05$），这说明样本损失是随机的。在对数据进行匹配后，最终的数据样本共有128名团队领导。在128名团队领导中，男性占55.5%，平均年龄为32.04岁（$SD = 5.45$），平均司龄为5.59年（$SD = 3.30$），58.6%具有本科学历，41.4%具有硕士及以上学历。

## 二 变量测量

本研究选取优质管理学期刊上公开发表的学术量表对变量进行测量。由于量表大多来自英文期刊，笔者对英文量表进行翻译—回译来保障翻译准确性。具体来说，笔者对量表进行翻译，由1位管理学博士进行回译。之后，另由2位英语专业的博士生进行校对核实。本研究涉及的测量量表见附录。除了控制变量，本研究皆采用李克特六点量表，1—6表示"非常不符合"到"非常符合"。

（一）领导工作狂热

本研究采用Schaufeli等（2009b）编制的量表对领导工作狂热进行测量。该量表包含10个条目，由团队领导进行自我评价。测量条目示例为："我同时开展多项工作使自己保持在忙碌状态。"该量表的Cronbach's Alpha系数为0.86。

（二）问题解决沉思

本研究使用Cropley等（2012）开发的量表对问题解决沉思进行测量，共5个条目，由团队领导进行自我评价。测量条目示例为："在空闲时间，我发现自己在重新评估在工作中做过的事情。"该量表的Cronbach's Alpha系数为0.91。

（三）情感反刍

本研究采用Cropley等（2012）编制的量表对情感反刍进行测量。该量表共5个条目，由团队领导进行自我评价。测量条目示例为："在不工作的时候，我会因为思考与工作有关的问题而烦恼。"该量表的Cronbach's Alpha系数为0.95。

（四）调节焦点

本研究采用Moss（2009）开发的量表测量调节焦点，共5个条目，由团队领导进行自我评价，如"总的来说，我专注于在我的生活中取得积极的成果。"该量表的Cronbach's Alpha系数为0.87。遵循以往研究（González-Cruz et al.，2019；Moss，2009），本研究认为促进型调节焦点与防御型调节焦点是同一连续体的两端。因此，本研究对所有测量条目进行加总平均计算，得分越高表示该被试更倾向于具有促进型调节焦点，得分越低表示该被试更倾向于具有防御型调节焦点。

（五）工作绩效

本研究采用Janssen（2001）开发的量表测量工作绩效，共5个条目，由部门领导对团队领导进行评价。测量条目示例为："他/她达到了所有正式的工作绩效标准。"该量表的 Cronbach's Alpha 系数为 0.89。

### (六) 身心健康

本研究改编 Goldberg 等 (1997) 编制的量表对身心健康进行测量，共 12 个条目，由团队领导进行自我评价。测量条目示例为："你觉得自己能克服困难吗？"该量表的 Cronbach's Alpha 系数为 0.91。

### (七) 控制变量

本研究对团队领导的性别（1=男，0=女）、年龄、司龄、受教育水平（1=大专，2=本科，3=硕士及以上）进行了控制，以消除这些变量对研究模型结果变量（工作绩效、身心健康）的潜在影响。

## 三 数据分析方法

本研究的数据分析方法包括测量模型评估和假设检验两部分。在测量模型评估方面，由于本研究应用问卷调查法收集数据，所以在假设检验前，需要对调查获得的数据进行信度、效度检验，验证理论构念是否被测量变量准确衡量。具体来说，本研究首先使用 Mplus 7.0 软件进行验证性因子分析来评估因子结构 (Muthén, Muthén, 2012)。之后，本研究分别计算组合信度 (CR)、校正条目相关 (CITC)、标准化因子载荷、平均方差提取系数 (AVE) 和 Cronbach's Alpha 评分来检验信度，并应用 Fornell 和 Larcker (1981) 提出的比较法来检验区分效度。此外，在进行假设检验前，本研究还将对共同方法偏差进行评估，以确保研究结论不受共同方法偏差的影响。

在假设检验方面，本研究采用结构方程路径分析方法 (Muthén, Muthén, 2012) 对提出的假设进行统计检验。对于中介效应假设（假设 5.1c 与假设 5.2c），本研究使用蒙特卡罗参数拔靴法 (Preacher, Selig, 2012) 估计中介效应量和显著置信区间。对于调节效应假设（假设 5.3），本研究对自变量（领导工作狂热）与调节变量（领导调节焦点）进行中心化处理，并进行简单斜率分析（Aiken, West, 1991）。对于被调节的中介假设（假设5.4），本研究使用 Hayes（2013）提出的乘积系数法，同时使用蒙特卡罗参数拔靴法估计被调节的中介效应及其对应的显著置信区间。

### 四 信度与效度分析结果

表5—7 呈现了信度分析结果。具体来说，本研究涉及的6个变量的组合信度（CR）均大于0.70（Bacon et al., 1995）；校正条目相关（CITC）均大于0.60（Koufteros, 1999）；标准化因子载荷均

表5—7　　　　　　　　　信度分析结果

| 变量名称 | 测量条目 | 标准化因子载荷 | CITC | Cronbach's Alpha | CR | AVE |
|---|---|---|---|---|---|---|
| 领导工作狂热 | 对我而言，努力工作很重要，哪怕我不喜欢我正在做的工作 | 0.73 | 0.70 | 0.86 | 0.93 | 0.59 |
| | 我觉得我的内心有某种东西驱使我努力工作 | 0.75 | 0.73 | | | |
| | 即使感到无趣，我觉得也有义务努力工作 | 0.76 | 0.80 | | | |
| | 只要我一刻不工作，我就感到内疚 | 0.82 | 0.83 | | | |
| | 在不工作的时候，我很难感觉放松 | 0.70 | 0.70 | | | |
| | 在工作中，我似乎很匆忙，一直与时间赛跑 | 0.81 | 0.74 | | | |
| | 同事们都下班了，我还在继续工作 | 0.77 | 0.81 | | | |
| | 我同时开展多项工作使自己保持在忙碌状态 | 0.75 | 0.70 | | | |
| | 我花在工作上的时间比花在社交、个人爱好或休闲活动上的时间还要多 | 0.76 | 0.82 | | | |
| | 我经常同一时间做两三件事，比如吃午饭的时候写备忘录、接电话 | 0.82 | 0.81 | | | |

续表

| 变量名称 | 测量条目 | 标准化因子载荷 | CITC | Cronbach's Alpha | CR | AVE |
|---|---|---|---|---|---|---|
| 问题解决沉思 | 下班后，我会考虑如何提高我的工作表现 | 0.84 | 0.87 | 0.91 | 0.92 | 0.69 |
| | 在空闲时间，我发现自己在重新评估在工作中做过的事情 | 0.81 | 0.76 | | | |
| | 下班后，我会考虑第二天工作中需要完成的任务 | 0.80 | 0.71 | | | |
| | 我发现在空闲时间思考工作能让我更有创造力 | 0.85 | 0.71 | | | |
| | 我尝试在空闲时间找到解决工作相关问题的方法 | 0.84 | 0.87 | | | |
| 情感反刍 | 在空闲时间想到与工作有关的问题时，我会感到紧张 | 0.90 | 0.86 | 0.95 | 0.96 | 0.82 |
| | 在不工作的时候，我会因为思考与工作有关的问题而烦恼 | 0.91 | 0.87 | | | |
| | 在不工作的时候，我会被工作问题激怒 | 0.85 | 0.85 | | | |
| | 我会因为在空闲时间思考与工作相关的问题而感到疲劳 | 0.92 | 0.90 | | | |
| | 在不工作的时候，我会被工作相关的问题所困扰 | 0.94 | 0.68 | | | |
| 调节焦点 | 我经常想象我将如何实现我的梦想和愿望 | 0.78 | 0.69 | 0.87 | 0.87 | 0.56 |
| | 我通常关注的是我在未来可能取得的成功 | 0.74 | 0.74 | | | |
| | 总的来说，我专注于在我的生活中取得积极的成果 | 0.76 | 0.72 | | | |
| | 我经常想象自己正在经历美好的事物 | 0.70 | 0.70 | | | |
| | 总的来说，我更倾向于获得成功，而不是防止失败 | 0.77 | 0.72 | | | |

续表

| 变量名称 | 测量条目 | 标准化因子载荷 | CITC | Cronbach's Alpha | CR | AVE |
|---|---|---|---|---|---|---|
| 工作绩效 | 他/她总能完成工作说明书中要求的各项职责 | 0.76 | 0.78 | 0.89 | 0.90 | 0.64 |
| | 他/她履行了本职工作的全部职责 | 0.85 | 0.78 | | | |
| | 他/她很少出现无法履行基本职责的情况 | 0.83 | 0.78 | | | |
| | 他/她从未忽略其工作职责的任何一方面 | 0.79 | 0.77 | | | |
| | 他/她达到了所有正式的工作绩效标准 | 0.76 | 0.75 | | | |
| 身心健康 | 你能集中精力做你正在做的事吗 | 0.87 | 0.78 | 0.91 | 0.96 | 0.66 |
| | 你是否因为焦虑而失眠（反向） | 0.78 | 0.74 | | | |
| | 你是否觉得自己在工作中扮演了一个有用的角色 | 0.89 | 0.78 | | | |
| | 你觉得自己有能力做决定吗 | 0.88 | 0.83 | | | |
| | 你总是感到压力巨大吗（反向） | 0.76 | 0.77 | | | |
| | 你觉得自己能克服困难吗 | 0.74 | 0.88 | | | |
| | 你能享受正常的日常生活吗 | 0.74 | 0.77 | | | |
| | 你能正视自己的问题吗 | 0.86 | 0.75 | | | |
| | 你是否感到不开心和沮丧（反向） | 0.85 | 0.88 | | | |
| | 你是否对自己失去信心（反向） | 0.83 | 0.88 | | | |
| | 你是否认为自己是一个毫无价值的人（反向） | 0.79 | 0.77 | | | |
| | 你感到幸福吗 | 0.76 | 0.85 | | | |

大于 0.60（Schreiber et al.，2006）；平均方差提取系数（AVE）均大于 0.50（Fornell，Larcker，1981）；每个变量的 Cronbach's Alpha 均大于 0.70（Peterson，1994）。表 5—8 呈现了效度分析结果。具体来说，6 个变量的 AVE 平方根均大于变量之间的相关系数。这些结果共同表明，本研究涉及的变量具有良好的区分效度。

表 5—8  描述性统计与相关系数矩阵

| 变量名称 | 均值 | 标准差 | 1 | 2 | 3 | 4 | 5 | 6 | 7 | 8 | 9 | 10 |
| --- | --- | --- | --- | --- | --- | --- | --- | --- | --- | --- | --- | --- |
| 1. 性别 | 0.52 | 0.50 | | | | | | | | | | |
| 2. 年龄 | 32.04 | 5.45 | 0.17* | | | | | | | | | |
| 3. 司龄 | 5.59 | 3.30 | 0.04 | −0.16** | | | | | | | | |
| 4. 教育程度 | 2.53 | 0.47 | 0.02 | −0.18** | −0.07 | | | | | | | |
| 5. 领导工作狂热 | 4.48 | 1.08 | 0.03 | 0.05 | 0.09 | 0.15* | **0.77** | | | | | |
| 6. 问题解决沉思 | 4.38 | 0.97 | −0.09 | −0.14* | 0.09 | 0.12 | 0.23** | **0.83** | | | | |
| 7. 情感反刍 | 4.13 | 0.93 | 0.01 | −0.01 | 0.04 | −0.07 | 0.21** | 0.11 | **0.91** | | | |
| 8. 调节焦点 | 4.02 | 1.10 | 0.08 | −0.15* | −0.12 | −0.04 | 0.14* | 0.17* | −0.15* | **0.75** | | |
| 9. 工作绩效 | 4.56 | 0.76 | 0.02 | −0.07 | −0.07 | −0.10 | 0.09 | 0.28*** | −0.15* | 0.14 | **0.80** | |
| 10. 身心健康 | 4.18 | 1.06 | 0.03 | −0.10 | 0.03 | 0.11 | −0.06 | −0.13 | −0.26*** | −0.10 | 0.15* | **0.81** |

注：N = 128 名团队领导；对角线加粗数字为 AVE 平方根；*表示 $p < 0.05$；**表示 $p < 0.01$；***表示 $p < 0.001$。

## 五 验证性因子分析结果

为了检验领导工作狂热、问题解决沉思、情感反刍、调节焦点、工作绩效、身心健康之间的因子结构，本研究使用 Mplus 7.0 软件进行了验证性因子分析。由表5—9可知，六因子模型具有较好的模型拟合指数（$\chi^2 = 1542.33$；$df = 804$；$\chi^2/df = 1.92$；$CFI = 0.95$；$TLI = 0.93$；$RMSEA = 0.04$；$SRMR = 0.06$），同时拟合优度显著优于五因子模型 1（$\Delta\chi^2 = 646.79$，$\Delta df = 5$，$p < 0.001$）、五因子模型 2（$\Delta\chi^2 = 738.79$，$\Delta df = 5$，$p < 0.001$）、五因子模型 3（$\Delta\chi^2 = 1037.36$，$\Delta df = 5$，$p < 0.001$）、五因子模型 4（$\Delta\chi^2 = 991.78$，$\Delta df = 5$，$p < 0.001$）。综上，本研究涉及的 6 个变量能够有效相互区分。

表5—9　　　　　　　　　　验证性因子分析结果

| 模型 | 因子 | $\chi^2$ | $df$ | $\chi^2/df$ | CFI | TLI | RMSEA | SRMR |
| --- | --- | --- | --- | --- | --- | --- | --- | --- |
| 六因子模型 | 每个变量对应一个因子 | 1542.33 | 804 | 1.92 | 0.95 | 0.93 | 0.04 | 0.06 |
| 五因子模型1 | 领导工作狂热与调节焦点合并 | 2189.12 | 809 | 2.71 | 0.86 | 0.85 | 0.06 | 0.06 |
| 五因子模型2 | 问题解决沉思与情感反刍合并 | 2281.12 | 809 | 2.82 | 0.84 | 0.83 | 0.07 | 0.06 |
| 五因子模型3 | 问题解决沉思与工作绩效合并 | 2579.69 | 809 | 3.19 | 0.78 | 0.76 | 0.08 | 0.07 |
| 五因子模型4 | 情感反刍与身心健康合并 | 2534.11 | 809 | 3.13 | 0.79 | 0.77 | 0.08 | 0.09 |

注：六因子模型包括领导工作狂热、问题解决沉思、情感反刍、调节焦点、工作绩效、身心健康六个因子；五因子模型 1 包括领导工作狂热与调节焦点的组合、问题解决沉思、情感反刍、工作绩效、身心健康五个因子；五因子模型 2 包括领导工作狂热、问题解决沉思与情感反刍的组合、调节焦点、工作绩效、身心健康五个因子；五因子模型 3 包括领导工作狂热、问题解决沉思与工作绩效的组合、情感反刍、调节焦点、身心健康五个因子；五因子模型 4 包括领导工作狂热、问题解决沉思、情感反刍与身心健康的组合、调节焦点、工作绩效五个因子。

## 六 共同方法偏差检验

尽管本研究采用多时点的研究设计以减少同源方法偏差，但是领导工作狂热、调节焦点、问题解决沉思、情感反刍、身心健康均由团队领导自我评价得出,仍然可能会对研究结果产生影响。因此,本研究采用 Harman(1976)的单因子方法对此进行检验。分析结果显示,本研究中的共同方法偏差因子的解释率为31.8%,低于参照值40%。因此,本研究中的团队领导自评变量并不存在严重的共同方法偏差。

## 七 描述性统计分析结果

表5—8呈现了本研究涉及变量之间的相关系数和描述性统计结果。依据表5—8可以看出,领导工作狂热与问题解决沉思、情感反刍分别显著正相关($\gamma=0.23$,$p<0.01$;$\gamma=0.21$,$p<0.01$);问题解决沉思与工作绩效显著正相关($\gamma=0.28$,$p<0.001$);情感反刍与身心健康显著负相关($\gamma=-0.26$,$p<0.001$)。这些描述性统计分析结果为后续假设检验提供了初步基础。

## 八 假设检验结果

表5—10呈现了结构方程路径分析结果。由表5—10可知,加入控制变量后,领导工作狂热对问题解决沉思具有显著正向影响($b=0.24$,$p<0.001$),同时,问题解决沉思对工作绩效具有显著正向影响($b=0.30$,$p<0.001$)。由此,假设5.1a和假设5.1b同时得到支持。此外,偏差校正的拔靴分析结果显示,问题解决沉思在领导工作狂热与工作绩效之间的间接效应值为0.07,95%置信区间为[0.02,0.15],未包含0。综上,中介假设5.1c得到支持。

表5—10显示,领导工作狂热正向显著影响情感反刍($b=0.20$,$p<0.01$),同时,情感反刍负向显著影响身心健康($b=-0.27$,$p<0.001$)。因此,假设5.2a和假设5.2b都得到支持。此外,偏差校正的拔靴分析结果显示,情感反刍在领导工作狂热与身心健康之间的间接效应值为$-0.05$,95%置信区间为[$-0.13$,$-0.01$],未包含0。由此,中介假设5.2c得到支持。

表 5—10　　　　　　　　　　结构方程路径分析结果

| 预测变量 | | 结果变量 | | | |
|---|---|---|---|---|---|
| | | 问题解决沉思 | 情感反刍 | 工作绩效 | 身心健康 |
| 控制变量 | 性别 | -0.08 | 0.01 | -0.01 | 0.01 |
| | 年龄 | -0.10* | 0.00 | -0.05 | -0.08 |
| | 司龄 | -0.09 | 0.03 | -0.03 | 0.00 |
| | 受教育水平 | 0.02 | -0.05 | 0.07 | -0.08 |
| 自变量 | 领导工作狂热 | 0.24*** | 0.20** | 0.10 | -0.09 |
| 中介变量 | 问题解决沉思 | — | — | 0.30*** | — |
| | 情感反刍 | — | — | — | -0.27*** |
| 调节变量 | 调节焦点 | 0.12 | -0.11 | | |
| 调节项 | 领导工作狂热×调节焦点 | 0.18** | -0.15** | | |
| $R^2$ | | 0.22 | 0.24 | 0.18 | 0.17 |

注：N=128 名团队领导；*表示 $p<0.05$；**表示 $p<0.01$；***表示 $p<0.001$；所有系数为非标准化系数（unstandardized coefficient）。

根据表5—10可知，领导工作狂热与调节焦点的交互项正向显著影响问题解决沉思（$b=0.18$，$p<0.01$）。为进一步展示调节焦点的调节作用，本研究参照 Aiken 和 West（1991）的方法，对调节焦点的均值加减一个标准差，分别代表"促进型调节焦点"与"防御型调节焦点"，调节效应如图5—2所示。简单斜率分析结果表明，当团队领导具有促进型调节焦点时，领导工作狂热对问题解决沉思的促进作用显著（simple slope=0.44，$t=6.59$，$p<0.001$）；当团队领导具有防御型调节焦点时，领导工作狂热对问题解决沉思的促进作用不显著（simple slope=0.04，$t=0.63$，$p>0.05$）。综上，假设5.3a得到支持。

表5—10显示，领导工作狂热与调节焦点的交互项负向显著影响情感反刍（$b=-0.15$，$p<0.01$）。进一步地，本研究对调节焦点的均值加减一个标准差，分别代表"促进型调节焦点"与"防御型调节焦点"，计算简单斜率。图5—3显示，当团队领导具有防御型

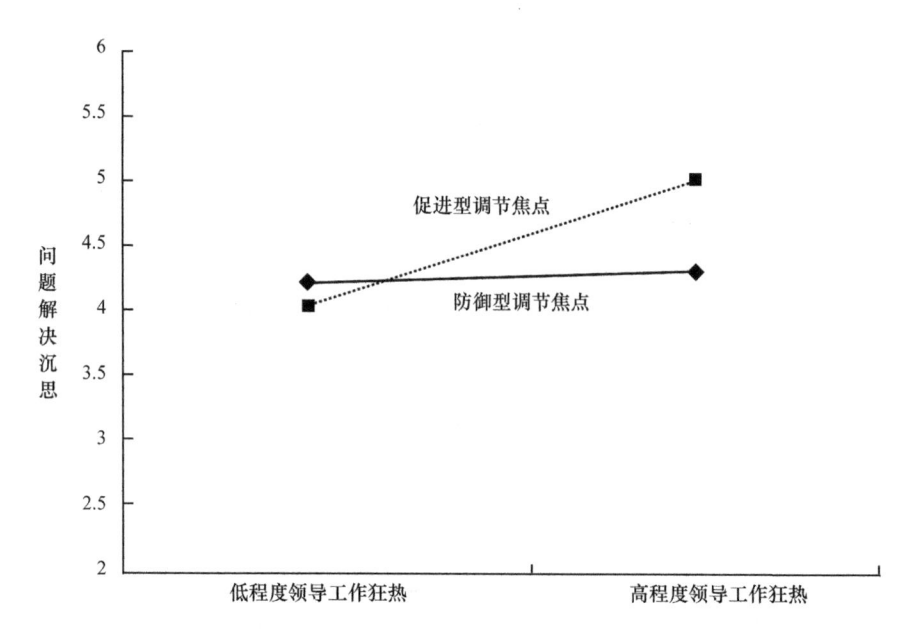

图5—2　领导调节焦点在领导工作狂热对问题解决沉思的影响中的调节作用

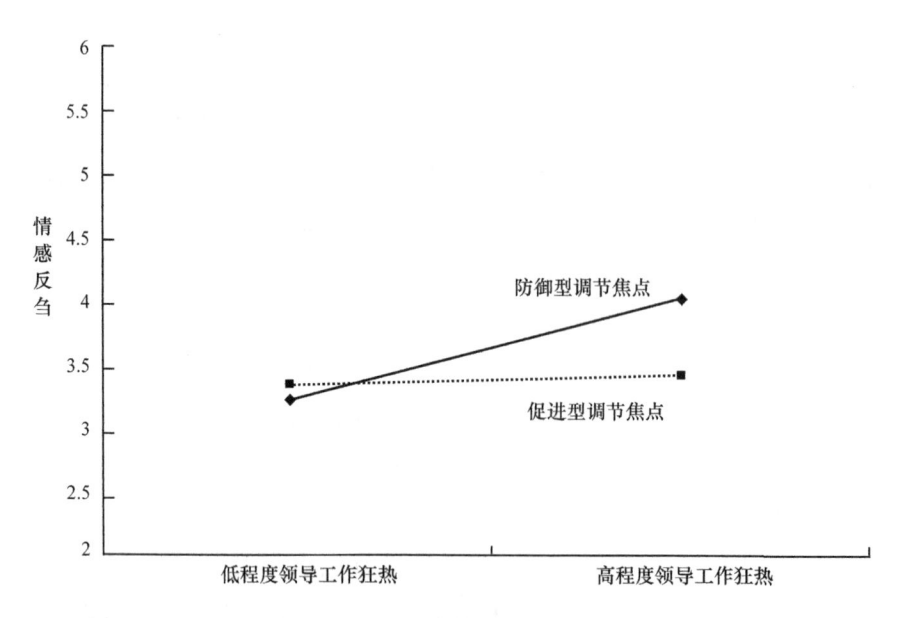

图5—3　领导调节焦点在领导工作狂热对情感反刍的影响中的调节作用

调节焦点时，领导工作狂热对情感反刍的正向作用显著（$simple\ slope = 0.37$，$t = 4.87$，$p < 0.001$）；当团队领导具有促进型调节焦点时，领导工作狂热对情感反刍的正向作用不显著（$simple\ slope = 0.04$，$t = 0.47$，$p > 0.05$）。由此，假设5.3b得到支持。

蒙特卡罗参数拔靴法检验结果（见表5—11）显示，当团队领导具有促进型调节焦点时（取均值加一个标准差），领导工作狂热通过问题解决沉思影响工作绩效的间接效应显著（$indirect\ effect = 0.13$，95%置信区间为［0.04，0.22］）；当团队领导具有防御型调节焦点时（取均值减一个标准差），该间接效应不显著（$indirect\ effect = 0.01$，95%置信区间为［-0.05，0.07］）。此外，被调节的中介效应同样显著（$indirect\ effect = 0.05$，95%置信区间为［0.01，0.11］）。因此，假设5.4a得到支持。

表5—11显示，当团队领导具有促进型调节焦点时（取均值加一个标准差），领导工作狂热通过情感反刍影响身心健康的间接效应不显著（$indirect\ effect = -0.01$，95%置信区间为［-0.06，0.04］）；当团队领导具有防御型调节焦点时（取均值减一个标准差），该间接效应显著（$indirect\ effect = -0.10$，95%置信区间为［-0.19，-0.03］）。此外，被调节的中介效应同样显著（$indirect\ effect = 0.04$，95%置信区间为［0.00，0.11］）。因此，假设5.4b得到支持。

表5—11　　　　　　　　间接效应分析结果

| 结果变量 | 调节变量取值 | 间接效应 | 95%置信区间 |
| --- | --- | --- | --- |
| 工作绩效 | 促进型调节焦点（均值+1标准差） | 0.13 | ［0.04，0.22］ |
| | 防御型调节焦点（均值-1标准差） | 0.01 | ［-0.05，0.07］ |
| | 被调节的中介效应 | 0.05 | ［0.01，0.11］ |

续表

| 结果变量 | 调节变量取值 | 间接效应 | 95%置信区间 |
|---|---|---|---|
| 身心健康 | 促进型调节焦点（均值+1标准差） | -0.01 | [-0.06, 0.04] |
| | 防御型调节焦点（均值-1标准差） | -0.10 | [-0.19, -0.03] |
| | 被调节的中介效应 | 0.04 | [0.00, 0.11] |

## 第六节 研究结论与讨论

### 一 研究结论

本章基于持续性认知理论，探究了领导工作狂热对自身的双刃剑影响效果，及其作用机制和边界条件。通过两项问卷调查，本研究得出以下结论。

第一，领导工作狂热能给自身带来一定的绩效效果，问题解决沉思发挥了重要的中介作用。具体而言，工作狂热领导者通过提高自身问题解决沉思促进自身工作绩效的提升。工作狂热领导者出于对工作的重视与执念，会全力以赴投入工作，在非工作时间思考工作改进与提升方法，从而带来自身工作绩效的整体提升。

第二，领导工作狂热同时也会给自身带来负面影响，情感反刍发挥了重要的中介作用，即领导工作狂热会增加自身情感反刍，进而负面影响自身身心健康。由于对工作存在高标准与高期望，工作狂热领导者也可能在工作中不顺或遭遇挫折，使自身反复陷入消极情绪之中，心理资源不断损耗，对身心健康造成负面影响。

第三，领导者调节焦点调节了两条中介路径。当工作狂热领导者具有促进型调节焦点时，他们对未来抱有积极的预期，这会使他们积极探索工作难题的解决方案，不沉溺于负面情绪的损耗之中，因此，领导工作狂热对问题解决沉思的正向影响会变强，对情感反刍的正向影响变弱。而当工作狂热领导者具有防御型调节焦点时，领导者关注风险和损失，较为保守和悲观，这使他们更容易将精力放在规避工作困难与挑战上，放大沮丧、焦虑等消极情绪。因此，领导工作狂热对问题解决沉思的正向作用被减弱，对情感反刍的正向作用被强化。这一结论为领导工作狂热相关的理论研究和管理实践提供了重要的启示。

**二 理论意义**

本章主要有三个方面的理论贡献。

第一，本研究扩展了领导工作狂热的后效，并为探索领导工作狂热的有效性提供了新思路。作为承担组织管理工作的直接负责人，领导者的行为无疑会对下属、自身及组织整体产生重要影响（Hiller et al.，2011）。虽然现有研究聚焦于领导工作狂热对下属行为、态度等方面的影响（Pan，2018；李全等，2023；佘卓霖等，2020），但领导者的特征、行为、态度等也能够对自身产生影响。事实上，随着领导力研究发展脉络的演进，学者们逐渐从关注领导者对他人（下属和团队）的影响，转向对领导者自身影响效果的考察（Lin et al.，2016；2019；Qin et al.，2018；She et al.，2019）。然而遗憾的是，现有文献对这一方面却鲜有关注。本研究通过揭示领导工作狂热对自身的"双刃剑"效应（工作绩效与身心健康），为探讨领导工作狂热后效提供了新的研究思路，即工作狂热领导者通过影响自身的认知状态产生长期后果。

第二，本研究基于持续性认知理论，揭示了工作狂热领导者对自身"双刃剑"影响效果的作用机制。尽管现有研究讨论过工作狂热领导者对自身的影响，但大多只将讨论限定于主效应，并且仅仅聚焦于领导工作狂热的积极一面或消极一面，缺乏整体性的探讨和实证检验（Burke，Koksal，2002；Clark et al.，2016b；Midje et al.，2014）。鉴于此，本研究尝试突破以往研究的局限，基于持续性认知理论，揭示领导工作狂热对自身"双刃剑"效应背后的作用机制。具体而言，本研究提出并且证实了，领导工作狂热一方面会增进领导者的问题解决沉思，进而提升领导者的工作绩效表现；另一方面领导工作狂热也会诱发领导者的情感反刍，进而损害领导者的身心健康。这些研究发现打开了领导工作狂热"双刃剑"效应的"黑箱"，并在一定程度上澄清了领导工作狂热有效性的争议，为全面、辩证地理解领导工作狂热在组织情境下的作用效果提供了重要参考。

第三，本研究探讨了在领导者不同的调节焦点（促进型调节焦点与防御型调节焦点）下，领导工作狂热对自身工作绩效与身心健康间接影响效应的变化，加深了对领导工作狂热作用边界条件的理解。持续性认知理论指出，个体经历问题解决沉思还是情感反刍很大程度上取决于个体对事物的关注点：关注事物消极面的个体更可能经历情感反刍，关注事物积极面的个体更可能经历问题解决沉思（Jimenez et al.，2022；Minnen et al.，2021；Querstret，Cropley，2012）。借鉴该理论的重要观点，本研究在领导工作狂热影响自身的双路径模型基础上，引入领导者调节焦点作为调节变量，从而更全面地解释了两条影响路径在不同领导特征下作用强度的差异和转换。具体而言，具有促进型调节焦点的工作狂热领导者更专注于未来发展和解决工作难题，使问题解决沉思路径的积极作用被增强，而具有防御型调节焦点的工作狂热领导者较为保守和悲观，使情感反刍路径的消极作用被强化。综上，本研究通过验证领导者调节焦点的调节作用，为提升领导工作狂热的积极效应，缓解其消极效应提供了有益参考。

### 三 实践意义

本章的研究结论提供了重要管理启示。

第一，研究发现有助于引起领导对自身工作狂热的重视，帮助领导者平衡利弊。尽管有工作狂热领导者因为自身努力工作而受到员工的拥戴，对实现组织目标起到助推作用，但是也有工作狂热领导者因过度工作而身心受损，阻碍组织持续发展。在现实之中，不少领导者虽然能意识到自身的工作狂热倾向，却未能对其潜在风险加以警惕和预防。本章通过两项问卷调查，共同证实了领导工作狂热对工作绩效的积极影响，以及对身心健康的消极影响。这些研究发现提醒领导者在奋力工作、追求业绩提升的基础上，需要重视工作狂热倾向的不良后果，注意劳逸结合，从"拼命工作"向"健康工作"转变。

第二，研究发现有助于领导者调整工作认知状态，趋利避害。本章发现，工作狂热领导者投入问题解决沉思有助于其找到工作难题的解决办法，提升工作经验与技能，获得业绩提升。然而工作狂热领导者过度陷入工作挫折与失败经历，则会导致出现情感反刍，反复经历郁闷、沮丧、愤怒等不良情绪，损害身心健康。因此，对于领导者而言，他们应当着眼于未来发展，将时间精力放在解决工作困难与挑战上，同时提升自信心和抗压能力，以积极、正面的态度应对工作挫折与失败。与此同时，领导者自身也应当对不良心理状态进行及时调整，可以通过心理咨询、音乐舒缓训练、正念训练、情绪管理训练等方式排解郁闷、沮丧等消极情绪，保持情绪稳定，维持自身良好的身心健康状态。

第三，本章能够为组织干预提供切实有效的行动依据。虽然工作狂热领导者存在积极的一面（提升工作绩效表现），但也兼有消极的一面（损害自身的身心健康）。相比于具有防御型调节焦点的工作狂热领导者，具有促进型调节焦点的工作狂热领导者能够有效趋利避害。事实上，以往研究发现，领导者的调节焦点并非一成不变，组织干预能够有效激发领导者的促进型调节焦点（Johnson et al., 2015）。因此，组织可以使用案例分析、沙盘模拟等培训技术有意识地引导领导者产生促进型调节焦点（van Dijk, Kluger, 2004；Wallace, Chen, 2006；Wallace et al., 2008）。总之，组织可以采取有效的干预策略，最大限度地发挥工作狂热领导者的积极效应，避免产生不良后果，最终实现领导个人健康的可持续发展。

### 四 研究局限

尽管本章揭示了工作狂热领导者对自身工作绩效和身心健康的

影响机制和边界条件，不可否认，本章也存在一定的局限性。

第一，本章通过两个多时点、多数据来源的问卷调查检验研究模型，这在很大程度上可以减少共同方法偏差对研究结果的潜在干扰。尽管如此，本研究本质上仍然属于横截面研究，并不能推论研究变量之间的因果关系。未来研究可以考虑采用实验设计或准实验研究设计，以此检验研究结论的稳健性。此外，本章采用的问卷调查仍属于静态研究方法，无法捕捉变量的动态变化以及变量间的动态关系。事实上，随着工作狂热领导者在企业中工作年限和经验的增长，其所负责的工作难度和重要性越来越大，起初的工作绩效表现与身心健康状态是否会随着时间推移而发生变化仍是有待探讨的。因此，未来研究可以采用纵向追踪方法，探索工作狂热领导者工作绩效和身心健康水平的发展变化过程，揭示领导者工作狂热的动态影响。

第二，本章基于持续性认知理论，探讨了工作狂热领导者影响自身的具体机制（问题解决沉思与情感反刍）。未来研究可以从其他理论视角分析工作狂热领导者对自身的影响。比如资源保存理论指出，个体资源的获得能够带来积极的体验，而个体资源的损失则会使个体经历消极的体验（Halbesleben et al., 2014）。工作狂热领导者始终以工作为中心，具有较强的工作动力与热情。这能够帮助他们获得更多的工作相关资源，如上级的赏识、下属的赞许等，进而促进其取得更佳业绩。然而另一方面，他们过度投入工作、放弃个人正常休息时间的工作方式，也可能令他们的心理资源得不到有效恢复，导致过度透支，从而对自身身心健康造成负面影响。因此，未来研究可以基于资源保存理论检验个人声誉、恢复体验等的中介作用，从而加深对领导工作狂热影响机制的理解。

第三，在调节变量的选取上，本章重点关注了领导者的调节焦点，并未考虑其他变量的潜在调节作用，例如来自组织的发展性反馈（developmental feedback）。发展性反馈是指组织为组织成员提供对其未来学习、工作和个人发展有价值的反馈（London, 1995）。不同于负面批评反馈聚焦于指出过去的错误与失败，发展性反馈具有未来导向，强调组织成员未来的工作改进与学习（London，1995；Sommer，Kulkarni，2012）。以往研究表明，发展性反馈能够帮助个体有效应对职场压力，保持良好心态（Heaney et al.，1995；Joo，Park，2010；Li et al.，2011）。因此，当组织为工作狂热领导者提供发展性反馈时，工作狂热领导者更可能将注意力聚焦于积极解决当下的工作问题、提升业务水平，而不会沉溺于过去的消极工作经历，不断产生沮丧与挫败感。总之，未来研究可以探究其他因素的调节作用，进一步丰富领导工作狂热影响作用的边界条件。

## 第七节　本章小结

本章基于持续性认知理论，探讨了领导工作狂热对自身的影响，并从问题解决沉思和情感反刍两个方面深入剖析了作用机制，同时从领导者调节焦点出发详细分析了边界条件。通过此项研究，本章试图回答：工作狂热究竟会对领导者自身工作绩效与身心健康造成怎样的影响？通过两项问卷调查，实证结果发现，工作狂热对领导自身而言是一把双刃剑。一方面，工作狂热领导者会积极投入问题解决沉思，努力找寻工作困难的解决办法，进而提升自身的业绩表现；另一方面，工作狂热领导者也会沉溺于工作挫折与失败经历，产生情感反刍，进而损害身心健康。同时，本章也探究了领导者调节焦点的调节作用，发现具有促进型调节焦点的工作狂热领导者能够有效地趋利避害。本章的研究内容丰富了工作狂热在领导个人层次的研究，揭示了领导工作狂热对自身的双刃剑影响，为组织全面认识领导工作狂热的有效性提供了重要启示。最后，本章也指出了当前研究存在的局限性，并相应地提出了未来研究方向。

# 第六章

# 总结与展望

本书依据社会学习理论（Bandura，1986；1977）、情绪认知评价理论（Lazarus，1966；1991；Lazarus，Folkman，1984）以及持续性认知理论（Brosschot et al.，2005；2006），分别从下属、团队、领导个人三个层次对领导工作狂热的双刃剑效应、作用机制以及边界条件进行了探讨和分析。通过这一系列的研究，本书进一步加深了现有研究对领导工作狂热有效性的理解，拓展了当前领导工作狂热研究的层次。基于此，本章先全面总结全书的实证研究发现，再对相应的理论贡献和实践意义进行归纳总结，同时分析本书实证研究的局限与不足，并据此进一步展望领导工作狂热的未来研究方向。

## 第一节 研究结论总结

本书三个实证研究的假设内容以及检验结果如表6—1所示。

本书围绕领导工作狂热的双刃剑影响效应，基于社会学习理论、情绪认知评价理论、持续性认知理论，分别在下属层次、团队层次以及领导个人层次开展了实证研究，为本书的理论模型提供了实证支持。对此，本书已在相应章节进行了深入的讨论。下文将分别阐述下属层次、团队层次、领导个人层次实证分析的结果。

表6—1 研究假设及检验结果汇总

| 序号 | 假设内容 | 研究结果 |
| --- | --- | --- |
| 下属层次：领导工作狂热对下属的"双刃剑"影响研究 | | |
| 假设3.1a | 领导工作狂热对下属工作努力程度具有正向影响 | 支持 |
| 假设3.1b | 下属工作努力程度对其职业晋升机会具有正向影响 | 支持 |
| 假设3.1c | 下属工作努力程度在领导工作狂热与下属职业晋升关系中发挥中介作用 | 支持 |
| 假设3.2a | 领导工作狂热对下属工作焦虑感具有正向影响 | 支持 |
| 假设3.2b | 下属工作焦虑感对睡眠质量具有负向影响 | 支持 |
| 假设3.2c | 下属工作焦虑感在领导工作狂热与下属睡眠质量的关系中发挥中介作用 | 支持 |
| 假设3.3a | 下属核心自我评价正向调节领导工作狂热与下属工作努力程度之间的关系，即下属核心自我评价越高，领导工作狂热对其工作努力程度的正向影响越强 | 支持 |
| 假设3.3b | 下属核心自我评价负向调节领导工作狂热与下属工作焦虑感之间的关系，即下属核心自我评价越高，领导工作狂热对其工作焦虑感的正向影响越弱 | 支持 |
| 假设3.4a | 下属核心自我评价调节工作努力在领导工作狂热与下属职业晋升之间的中介作用，即下属核心自我评价越高，这一中介作用越强；下属核心自我评价越低，这一中介作用越弱 | 支持 |
| 假设3.4b | 下属核心自我评价调节工作焦虑感在领导工作狂热与下属睡眠质量之间的中介作用，即下属核心自我评价越高，这一中介作用越弱；下属核心自我评价越低，这一中介作用越强 | 支持 |
| 团队层次：领导工作狂热对团队的"双刃剑"影响研究 | | |
| 假设4.1a | 领导工作狂热对团队工作卷入具有正向影响 | 支持 |
| 假设4.1b | 团队工作卷入对团队绩效具有正向影响 | 支持 |
| 假设4.1c | 团队工作卷入在领导工作狂热与团队绩效关系中发挥中介作用 | 支持 |
| 假设4.2a | 领导工作狂热对团队消极情绪具有正向影响 | 支持 |
| 假设4.2b | 团队消极情绪对团队绩效具有负向影响 | 支持 |

续表

| 序号 | 假设内容 | 研究结果 |
| --- | --- | --- |
| 假设4.2c | 团队消极情绪在领导工作狂热与团队绩效关系中发挥中介作用 | 支持 |
| 假设4.3a | 工作意义正向调节领导工作狂热与团队工作卷入之间的关系，即工作意义越高，领导工作狂热对团队工作卷入的正向影响越强 | 支持 |
| 假设4.3b | 工作意义负向调节领导工作狂热与团队消极情绪之间的关系，即工作意义越高，领导工作狂热对团队消极情绪的正向影响越弱 | 支持 |
| 假设4.4a | 工作意义调节团队工作卷入在领导工作狂热与团队绩效之间的中介作用，即工作意义越高，这一中介作用越强；工作意义越低，这一中介作用越弱 | 支持 |
| 假设4.4b | 工作意义调节团队消极情绪在领导工作狂热与团队绩效之间的中介作用，即工作意义越高，这一中介作用越弱；工作意义越低，这一中介作用越强 | 支持 |
| 补充分析1 | 领导工作狂热会增加团队的工作卷入，进而降低客户投诉率 | 不支持 |
| 补充分析2 | 领导工作狂热会增加团队消极情绪，进而增加客户投诉率 | 支持 |
| 补充分析3 | 工作意义会正向调节团队工作卷入在领导工作狂热与客户投诉率之间的中介效果 | 不支持 |
| 补充分析4 | 工作意义会负向调节团队消极情绪在领导工作狂热与客户投诉率之间的中介效果 | 支持 |
| 领导个人层次：领导工作狂热对自身的"双刃剑"影响研究 | | |
| 假设5.1a | 领导工作狂热对问题解决沉思具有正向影响 | 支持 |
| 假设5.1b | 问题解决沉思对领导者工作绩效具有正向影响 | 支持 |
| 假设5.1c | 问题解决沉思在领导工作狂热与领导者工作绩效的关系中发挥中介作用 | 支持 |
| 假设5.2a | 领导工作狂热对情感反刍具有正向影响 | 支持 |
| 假设5.2b | 情感反刍对领导者身心健康具有负向影响 | 支持 |
| 假设5.2c | 情感反刍在领导工作狂热与领导者身心健康的关系中发挥中介作用 | 支持 |
| 假设5.3a | 领导者调节焦点调节领导工作狂热与问题解决沉思之间的关系，即当领导者具有促进型调节焦点时，领导工作狂热对问题解决沉思的正向影响越强，反之则越弱 | 支持 |

续表

| 序号 | 假设内容 | 研究结果 |
|---|---|---|
| 假设5.3b | 领导者调节焦点调节领导工作狂热与情感反刍之间的关系，即当领导者具有防御型调节焦点时，领导工作狂热对情感反刍的正向影响越强，反之则越弱 | 支持 |
| 假设5.4a | 领导调节焦点调节问题解决沉思在领导工作狂热与工作绩效之间的中介作用，即领导者具有促进型调节焦点时，这一中介作用越强；领导者具有防御型调节焦点时，这一中介作用越弱 | 支持 |
| 假设5.4b | 领导调节焦点调节情感反刍在领导工作狂热与身心健康之间的中介作用，即领导者具有防御型调节焦点时，这一中介作用越强；领导者具有促进型调节焦点时，这一中介作用越弱 | 支持 |

本书第三章基于社会学习理论和情绪认知评价理论，在下属层次研究了领导工作狂热对下属的双刃剑影响，重点探讨领导工作狂热对下属职业晋升机会和睡眠质量的影响机制和边界条件。第三章提出，领导工作狂热会通过影响下属的行为和情绪，进而对其后续的工作态度和行为产生不同的影响，同时，下属自身的特质（核心自我评价）会调节领导工作狂热的双刃剑效应。通过一项情景实验和一项多时点、多数据来源的问卷调查，研究结果表明，领导工作狂热对下属既有积极影响也存在消极影响：（1）工作狂热领导者会起到榜样示范作用，带动下属提高其工作努力程度，进而促进下属职业晋升机会的增加；（2）工作狂热领导者会增加下属的工作焦虑进而影响其睡眠质量；（3）下属的核心自我评价在此正负影响过程中发挥了重要的调节作用，即高核心自我评价的下属，由于对自身能力充满信心并且愿意接受挑战，更容易受到工作狂热领导者的激励作用，同时缓解领导带来的负面影响。

第四章重点关注了领导工作狂热对团队绩效的影响。具体而言，本书在团队层次研究了领导工作狂热对团队绩效的双刃剑影响。通过整合社会学习理论和情绪认知评价理论，第四章从团队行为和团队情绪两个角度分析了工作狂热领导者对团队绩效的正负效应，同时指出工作意义作为反映团队对工作价值的基本评价，将是影响领导工作狂热有效性的重要调节因素。通过一项情景实验和一项多时点、多数据来源的问卷调查，研究结果表明：（1）工作狂热领导者能给团队绩效带来一定的促进作用，团队工作卷入发挥了重要的中介作用；（2）工作狂热领导者也会导致团队消极情绪的增加，进而降低团队整体绩效；（3）工作意义调节了两条中介路径，当工作意义程度较高时，团队成员更愿意追随工作狂热领导者，努力投入工作，同时也不会产生较高的消极情绪，进而提升团队整体绩效，而当工作意义程度较低时，工作狂热领导者的负面影响会被放大，团队成员可能经历更多的消极情绪体验，同时减少团队整体工作卷入，从而阻碍团队绩效的提升。

第五章基于持续性认知理论，在领导个人层次研究了领导工作狂热对自身的双刃剑影响，重点探讨了领导工作狂热对自身工作绩效和身心健康的影响机制和边界条件。第五章提出，领导工作狂热会通过影响自身的持续性认知对自身后续的工作结果和健康水平产生不同的影响，同时，领导者自身的特征（调节焦点）会影响工作狂热领导者持续性认知的内容。通过两项多时点、多数据来源的问卷调查，研究结果表明，领导工作狂热对自身既有积极影响也存在消极影响：（1）工作狂热领导者会持续思考如何改进工作方法，产生问题解决沉思，进而促进自身工作绩效的提高；（2）工作狂热领导者也会不断回想工作中遇到的挫折，产生情感反刍，进而损害身心健康；（3）领导者的调节焦点在以上正负影响路径中发挥了重要的调节作用，即具有促进型调节焦点的工作狂热领导者能从积极面看待工作相关经历，更容易产生问题解决沉思，提升绩效表现，同时减少情感反刍，维持身心健康。

## 第二节　理论贡献

总体而言，本书的核心理论贡献在于，基于社会学习理论、情绪认知评价理论和持续性认知理论，深入探讨了组织情境下领导工作狂热给下属、团队以及自身的影响，系统分析了领导工作狂热的双刃剑作用机制与边界条件。这不仅丰富了关于工作狂热的研究，还深化了对工作狂热领导者有效性的理解。具体而言，本书的理论贡献包括以下四个方面。

第一，本书拓展了目前有关工作狂热的研究范围。随着"996工作制"的不断盛行，企业中工作狂热现象越来越普遍，也引起了学者们的关注。作为新兴的研究领域，目前学者们着重探讨了工作狂热倾向对员工自身或对其配偶的影响，如工作满意度（Burke，MacDermid，1999）、工作家庭冲突（Taris et al.，2005）、人际冲突（Mudrack，2006）、配偶家庭幸福感（Bakker et al.，2013）等。尽管这些研究为了解工作狂热倾向的影响提供了重要参考，但少有研究考虑企业内领导的工作狂热倾向对被领导者的影响效果。然而，考虑到领导与下属在工作场所内的紧密人际互动，工作狂热领导者势必会对下属、团队的认知、情绪和行为等产生重要影响。此外，随着领导力研究发展脉络的演进，学者们逐渐认识到领导者行为除了对被领导者（下属和团队）产生影响，也会对自身产生深远作用效果（王震等，2019）。但现有领导工作狂热研究大多聚焦于对被领导者的作用效果（Pan，2018；Li，She，2020；李全等，2018；2023；佘卓霖等，2020），缺少对工作狂热领导者自身结果的关注。鉴于此，本书重点研究领导工作狂热对下属、团队以及自身的影响，不仅响应了学者们对于开展领导工作狂热相关研究的倡议（Clark et al.，2016b；Pan，2018；李全等，2018），而且弥补了现有研究的不足，有助于更好地认识工作狂热领导者在组织中的作用。

第二，本书全面揭示了领导工作狂热的双刃剑效应。学术界至今对领导工作狂热有效性的认识还不够充分。有学者通过实证研究证实了工作狂热领导者在组织中的积极影响，如提升下属工作绩效（佘卓霖等，2020）、增加角色外行为（Pan，2018）、促进组织绩效（李全等，2018）等，但同时也有学者指出工作狂热领导者会诱发不良后果，如降低下属幸福感（Clark et al.，2016b）、抑制非正式学习（Li，She，2020）、增加下属离职意向（Kim et al.，2020）。然而，单方面地探讨领导工作狂热的积极面或消极面，不仅使研究之间缺乏有效对话，更不利于积累知识推动未来研究发展。鉴于此，本书在全面、系统梳理领导工作狂热的相关研究的基础上，创造性地提出工作狂热领导者是一把"双刃剑"，在下属层次、团队层次、领导个人层次兼有积极和消极两方面的影响。通过系统分析领导工作狂热给下属、团队以及自身带来的"益处"与"代价"，本书加深了对领导工作狂热有效性的认识，促进了研究者对于领导工作狂热作用效果的全面、系统分析。

第三，本书揭示了领导工作狂热"双刃剑"影响效果背后的作用机制。在下属层次，本书基于社会学习理论与和情绪认知评价理论提出并且证实了，工作狂热领导者通过促使下属增大工作努力程度正向影响其职业晋升机会的增加，同时工作狂热领导者对工作的高标准、严要求以及随时随地安排工作的方式会给下属带来压力，使他们产生高的工作焦虑感，从而导致睡眠质量下降。基于同样理论，本书在团队层次提出并且证实了，工作狂热领导者全力以赴投入工作能树立榜样，引导团队成员积极参与工作，提升团队的绩效水平；另外，工作狂热领导者会加剧团队成员的工作负担，致使团队成员产生高的消极情绪，削弱团队的整体工作绩效。在领导个人层次，本书提出并且证实了，工作狂热领导者一方面能够积极投入问题解决沉思，提升自身工作绩效，但另一方面也会陷入情感反刍，损害身心健康。总体而言，本书在下属、团队、领导个人层次通过构建两个功效相反的核心作用机制，系统揭示了领导工作狂热"双刃剑"效应的产生过程。这不仅揭开了工作狂热领导者影响下属、团队、自身的作用"黑箱"，还拓展了社会学习理论、情绪认知评价理论以及持续性认知理论的应用范围和适用性。

第四，本书深入挖掘了领导工作狂热影响效果的边界条件。目前在实践界，对于工作狂热领导者，批评之声不绝于耳（Guillory，

2016）。不仅如此，以往研究也证实了领导工作狂热存在一定的负面影响（Kim et al., 2020; Li, She, 2020；李全等，2021）。Schyns 和 Schilling（2013）指出如何削弱领导行为的潜在负面影响是当前组织管理研究者需要考虑的重点问题。事实上，领导效能的发挥不仅取决于领导自身，更会受到下属和所在情境的影响（Avolio et al., 2009）。面对不同下属、身处不同情境，领导者的作用效果也会发生变化（Uhl-Bien et al., 2014）。因此，本书尝试从调节变量着手，寻找缓解工作狂热领导者负面影响的边界条件。具体而言，在下属层次，员工的核心自我评价能有效调节领导工作狂热的双刃剑效应。拥有高核心自我评价的下属能通过自我调节，缓解工作狂热领导者带来的负面影响，放大其积极影响。在团队层次，团队成员感知到的工作意义是削弱工作狂热领导者对团队绩效负面作用的关键因素，不仅如此，还能增强工作狂热领导者对于团队工作卷入和团队绩效的积极作用。在领导个人层次，领导者的调节焦点是影响领导工作狂热双刃剑效应的重要权变因素，具有促进型调节焦点的工作狂热领导者能够有效地趋利避害。以上探究不但有效解释了为何领导工作狂热会产生差异化的影响效果，而且深化了现有研究对于领导工作狂热影响过程的认识，为探索缓解领导工作狂热负面作用的途径提供了有益参考。

## 第三节　实践意义

本书通过验证领导工作狂热对下属、团队以及自身的双刃剑效应，给领导者、被领导者和组织提供了重要启示，具体如下。

第一，对领导者而言，应需要充分意识到工作狂热倾向可能带来的正面影响和负面影响。在工作中，领导一方面需要以身作则，认真投入工作，展现出工作热忱，通过自身的榜样示范作用，激励下属和团队成员积极参与工作，但另一方面，领导也需要注意合理地安排工作任务和工作时长，避免使下属和团队成员长期超负荷工作，影响后续的工作表现。此外，本书发现，工作狂热倾向也会诱发领导的情感反刍，进而损害领导的身心健康。因此，领导也需要认识到工作狂热倾向对自身健康的潜在威胁，在工作时注意劳逸结合，调整工作节奏，下班后主动融入家庭，多参与社交活动，弱化工作狂热倾向的负面影响。与此同时，领导也应将注意力投入在未来工作改进与持续性学习的过程中，不沉溺于回想过去所经历的工作挫折与失败，从而减少情感反刍的发生。

第二，对被领导者而言，需要注意自我调整，以有效应对工作狂热领导者。在企业中，大多数员工长期处于被选择的状态，并不能任意选择想要跟随的领导。因此，对于对被领导者而言，重要的是及时进行自我调整，以有效应对工作狂热领导者。具体而言，被领导者需要做到以下四个方面。第一，要保持良好心态。遇到工作狂热领导者，与其怨天尤人，不如寻求自我改变。譬如，应当提升自信心和抗压能力，以正面积极的态度回应领导的工作要求。第二，需努力提高业务能力。工作狂热领导者通常以单位为家，把工作作为第一要务，因此，与工作狂热领导者共事时，被领导者也需要认真对待工作，在工作时专心致志，尽早适应领导的工作节奏。第三，要与领导保持紧密的工作沟通。在埋头苦干之余，一方面需要及时地将自己的工作进展向领导汇报，让领导清楚整体进度；另一方面需要积极主动地向领导寻求建议和帮助，从而更好地完成工作目标。第四，在工作狂热领导者手下工作，被领导者的工作量和工作时长可能会增加。因此，被领导者亟须赢得家人的理解和支持，让家人对于自己未来的工作状态有一定的心理预期，从而免除工作的后顾之忧。

第三，对组织而言，需要采取多种人力资源管理措施减少工作狂热领导者的潜在负面影响，例如文化建设、工作设计、选拔招聘和人员培训这四种途径。首先，本书发现团队成员感知到的工作意义可以有效减少工作狂热领导者对团队绩效的负面影响，因此，在文化建设方面，组织可以着重强调当前工作对他人和社会的贡献。其次，组织在进行工作设计时，应注重提高员工所从事工作的技能多样性、任务完整性和重要性，例如，设置轮岗、整合分散化的工作等，以此提升下属和团队成员的工作意义感。再次，在选拔招聘方面，组织应当慎重选择领导和下属。在聘任领导时，除了考察工作能力，还需要通过问卷测试、访谈等方式了解其工作狂热倾向，以对症下药，尽可能防范其带来消极影响。在招聘员工时，如果公司"加班文化"盛行，则需要将候选人的核心自我评价特质纳为参考指标。通过纸笔测试、无领导小组面试等方式识别核心自我评价高的候选人，因为这类人能积极调整自己以适应领导的工作方式，擅长将压力化为动力，缓解工作狂热领导者带来的焦虑等消极情绪。最后，在人员培训时，组织一方面可以采取心理测评、角色扮演、案例讨论等方式，帮助领导正视工作狂热倾向，做到趋利避害；另一方面应该针对性地制订员工培训计划，如开设情绪管理培训课程、心理咨询或正念训练等，以提升员工情绪管理能力和核心自我评价水平，帮助员工缓解工作压力、改善情绪。

## 第四节　研究局限与不足

本书分别从下属、团队、领导个人层次探究了领导工作狂热的双刃剑效应，丰富了现有工作狂热领域的研究，对管理实践具有一定的指导意义。但是，本书仍不可避免地存在一些不足，有待未来研究进一步完善。

第一，在本书第三章的研究中，结果变量（职业晋升与睡眠质量）的测量均来自调研参与者的主观评价，缺乏客观指标的衡量。其中，下属的职业晋升机会是由领导评价的，虽然其他研究也采用了此种方法（Barnes，2012；Harris et al.，2006；Paustian-Underdahl et al.，2016），但是领导评价的下属职业晋升机会可能受到领导自身因素的影响，未必能反映实际晋升情况。因此，未来研究可以采用晋升速度和晋升次数来衡量领导工作狂热对下属职业晋升的影响。另外，在本研究中，下属的睡眠质量是由下属自己评价的，未来研究可以通过手机 App 或穿戴式设备等监测下属在某段时间的具体睡眠情况，以更准确地衡量睡眠质量。

第二，在本书第四章的研究中，为了更准确地衡量结果变量（团队绩效），笔者采用了上级领导评价以及客观绩效的方式进行测量。尽管这在一定程度上减少了共同方法偏差（Podsakoff et al.，2003）的干扰，保障了研究结论的可靠性，但是本质上仍属于横截面研究，难以验证领导工作狂热与团队绩效之间的因果关系。因此，未来研究可以采用纵向追踪方法，分不同时间点，多次对领导工作狂热与团队绩效进行重复测量，并使用交叉滞后模型检验二者之间的因果关系，从而得出更为稳健的研究结论。

第三，在本书第五章的研究中，为了减少共同方法偏差对研究结果的影响（Podsakoff et al.，2003），笔者应用了多时点、多数据来源研究设计开展了两项问卷调查研究。尽管这些研究设计在一定程度上减少了共同方法偏差对研究结论的干扰，但两个研究在本质上仍然是横截面研究，在推论领导工作狂热对自身工作绩效和身心健康的因果关系上具有局限性。因此，未来研究可以设计实验或纵向追踪调查进一步验证变量间因果关系。此外，未来研究也可以采用质性研究的方法，开展案例研究，在具体的管理情境中提炼总结工作狂热领导者的工作与生活方式，考察领导工作狂热对自身的影响效果。

第四，本书三个实证研究的样本均来源于中国企业，虽然在一定程度上控制了文化或地域等因素的影响，但影响了研究的外部效度，研究结果在其他文化背景下的推广有待进一步验证。受儒家传统文化的影响，中国一直崇尚吃苦耐劳、敬业奉献。在不少中国企业中，领导的工作狂热倾向往往被视为爱岗敬业的体现，受到企业的推崇，但在西方国家，受个人主义的影响，大多数人追求工作与休闲的平衡，在他们看来，"不会休息的人也不会工作"。因此，在不同文化背景下，工作狂热领导者的影响效果可能有所不同。据此，后续研究应选取来自不同文化背景、不同地区或行业的样本，以检验本书研究结论的可推广性。

## 第五节 未来研究展望

工作狂热是近年来组织管理研究的新兴领域。本书从下属、团队、领导个人三个层次探讨了领导工作狂热的双刃剑效应，虽然相关结论具有一定的理论意义和实践意义，但在该研究领域仍有许多重要问题有待进一步深入探讨，具体如下。

第一，未来研究可以进一步探讨工作狂热的定义和内涵。目前关于工作狂热的定义仍然存在不一致的观点，这主要表现在工作狂热个体的情绪方面。一部分学者认为工作狂热个体是非常享受工作的，能从工作中获得愉悦开心等积极情绪（Baruch, 2011; Ng et al., 2007），但也有学者认为工作狂热个体虽然有着强工作动力，但是工作乐趣和工作愉悦感很低，他们并不一定是因为热爱工作而努力（Aziz, Zickar, 2006; Spence, Robbins, 1992; Sussman, 2012）。然而，目前研究大多使用 Schaufeli 等（2008a；2009b）的定义和量表，仅从行为和认知两个方面探讨工作狂热个体的影响，缺乏对工作狂热个体情绪反应的探讨。这导致现有研究在探讨工作狂热个体的后续效应时会发现不一致的结论（Clark et al., 2016a）。因此，未来的研究有必要围绕工作狂热的内涵（尤其是在情绪维度）进行更多的理论阐述和实证探索。

第二，未来研究可以进一步优化领导工作狂热的测量工具。当前有关领导工作狂热的实证研究大都采用 Schaufeli 等（2009b）开发的工作狂热二维量表来测量。虽然这一量表为领导工作狂热的实证研究提供了重要基础，但使用该量表仍存在一定的局限性。

一方面，该量表是基于员工样本所开发的。现有研究将"工作狂热员工"的测量内容直接应用到"工作狂热领导者"之上，难以完全反映领导工作狂热的内涵。事实上，相比于普通员工，领导者在组织中发挥着重要的管理职能（Yukl，1989）。因此，工作狂热领导者在行为表现形式上可能与工作狂热员工有所区别。另一方面，现有研究主要照搬西方的测量量表，没有将中国情境的独特性纳入考量（石金涛、刘云，2008；翁清雄、臧颜伍，2016；杨梦颖，2019）。由于中西方在政治经济体制、历史文化传统和社会组织环境等方面存在巨大差异（Hofstede，2001；席酉民、韩巍，2010；徐淑英、张志学，2011；张志学等，2016），西方学者开发的工作狂热量表未必完全适用于中国组织情境。因此，未来研究可以进一步厘清领导工作狂热的内涵与核心特征，对现有测量工具进行优化，形成具有效度和信度且适用于中国组织情境的领导工作狂热量表。

第三，未来研究可进一步探讨工作狂热不同维度的差异化影响作用。根据工作狂热的定义，学者们认为工作狂热构念包括多个维度。比如，Spence 和 Robbins（1992）认为工作狂热包括工作卷入、内在工作驱动和工作乐趣三个维度。Robinson（1999）认为工作狂热应该包括强迫倾向（compulsive tendency）、控制倾向（control tendency）、自我关注（self-absorption）、无力授权（inability to delegate）、自我价值（self-worth）五个维度。Schaufeli 等人（2008a）在前人的基础上，从行为和认知两个方面提炼出两个维度，即过度投入和工作执念。虽然学者们承认工作狂热是多维度构念，但在实证研究中，仍通常将各个维度加总代表整体工作狂热构念，没有深入探讨各个维度的差异化作用效果。例如，工作狂热领导者的过度投入更可能影响下属的工作行为，而工作执念维度更可能对下属的情绪产生影响。总之，未来研究可以进一步区分工作狂热不同维度的差异化影响，从而进一步厘清工作狂热倾向的利弊。

第四，未来可以采用动态视角研究领导工作狂热的影响效应。现有关于领导工作狂热的实证研究大多采用横截面研究设计,从静态视角考察其影响作用。一些学者已经指出,领导的影响效应并非一成不变,而是会随着时间的推移产生动态变化(Castillo,Trinh,2018;McClean et al.,2019;董小炜等,2021;胥彦、李超平,2019)。遗憾的是,领导工作狂热相关的动态研究尚付阙如。事实上,工作狂热领导者在组织中的影响力可能会受到时间因素的影响。例如,在短期内,工作狂热领导者可能会成为组织的榜样,起到激励作用,但从长期来看,工作狂热领导者由于持续性地过度投入工作,可能会给自身和下属带来损害(Clark et al.,2016b)。近年来,不少学者呼吁在领导相关理论发展和实证研究中对于时间因素给予更多的关注(Castillo,Trinh,2018;McClean et al.,2019;井润田等,2021;张志学等,2016)。因此,未来研究可以将"时间因素"引入领导工作狂热领域,从动态的视角深入探究领导工作狂热的有效性。

第五,本书并没有探讨领导工作狂热的形成原因。未来关于领导工作狂热的研究可以从多个角度分析其前因变量。比如,领导特质和家庭因素可能影响其工作狂热倾向。当领导的完美主义倾向或绩效导向较高时,他们更容易对工作沉迷,因为他们进取心极强(Clark et al.,2010;Taris et al.,2010b)。另外,Liu等(2019)通过纵向研究发现,家庭关系和父母教育等对领导者的行为存在显著影响。如果领导的家庭关系不和谐或婚姻失和,他们更可能在工作中投入过量的时间精力,以逃避这种生活状态(翁清雄、臧颜伍,2016)。因此,未来研究可以通过纵向追踪研究,考察领导者家庭因素对其工作狂热倾向的影响。此外,教育背景、工作类型、组织氛围等对工作狂热倾向的影响也是值得进一步探索研究的问题。这类研究将对工作狂热领导者的识别、聘任和培训等起到至关重要的指导作用。

第六,本书验证了领导工作狂热对下属(职业晋升和睡眠质量)、团队(团队绩效)、自身(工作绩效和身心健康)的影响。未来研究可继续深入探究领导工作狂热对其他结果变量的影响。在下属层次，未来研究可以重点关注领导工作狂热是否以及如何影响员工的家人。根据溢出—交叉效应模型（Spillover-Crossover model），员工在工作中的经历和体验会溢出到家庭，通过互动交叉影响其重要家人（Westman，2001；马红宇等，2016）。领导工作狂热除了影响下属的情绪和睡眠质量，也可能通过溢出交叉作用影响到下属配偶或子女的情绪反应、幸福感等。因此，未来研究可以从员工家庭视角切入考察领导工作狂热的影响作用，将有助于更全面地理解领导工作狂热对下属的影响。在团队层次，未来研究还可以探究领导工作狂热对团队创新的作用效果。团队的成功不仅依赖工作目标的完成，还需要团队不断打破固有认知，做出创新成果，从而帮助组织不断发展，赢得竞争优势（Thayer et al.，2018；van Knippenberg，2017）。在创意生成阶段，工作狂热领导者高期望、高强度、高标准的工作方式可能会使团队成员过于疲惫，无法拥有空闲时间思考创新想法，然而在创意实施阶段，工作狂热领导者废寝忘食工作、沉溺思考工作问题的行为方式，可能会让团队成员集中精力克服困难，使创意想法尽快落地。因此，未来研究可以从创新过程视角进一步剖析工作狂热领导者在团队创新过程中所发挥的作用。在领导个人层次，除了工作绩效和身心健康，未来研究也可以关注领导工作狂热对工作重塑的影响。工作重塑是指个体为了实现自身与工作的匹配，自发地对工作角色、工作关系以及工作环境进行调整、重新设计的过程（Tims et al.，2012）。工作重塑对于组织发展和领导者个人成长而言具有重要的意义（Xin et al.，2020；Zhang，Parker，2019）。工作狂热领导者出于对工作的执念，可能会主动改变其工作任务及关系边界，积极适应工作环境的变化，从而做出更多工作重塑行为。总之，通过关注不同的结果变量，可以进一步丰富对于领导工作狂热有效性的理解。

第七，未来研究还可以结合其他理论视角，进一步探索领导工作狂热影响作用的边界条件。虽然本书的三项实证研究证实了领导工作狂热对于不同下属（高/低自我核心评价）、不同团队（高/低程度工作意义)、不同领导者(促进型/防御型调节焦点)会产生差异化的影响效果,但并未考虑其他变量的调节作用,例如,领导—成员交换关系、团队心理韧性以及领导者性别。首先,在工作互动中,领导通常会根据与员工的亲疏关系安排工作任务(Dienesch,Liden,1986)。当员工与领导关系较近时(如领导—成员交换较高),工作狂热领导者可能会授予其更多的任务,这会加大员工的工作量,使其陷入工作负荷的处境。因此,下属与领导的关系质量也可能影响到领导工作狂热的有效性。其次,当团队成员的心理韧性较高时,团队具备抗压和抗挫折能力(Bonanno,2004;Britt et al.,2016)。因此,团队更可能抵御工作狂热领导者的不利影响。最后,根据性别角色理论,社会对两性角色和行为存在明显的期望差异,具体表现在:男性需要更多地投入工作,通过赚取更多报酬为家庭提供充足的物质资源;女性需要照顾好家庭,保障家庭成员的良好生活状态以及幸福感(Gutek et al.,1991)。因此,对于男性工作狂热领导者而言,他们在工作中奋力拼搏、积极进取的行为表现恰好符合社会性别角色期望,因此更容易赢得组织中他人的支持与认可,获得更高的声誉与绩效表现。总之,未来的研究可以尝试从多个角度分析不同变量的调节效果,以此更加深入、全面地探讨领导工作狂热这一新兴而重要的研究领域。

# 附录　研究量表

## 一　领导工作狂热（10 个条目）

量表来源：Schaufeli, W. B., Taris, T. W., Van Rhenen, W. (2008), "Workaholism, Burnout, and Work Engagement: Three of a Kind or Three Different Kinds of Employee Well-being?", *Applied Psychology*, Vol. 57, No. 2, pp. 173 – 203.

1. 对我而言，努力工作很重要，哪怕我不喜欢我正在做的工作。
2. 我觉得我的内心有某种东西驱使我努力工作。
3. 即使感到无趣，我觉得也有义务努力工作。
4. 只要我一刻不工作，我就感到内疚。
5. 在不工作的时候，我很难感觉放松。
6. 在工作中，我似乎很匆忙，一直与时间赛跑。
7. 同事们都下班了，我还在继续工作。
8. 我同时开展多项工作使自己保持在忙碌状态。
9. 我花在工作上的时间比花在社交、个人爱好或休闲活动上的时间还要多。
10. 我经常同一时间做两三件事，比如吃午饭的时候写备忘录、接电话。

## 二 "领导工作狂热对下属的双刃剑影响研究"量表

### (一) 工作努力 (5 个条目)

量表来源：Kuvaas, B., Dysvik, A. (2009), "Perceived Investment in Employee Development, Intrinsic Motivation and Work Performance", *Human Resource Management Journal*, Vol. 19, pp. 217–236.

1. 我会付出额外的努力来完成我的工作。
2. 必要时我会毫不犹豫地付出额外的努力。
3. 我在工作中倾注了大量的努力。
4. 我竭尽所能努力工作。
5. 在工作中，我兢兢业业。

### (二) 工作焦虑 (8 个条目)

量表来源：McCarthy, J. M., Trougakos, J. P., Cheng, B. H. (2016), "Are Anxious Workers Less Productive Workers? It Depends on the Quality of Social Exchange", *Journal of Applied Psychology*, Vol. 101, No. 2, pp. 279–291.

1. 我担心自己工作表现不好。
2. 我害怕自己的业绩比别人差。
3. 我对业绩不能达标感到紧张和焦虑。
4. 我担心自己得不到积极的绩效评价。
5. 我总是担心不能在规定的时间完成工作职责。
6. 我担心别人是否认为我适合这份工作。
7. 我担心自己无法应对工作要求。
8. 即使我竭尽所能，我依然担心我的工作表现是否足够好。

### （三）职业晋升（7个条目）

量表来源：Harris, K. J., Kacmar, K. M., Carlson, D. S. (2006), "An Examination of Temporal Variables and Relationship Quality on Promotability Ratings", *Group & Organization Management*, Vol. 31, No. 6, pp. 677 – 699.

1. 我相信这个下属会有一个成功的事业。
2. 如果我需要建议，我会去找这个下属。
3. 如果我必须为我的职位选择一个继任者，我选这个下属。
4. 我认为这个下属有很大的潜力。
5. 这个下属和我们部门非常合拍。
6. 这个下属的意见对我的决定有影响。
7. 这个下属就是我们公司想要的那种人。

### （四）睡眠质量（2个条目）

量表来源：Sonnentag, S., Binnewies, C. (2013), "Daily Affect Spillover from Work to Home: Detachment from Work and Sleep as Moderators", *Journal of Vocational Behavior*, Vol. 83, No. 2, pp. 198 – 208.

1. 在过去一个月，您的睡眠质量如何？
2. 在过去一个月，您睡眠是否充足？

### （五）核心自我评价（12个条目）

量表来源：Judge, T. A., Erez, A., Bono, J. E., Thoresen, C. J. (2003), "The Core Self-Evaluations Scale: Development of a Measure", *Personnel Psychology*, Vol. 56, No. 2, pp. 303 – 331.

1. 我有信心取得此生应当取得的成就。
2. 有时我感到沮丧。（反向）
3. 当我进行尝试的时候，我通常会成功。
4. 当我失败的时候，我觉得自己很没用。（反向）

5. 我能成功地完成任务。
6. 有的时候，我感觉掌控不了自己的工作。（反向）
7. 总体来说，我对自己是满意的。
8. 我对自己的能力充满怀疑。（反向）
9. 我能决定自己的生活中将要发生的事情。
10. 我感觉控制不了自己的职业生涯的成功与否。（反向）
11. 我有能力处理我所遇到的大部分问题。
12. 有的时候我会觉得事情是暗淡、毫无希望的。（反向）

## 三 "领导工作狂热对团队的双刃剑影响研究"量表

### （一）团队工作卷入（10个条目）

量表来源：Kanungo R. N. (1982), "Measurement of Job and Work Involvement", *Journal of Applied Psychology*, Vol. 67, pp. 341–349.

1. 投入工作对我们团队来说很重要。
2. 对我们团队来说，工作是生活的大部分。
3. 我们团队工作非常投入。
4. 我们团队心里想的都是工作。
5. 我们团队的重心聚焦在工作上。
6. 我们团队重视工作。
7. 工作上的事对我们来说非常重要。
8. 我们团队是以工作为导向的。
9. 工作是我们的重心。
10. 我们团队大部分时间都专注于工作。

### （二）团队消极情绪（5个条目）

量表来源：Watson, D., Clark, L. A., Tellegen, A. (1988),

"Development and Validation of Brief Measures of Positive and Negative Affect: The PANAS Scales", *Journal of Personality and Social Psychology*, Vol. 54, No. 6, pp. 1063 – 1070.

1. 在团队中工作，我容易愤怒。
2. 在团队中工作，我感到抵触、厌烦。
3. 在团队中工作，我感到紧张。
4. 在团队中工作，我焦虑不安。
5. 在团队中工作，我感到害怕。

**（三）工作意义（10 个条目）**

量表来源：Steger, M. F., Dik, B. J., Duffy, R. D. (2012), "Measuring Meaningful Work: The Work and Meaning Inventory (WAMI)", *Journal of Career Assessment*, Vol. 20, No. 3, pp. 322 – 337.

1. 我们团队的工作很有意义。
2. 我们团队的工作有助于团队成员实现人生价值。
3. 我们团队清楚所从事工作的意义。
4. 我们团队的工作能让他人更好。
5. 我们团队的工作有助于团队成员的个人成长。
6. 我们团队的工作帮助团队成员更好地了解自己。
7. 我们团队的工作能够帮助团队成员理解周围世界。
8. 我们团队的工作对他人也有影响。
9. 我们团队的工作对他人产生了积极的影响。
10. 我们团队的工作有很大的社会意义。

**（四）团队绩效（4 个条目）**

量表来源：Gonzalez-Mulé, E., Courtright, S. H., Degeest, D., Seong, J. Y., Hong, D. S. (2016), "Channeled Autonomy: The Joint Effects of Autonomy and Feedback on Team Performance through Organizational Goal Clarity", *Journal of Management*, Vol. 42, No. 7, pp. 2018 –

2033.
1. 该团队能很好地实现既定目标。
2. 该团队绩效表现很好。
3. 该团队为公司业绩做出了很大贡献。
4. 就整体而言，这个团队是非常成功的。

# 四 "领导工作狂热对自身的双刃剑影响研究"量表

## （一）问题解决沉思（5个条目）

量表来源：Cropley, M., Michalianou, G., Pravettoni, G., Millward, L. J. (2012), "The Relation of Post-work Ruminative Thinking with Eating Behaviour", *Stress and Health*, Vol. 28, No. 1, pp. 23–30.

1. 下班后，我会考虑如何提高我的工作表现。
2. 在空闲时间，我发现自己在重新评估在工作中做过的事情。
3. 下班后，我会考虑第二天工作中需要完成的任务。
4. 我发现在空闲时间思考工作能让我更有创造力。
5. 我尝试在空闲时间找到解决工作相关问题的方法。

## （二）情感反刍（5个条目）

量表来源：Cropley, M., Michalianou, G., Pravettoni, G., Millward, L. J. (2012), "The Relation of Post-work Ruminative Thinking with Eating Behaviour", *Stress and Health*, Vol. 28, No. 1, pp. 23–30.

1. 在空闲时间想到与工作有关的问题时，我会感到紧张。
2. 在不工作的时候，我会因为思考与工作有关的问题而烦恼。
3. 在不工作的时候，我会被工作问题激怒。
4. 我会因为在空闲时间思考与工作相关的问题而感到疲劳。
5. 在不工作的时候，我会被工作相关的问题所困扰。

### （三）工作绩效（5个条目）

量表来源：Janssen, O. (2021), "Fairness Perceptions as a Moderator in the Curvilinear Relationships between Job Demands, and Job Performance and Job Satisfaction", *Academy of Management Journal*, Vol. 44, No. 5, pp. 1039–1050.

1. 他/她总能完成工作说明书中要求的各项职责。
2. 他/她履行了本职工作的全部职责。
3. 他/她很少出现无法履行基本职责的情况。
4. 他/她从未忽略其工作职责的任何一方面。
5. 他/她达到了所有正式的工作绩效标准。

### （四）身心健康（12个条目）

量表来源：Goldberg, D. P., Gater, R., Sartorius, N., Ustun, T. B., Piccinelli, M., Gureje, O., Rutter, C. (1997), "The Validity of Two Versions of the GHQ in the WHO Study of Mental Illness in General Health Care", *Psychological Medicine*, Vol. 27, No. 1, pp. 191–197.

1. 你能集中精力做你正在做的事吗？
2. 你是否因为焦虑而失眠？（反向）
3. 你是否觉得自己在工作中扮演了一个有用的角色？
4. 你觉得自己有能力做决定吗？
5. 你总是感到压力巨大吗？（反向）
6. 你觉得自己能克服困难吗？
7. 你能享受正常的日常生活吗？
8. 你能正视自己的问题吗？
9. 你是否感到不开心和沮丧？（反向）
10. 你是否对自己失去信心？（反向）
11. 你是否认为自己是一个毫无价值的人？（反向）
12. 你感到幸福吗？

## （五）调节焦点（5 个条目）

量表来源：Moss, S. (2009), "Cultivating the Regulatory Focus of Followers to Amplify Their Sensitivity to Transformational Leadership", *Journal of Leadership & Organizational Studies*, Vol. 15, No. 3, pp. 241 - 259.

1. 我经常想象我将如何实现我的梦想和愿望。
2. 我通常关注的是我在未来可能取得的成功。
3. 总的来说，我专注于在我的生活中取得积极的成果。
4. 我经常想象自己正在经历美好的事物。
5. 总的来说，我更倾向于获得成功，而不是防止失败。

# 参考文献

包艳、廖建桥，2019：《权力距离研究述评与展望》，《管理评论》第 3 期。

陈京水、凌文辁，2012：《组织情境中权力距离研究述评》，《中国人力资源开发》第 11 期。

陈燃进，2015：《核心自我评价对职业成功的影响——工作投入和职业承诺的中介作用》，《浙江传媒学院学报》第 3 期。

董小炜、秦昕、陈晨、黄鸣鹏、邓惠如、周汉森、宋博迪，2021：《组织行为学中的时间相关研究与未来方向》，《心理科学进展》第 4 期。

顾远东、周文莉、彭纪生，2014：《组织创新支持感对员工创新行为的影响机制研究》，《管理学报》第 4 期。

郭钟泽、谢宝国、郭永兴，2016：《团队领导工作投入对团队成员工作态度的影响：一个多层次模型的检验》，《中国人力资源开发》第 5 期。

胡俏、何铨，2018：《工作投入与工作狂对工作满意感和情绪耗竭影响的纵向研究——工作—家庭冲突的中介效应》，《中国临床心理学杂志》第 5 期。

井润田、孔祥年、耿菊徽，2021：《新任管理者的工作挑战、自我反思与领导力发展之间的影响关系》，《管理工程学报》第 4 期。

李全、佘卓霖、杨百寅，2021：《工作狂领导对团队创造力的影响机制研究》，《科学学与科学技术管理》第 2 期。

李全、佘卓霖、杨百寅、齐明正，2018：《工作狂型 CEO 对组织绩效的影响研究》，《管理学报》第 10 期。

李全、佘卓霖、杨百寅、杨斌，2023：《推力还是阻力？工作狂领导对下属创造力的非线性影响研究》，《管理评论》第 4 期。

刘顿、古继宝，2018：《领导发展性反馈、员工工作卷入与建言行为：员工情绪智力调节作用》，《管理评论》第 3 期。

刘杰、石伟，2008：《工作狂的研究述评》，《心理科学进展》第 4 期。

马红宇、谢菊兰、唐汉瑛、申传刚、张晓翔，2016：《工作性通信工具使用与双职工夫妻的幸福感：基于溢出—交叉效应的分析》，《心理学报》第 1 期。

乔朋华、谢红、张莹，2022：《双元创新对企业价值的影响：领导者调节焦点的调节作用》，《科技进步与对策》第 7 期。

佘卓霖、李全、孔奕淳、杨百寅，2020：《工作狂领导有利于下属绩效吗？下属工作中心性的调节作用》，《中国人力资源开发》第 6 期。

佘卓霖、李全、杨百寅、杨斌，2021：《工作狂领导对团队绩效的双刃剑作用机制》，《心理学报》第 9 期。

石金涛、刘云，2008：《工作沉迷现象研究》，《中国人力资源开发》第 7 期。

时雨、方来坛、时勘，2009：《工作卷入研究的新趋势》，《心理科学》第 1 期。

宋琦、吴剑琳、古继宝，2016：《尊重午休自主权：如何在创新竞争的压力下提高员工创新绩效?》，《预测》第 6 期。

谭乐、宋合义、郝婵玉、杨晓，2017：《基于情境对领导有效性影响的研究述评》，《管理学报》第 11 期。

唐乐、杨付、杨伟国，2019：《员工政治技能对晋升机会的影响机制研究》，《经济管理》第 10 期。

陶小江，2014：《怎样培养出工作狂》，《企业管理》第 6 期。

王震、龙昱帆、彭坚，2019：《积极领导的消极效应：研究主题、分析视角和理论机制》，《心理科学进展》第 6 期。

韦彩云、张兰霞，2023：《绩效压力对工作—家庭关系的双路径影响机制研究》，《管理评论》第 2 期。

温忠麟、叶宝娟，2014：《有调节的中介模型检验方法：竞争还是替补?》，《心理学报》第 5 期。

翁清雄、臧颜伍，2016：《工作狂热的研究动态、整合与未来方向》，《管理评论》第 5 期。

席酉民、韩巍，2010：《中国管理学界的困境和出路：本土化领导研究思考的启示》，《西安交通大学学报》（社会科学版）第 2 期。

胥彦、李超平，2019：《追踪研究在组织行为学中的应用》，《心理科学进展》第 4 期。

徐淑英、张志学，2011：《管理问题与理论建立：开展中国本土管理研究的策略》，《重庆大学学报》（社会科学版）第 4 期。

杨梦颖，2019：《工作狂热研究综述与展望》，《领导科学》第 16 期。

张宏宇、李文、郎艺，2019：《矛盾视角下调节焦点在领导力领域的应用》，《心理科学进展》第 4 期。

张晶、李伟贺、史燕伟、张南、马红宇，2020：《工作反刍及其"双刃剑"效应》，《心理科学进展》第 2 期。

张志学、施俊琦、刘军，2016：《组织行为与领导力研究的进展与前沿》，《心理科学进展》第 3 期。

郑芳芳、蒋奖、李幸路、董娇、克燕南，2010：《工作狂问卷的初步编制》，《中国临床心理学杂志》第 5 期。

Aiken, L. S., West, S. G. (1991), *Multiple Regression: Testing and Interpreting Interactions*, Newbury Park, CA: Sage.

Allan, B. A. (2017), "Task Significance and Meaningful Work: A Longitudinal Study", *Journal of Vocational Behavior*, Vol. 102, pp. 174–182.

Allan, B. A., Duffy, R. D., Douglass, R. (2015), "Meaning in

Life and Work: A Developmental Perspective", *The Journal of Positive Psychology*, Vol. 10, No. 4, pp. 323 – 331.

Anderson, J. C., Gerbing, D. W. (1988), "Structural Equation Modeling in Practice: A Review and Recommended Two-step Approach", *Psychological Bulletin*, Vol. 103, No. 3, pp. 411 – 423.

Andreassen, C. S. (2014), "Workaholism: An Overview and Current Status of the Research", *Journal of Behavioral Addictions*, Vol. 3, No. 1, pp. 1 – 11.

Andreassen, C. S., Bakker, A. B., Bjorvatn, B., Moen, B. E., Magerøy, N., Shimazu, A., Pallesen, S. (2017), "Working Conditions and Individual Differences are Weakly Associated with Workaholism: A 2-3-year Prospective Study of Shift-working Nurses", *Frontiers in Psychology*, Vol. 8, p. 2045.

Andreassen, C. S., Hetland, J., Pallesen, S. (2014), "Psychometric Assessment of Workaholism Measures", *Journal of Managerial Psychology*, Vol. 29, No. 1, pp. 7 – 24.

Ariani, D. W. (2013), "The Relationship between Employee Engagement, Organizational Citizenship Behavior, and Counterproductive Work Behavior", *International Journal of Business Administration*, Vol. 4, No. 2, pp. 46 – 58.

Arnoux-Nicolas, C., Sovet, L., Lhotellier, L., Di Fabio, A., Bernaud, J. L. (2016), "Perceived Work Conditions and Turnover Intentions: The Mediating Role of Meaning of Work", *Frontiers in Psychology*, Vol. 7, p. 704.

Avolio, B. J., Reichard, R. J., Hannah, S. T., Walumbwa, F. O., Chan, A. (2009), "A Meta-analytic Review of Leadership Impact Research: Experimental and Quasi-experimental Studies", *The Leadership Quarterly*, Vol. 20, No. 5, pp. 764 – 784.

Aziz, S., Cunningham, J. (2008), "Workaholism, Work Stress,

Work-life Imbalance: Exploring Gender's Role", *Gender in Management: An International Journal*, Vol. 23, No. 8, pp. 553 – 566.

Aziz, S., Zickar, M. J. (2006), "A Cluster Analysis Investigation of Workaholism as a Syndrome", *Journal of Occupational Health Psychology*, Vol. 11, No. 1, pp. 52 – 63.

Bacon, D. R., Sauer, P. L., Young, M. (1995), "Composite Reliability in Structural Equations Modeling", *Educational and Psychological Measurement*, Vol. 55, No. 3, pp. 394 – 406.

Bakker, A. B., Demerouti, E., Burke, R. (2009), "Workaholism and Relationship Quality: A Spillover-crossover Perspective", *Journal of Occupational Health Psychology*, Vol. 14, No. 1, pp. 23 – 33.

Bakker, A. B., Shimazu, A., Demerouti, E., Shimada, K., Kawakami, N. (2013), "Work Engagement Versus Workaholism: A Test of the Spillover-crossover Model", *Journal of Managerial Psychology*, Vol. 29, No. 1, pp. 63 – 80.

Balducci, C., Avanzi, L., Fraccaroli, F. (2018), "The Individual 'Costs' of Workaholism: An Analysis Based on Multisource and Prospective Data", *Journal of Management*, Vol. 44, No. 7, pp. 2961 – 2986.

Balducci, C., Cecchin, M., Fraccaroli, F., Schaufeli, W. B. (2012), "Exploring the Relationship between Workaholism and Workplace Aggressive Behaviour: The Role of Job-related Emotion", *Personality and Individual Differences*, Vol. 53, No. 5, pp. 629 – 634.

Bandura, A. (1977), *Social Learning Theory*, Englewood Cliffs, NJ: Prentice-Hall.

Bandura, A. (1986), *Social Foundations of Thought and Action: A Social Cognitive Theory*, Englewood Cliffs, NJ: Prentice Hall.

Baranik, L. E., Wang, M., Gong, Y., Shi, J. (2017), "Customer Mistreatment, Employee Health, and Job Performance: Cognitive Rumination and Social Sharing as Mediating Mechanisms", *Journal of*

*Management*, Vol. 43, No. 4, pp. 1261 – 1282.

Barnes, C. M. (2012), "Working in Our Sleep: Sleep and Self-regulation in Organizations", *Organizational Psychology Review*, Vol. 2, No. 3, pp. 234 – 257.

Barnes, C. M., Guarana, C. L., Nauman, S., Kong, D. T. (2016), "Too Tired to Inspire or Be Inspired: Sleep Deprivation and Charismatic Leadership", *Journal of Applied Psychology*, Vol. 101, No. 8, pp. 1191 – 1199.

Barnes, C. M., Jiang, K., Lepak, D. P. (2016), "Sabotaging the Benefits of Our Own Human Capital: Work Unit Characteristics and Sleep", *Journal of Applied Psychology*, Vol. 101, No. 2, pp. 209 – 221.

Barsade, S. G. (2002), "The Ripple Effect: Emotional Contagion and Its Influence on Group Behavior", *Administrative Science Quarterly*, Vol. 47, No. 4, pp. 644 – 675.

Baruch, Y. (2011), "The Positive Wellbeing Aspects of Workaholism in Cross Cultural Perspective: The Chocoholism Metaphor", *Career Development International*, Vol. 16, No. 6, pp. 572 – 591.

Black, J. S., Porter, L. W. (1991), "Managerial Behaviors and Job Performance: A Successful Manager in Los Angeles May Not Succeed in Hong Kong", *Journal of International Business Studies*, Vol. 22, pp. 99 – 113.

Bochner, S., Hesketh, B. (1994), "Power Distance, Individualism/Collectivism, and Job-related Attitudes in a Culturally Diverse Work Group", *Journal of Cross-cultural Psychology*, Vol. 25, No. 2, pp. 233 – 257.

Bonanno, G. A. (2004), "Loss, Trauma, and Human Resilience: Have We Underestimated the Human Capacity to Thrive after Extremely Aversive Events?", *American Psychologist*, Vol. 59, No. 1, pp. 20 – 28.

Bonebright, C. A., Clay, D. L., Ankenmann, R. D. (2000), "The Relationship of Workaholism with Work-life Conflict, Life Satisfaction, and Purpose in Life", *Journal of Counseling Psychology*, Vol. 47,

No. 4, pp. 469 – 477.

Bono, J. E., Judge, T. A. (2003), "Core Self-evaluations: A Review of the Trait and Its Role in Job Satisfaction and Job Performance", *European Journal of Personality*, Vol. 17, pp. S5 – S18.

Brady, B. R., Vodanovich, S. J., Rotunda, R. (2008), "The Impact of Workaholism on Work-family Conflict, Job Satisfaction, and Perception of Leisure Activities", *The Psychologist-Manager Journal*, Vol. 11, No. 2, pp. 241 – 263.

Britt, T. W., Shen, W., Sinclair, R. R., Grossman, M. R., Klieger, D. M. (2016), "How Much Do We Really Know about Employee Resilience?", *Industrial and Organizational Psychology*, Vol. 9, No. 2, pp. 378 – 404.

Brosschot, J. F., Gerin, W., Thayer, J. F. (2006), "The Perseverative Cognition Hypothesis: A Review of Worry, Prolonged Stress-related Physiological Activation, and Health", *Journal of Psychosomatic Research*, Vol. 60, No. 2, pp. 113 – 124.

Brosschot, J. F., Pieper, S., Thayer, J. F. (2005), "Expanding Stress Theory: Prolonged Activation and Perseverative Cognition", *Psychoneuroendocrinology*, Vol. 30, No. 10, pp. 1043 – 1049.

Brown, S. P. (1996), "A Meta-analysis and Review of Organizational Research on Job Involvement", *Psychological Bulletin*, Vol. 120, No. 2, pp. 235 – 255.

Buelens, M., Poelmans, S. A. (2004), "Enriching the Spence and Robbins' Typology of Workaholism: Demographic, Motivational and Organizational Correlates", *Journal of Organizational Change Management*, Vol. 17, No. 5, pp. 440 – 458.

Bunderson, J. S. (2003), "Team Member Functional Background and Involvement in Management Teams: Direct Effects and the Moderating Role of Power Centralization", *Academy of Management Journal*,

Vol. 46, No. 4, pp. 458 – 474.

Burke, R. J. (2001), "Workaholism Components, Job Satisfaction, and Career Progress", *Journal of Applied Social Psychology*, Vol. 31, No. 11, pp. 2339 – 2356.

Burke, R. J. (2001), "Workaholism in Organizations: The Role of Organizational Values", *Personnel Review*, Vol. 30, No. 6, pp. 637 – 645.

Burke, R. J. (2004), "Workaholism, Self-esteem, and Motives for Money", *Psychological Reports*, Vol. 94, No. 2, pp. 457 – 463.

Burke, R. J., Koksal, H. (2002), "Workaholism among a Sample of Turkish Managers and Professionals: An Exploratory Study", *Psychological Reports*, Vol. 91, No. 1, pp. 60 – 68.

Burke, R. J., MacDermid, G. (1999), "Are Workaholics Job Satisfied and Successful in Their Careers?", *Career Development International*, Vol. 4, No. 5, pp. 277 – 282.

Burke, R. J., Matthiesen, S. (2004), "Workaholism among Norwegian Journalists: Antecedents and Consequences", *Stress and Health*, Vol. 20, No. 5, pp. 301 – 308.

Burke, R. J., Matthiesen, S. B., Pallesen, S. (2006), "Personality Correlates of Workaholism", *Personality and Individual Differences*, Vol. 40, No. 6, pp. 1223 – 1233.

Burke, R. J., Oberklaid, F., Burgess, Z. (2004), "Workaholism among Australian Women Psychologists: Antecedents and Consequences", *Women in Management Review*, Vol. 19, No. 5, pp. 252 – 259.

Caesens, G., Stinglhamber, F., Luypaert, G. (2014), "The Impact of Work Engagement and Workaholism on Well-being: The Role of Work-related Social Support", *Career Development International*, Vol. 19, No. 7, pp. 813 – 835.

Capobianco, L., Morris, J. A., Wells, A. (2018), "Worry and Rumination: Do They Prolong Physiological and Affective Recovery from Stress?", *Anxiety, Stress, & Coping*, Vol. 31, No. 3, pp. 291–303.

Carasco-Saul, M., Kim, W., Kim, T. (2015), "Leadership and Employee Engagement: Proposing Research Agendas Through a Review of Literature", *Human Resource Development Review*, Vol. 14, No. 1, pp. 38–63.

Cartwright, S., Holmes, N. (2006), "The Meaning of Work: The Challenge of Regaining Employee Engagement and Reducing Cynicism", *Human Resource Management Review*, Vol. 16, No. 2, pp. 199–208.

Castillo, E. A., Trinh, M. P. (2018), "In Search of Missing Time: A Review of the Study of Time in Leadership Research", *The Leadership Quarterly*, Vol. 29, pp. 165–178.

Chan, D. (1998), "Functional Relations among Constructs in the Same Content Domain at Different Levels of Analysis: A Typology of Composition Models", *Journal of Applied Psychology*, Vol. 83, No. 2, pp. 234–246.

Chemers, M. M. (2000), "Leadership Research and Theory: A Functional Integration", *Group Dynamics: Theory, Research, and Practice*, Vol. 4, pp. 27–43.

Chi, N. W., Huang, J. C. (2014), "Mechanisms Linking Transformational Leadership and Team Performance: The Mediating Roles of Team Goal Orientation and Group Affective Tone", *Group & Organization Management*, Vol. 39, pp. 300–325.

Clancy, F., Prestwich, A., Caperon, L., O'Connor, D. B. (2016), "Perseverative Cognition and Health Behaviors: A Systematic Review and Meta-Analysis", *Frontiers in Human Neuroscience*, Vol. 10, p. 534.

Clark, M. A., Lelchook, A. M., Taylor, M. L. (2010), "Beyond the Big Five: How Narcissism, Perfectionism, and Dispositional Affect Relate to Workaholism", *Personality and Individual Differences*,

Vol. 48, pp. 786 – 791.

Clark, M. A., Michel, J. S., Zhdanova, L., Pui, S. Y., Baltes, B. B. (2016), "All Work and No Play? A Meta-analytic Examination of the Correlates and Outcomes of Workaholism", *Journal of Management*, Vol. 42, pp. 1836 – 1873.

Clark, M. A., Stevens, G. W., Michel, J. S., Zimmerman, L. (2016), "Workaholism Among Leaders: Implications for Their Own and Their Followers' Well-being", in *The Role of Leadership in Occupational Stress* (Vol. 14, pp. 1 – 31), Emerald Group Publishing Limited.

Collins, A. L., Lawrence, S. A., Troth, A. C., Jordan, P. J. (2013), "Group Affective Tone: A Review and Future Research Directions", *Journal of Organizational Behavior*, Vol. 34, pp. S43 – S62.

Cropley, M., Michalianou, G., Pravettoni, G., Millward, L. J. (2012), "The Relation of Post-work Ruminative Thinking with Eating Behaviour", *Stress and Health*, Vol. 28, pp. 23 – 30.

Day, D. V., Fleenor, J. W., Atwater, L. E., Sturm, R. E., McKee, R. A. (2014), "Advances in Leader and Leadership Development: A Review of 25 Years of Research and Theory", *The Leadership Quarterly*, Vol. 25, pp. 63 – 82.

De Cooman, R., De Gieter, S., Pepermans, R., Jegers, M., van Acker, F. (2009), "Development and Validation of the Work Effort Scale", *European Journal of Psychological Assessment*, Vol. 25, pp. 266 – 273.

De Lange, A. H., Kompier, M. A., Taris, T. W., Geurts, S. A., Beckers, D. G., Houtman, I. L., Bongers, P. M. (2009), "A Hard Day's Night: A Longitudinal Study on the Relationships among Job Demands and Job Control, Sleep Quality and Fatigue", *Journal of Sleep Research*, Vol. 18, pp. 374 – 383.

Demerouti, E., Bakker, A. B. (2011), "The Job Demands-resources Model: Challenges for Future Research", *SA Journal of Industrial Psy-

*chology*, Vol. 37, pp. 1 – 9.

Diefendorff, J. M., Brown, D. J., Kamin, A. M., Lord, R. G. (2002), "Examining the Roles of Job Involvement and Work Centrality in Predicting Organizational Citizenship Behaviors and Job Performance", *Journal of Organizational Behavior*, Vol. 23, No. 1, pp. 93 – 108.

Diener, E., Emmons, R. A. (1984), "The Independence of Positive and Negative Affect", *Journal of Personality and Social Psychology*, Vol. 47, pp. 1105 – 1117.

Dienesch, R. M., Liden, R. C. (1986), "Leader-member Exchange Model of Leadership: A Critique and Further Development", *Academy of Management Review*, Vol. 11, No. 3, pp. 618 – 634.

Di Stefano, G., Gaudiino, M. (2019), "Workaholism and Work Engagement: How Are They Similar? How Are They Different? A Systematic Review and Meta-analysis", *European Journal of Work and Organizational Psychology*, Vol. 28, No. 3, pp. 329 – 347.

Donahue, E. G., Forest, J., Vallerand, R. J., Lemyre, P. N., Crevier-Braud, L., Bergeron, É. (2012), "Passion for Work and Emotional Exhaustion: The Mediating Role of Rumination and Recovery", *Applied Psychology: Health and Well-Being*, Vol. 4, No. 3, pp. 341 – 368.

Dyer, N. G., Hanges, P. J., Hall, R. J. (2005), "Applying Multilevel Confirmatory Factor Analysis Techniques to the Study of Leadership", *The Leadership Quarterly*, Vol. 16, No. 1, pp. 149 – 167.

Edwards, J. R., Baglioni Jr., A. J. (1991), "Relationship between Type a Behavior Pattern and Mental and Physical Symptoms: A Comparison of Global and Component Measures", *Journal of Applied Psychology*, Vol. 76, pp. 276 – 290.

Edwards, J. R., Lambert, L. S. (2007), "Methods for Integrating Moderation and Mediation: A General Analytical Framework Using Moderated Path Analysis", *Psychological Methods*, Vol. 12, pp. 1 – 22.

Envick, B. R. (2012), "Investing in a Healthy Workforce: The Impact of Physical Wellness on Psychological Well-being and the Critical Implications for Worker Performance", *Academy of Health Care Management Journal*, Vol. 8, pp. 21 – 32.

Fassel, D. (1990), *Working Ourselves to Death: The High Cost of Workaholism, the Rewards of Recovery*, San Francisco: Harper Collins.

Flaxman, P. E., Stride, C. B., Söderberg, M., Lloyd, J., Guenole, N., Bond, F. W. (2018), "Relationships between Two Dimensions of Employee Perfectionism, Postwork Cognitive Processing, and Work Day Functioning", *European Journal of Work and Organizational Psychology*, Vol. 27, pp. 56 – 69.

Flowers, C. P., Robinson, B. (2002), "A Structural and Discriminant Analysis of the Work Addiction Risk Test", *Educational and Psychological Measurement*, Vol. 62, pp. 517 – 526.

Fornell, C., Larcker, D. F. (1981), "Structural Equation Models with Unobservable Variables and Measurement Error", *Journal of Marketing Research*, Vol. 18, pp. 39 – 50.

Foulk, T. A., Lanaj, K., Tu, M. H., Erez, A., Archambeau, L. (2018), "Heavy is the Head that Wears the Crown: An Actor-centric Approach to Daily Psychological Power, Abusive Leader Behavior, and Perceived Incivility", *Academy of Management Journal*, Vol. 61, pp. 661 – 684.

Friedman, S. D., Lobel, S. (2003), "The Happy Workaholic: A Role Model for Employees", *Academy of Management Perspectives*, Vol. 17, pp. 87 – 98.

Galperin, B. L., Burke, R. J. (2006), "Uncovering the Relationship between Workaholism and Workplace Destructive and Constructive Deviance: An Exploratory Study", *The International Journal of Human Resource Management*, Vol. 17, pp. 331 – 347.

Ganster, D. C., Rosen, C. C. (2013), "Work Stress and Employee Health: A Multidisciplinary Review", *Journal of Management*, Vol. 39, pp. 1085 – 1122.

George, J. M., King, E. B. (2007), "Chapter 5 Potential Pitfalls of Affect Convergence in Teams: Functions and Dysfunctions of Group Affective Tone", in *Affect and Groups* (pp. 97 – 123), Emerald Group Publishing Limited.

Gibson, C. B. (2003), "The Efficacy Advantage: Factors Related to the Formation of Group Efficacy", *Journal of Applied Social Psychology*, Vol. 33, pp. 2153 – 2186.

Gillet, N., Morin, A. J., Sandrin, E., Houle, S. A. (2018), "Investigating the Combined Effects of Workaholism and Work Engagement: A Substantive-methodological Synergy of Variable-centered and Person-centered Methodologies", *Journal of Vocational Behavior*, Vol. 109, pp. 54 – 77.

Goldberg, D. (1978), *Manual of the General Health Questionnaire*, NFER, UK: Windsor, Birks.

Goldberg, D. P., Gater, R., Sartorius, N., Ustun, T. B., Piccinelli, M., Gureje, O., Rutter, C. (1997), "The Validity of Two Versions of the GHQ in the WHO Study of Mental Illness in General Health Care", *Psychological Medicine*, Vol. 27, pp. 191 – 197.

Gonzalez-Mulé, E., Courtright, S. H., DeGeest, D., Seong, J. Y., Hong, D. S. (2016), "Channeled Autonomy: The Joint Effects of Autonomy and Feedback on Team Performance through Organizational Goal Clarity", *Journal of Management*, Vol. 42, pp. 2018 – 2033.

González-Cruz, T. F., Botella-Carrubi, D., Martínez-Fuentes, C. M. (2019), "Supervisor Leadership Style, Employee Regulatory Focus, and Leadership Performance: A Perspectivism Approach", *Journal of Business Research*, Vol. 101, pp. 660 – 667.

Gorgievski, M. J. , Moriano, J. A. , Bakker, A. B. (2014), "Relating Work Engagement and Workaholism to Entrepreneurial Performance", *Journal of Managerial Psychology*, Vol. 29, pp. 106 – 121.

Gorn, G. J. , Kanungo, R. N. (1980), "Job Involvement and Motivation: Are Intrinsically Motivated Managers More Job Involved?", *Organizational Behavior and Human Performance*, Vol. 26, pp. 265 – 277.

Greer, L. L. , Jehn, K. A. (2007), "Chapter 2 the Pivotal Role of Negative Affect in Understanding the Effects of Process Conflict on Group Performance", in *Affect and Groups* (pp. 21 – 43), Emerald Group Publishing Limited.

Grossman, P. , Niemann, L. , Schmidt, S. , Walach, H. (2004), "Mindfulness-based Stress Reduction and Health Benefits: A Meta-analysis", *Journal of Psychosomatic Research*, Vol. 57, pp. 35 – 43.

Guillory, S. (2016), *Step Away from Your Business: Why Your Workaholism is Killing Your Company*, Forbes.

Gutek, B. A. , Searle, S. , Klepa, L. (1991), "Rational Versus Gender Role Explanations for Work-family Conflict", *Journal of Applied Psychology*, Vol. 76, pp. 560 – 568.

Gutermann, D. , Lehmann-Willenbrock, N. , Boer, D. , Born, M. , Voelpel, S. C. (2017), "How Leaders Affect Followers' Work Engagement and Performance: Integrating Leader-member Exchange and Crossover Theory", *British Journal of Management*, Vol. 28, pp. 299 – 314.

Hackman, J. R. (1987), "The Design of Work Teams", in J. Lorsch ed. , *Handbook of Organizational Behavior* (pp. 315 – 342), Englewood Cliffs, NJ: Prentice Hall.

Hackman, J. R. , Oldham, G. R. (1975), "Development of the Job Diagnostic Survey", *Journal of Applied psychology*, Vol. 60, pp. 159 – 170.

Hakanen, J. , Peeters, M. (2015), "How Do Work Engagement, Workaholism, and the Work-to-family Interface Affect Each Other? A

7-year Follow-up Study", *Journal of Occupational and Environmental Medicine*, Vol. 57, pp. 601 – 609.

Halbesleben, J. R., Neveu, J. P., Paustian-Underdahl, S. C., Westman, M. (2014), "Getting to the 'COR' Understanding the Role of Resources in Conservation of Resources Theory", *Journal of Management*, Vol. 40, pp. 1334 – 1364.

Hamstra, M. R., Sassenberg, K., Van Yperen, N. W., Wisse, B. (2014), "Followers Feel Valued—When Leaders' Regulatory Focus Makes Leaders Exhibit Behavior that Fits Followers' Regulatory Focus", *Journal of Experimental Social Psychology*, Vol. 51, pp. 34 – 40.

Harman, H. H. (1976), *Modern Factor Analysis*, Chicago, USA: University of Chicago Press.

Harpaz, I., Snir, R. (2003), "Workaholism: Its Definition and Nature", *Human Relations*, Vol. 56, pp. 291 – 319.

Harris, K. J., Harvey, P., Kacmar, K. M. (2009), "Do Social Stressors Impact Everyone Equally? An Examination of the Moderating Impact of Core Self-evaluations", *Journal of Business and Psychology*, Vol. 24, pp. 153 – 164.

Harris, K. J., Kacmar, K. M., Carlson, D. S. (2006), "An Examination of Temporal Variables and Relationship Quality on Promotability Ratings", *Group & Organization Management*, Vol. 31, pp. 677 – 699.

Harvey, A. G., Payne, S. (2002), "The Management of Unwanted Pre-sleep Thoughts in Insomnia: Distraction with Imagery Versus General Distraction", *Behaviour Research and Therapy*, Vol. 40, pp. 267 – 277.

Harvey, A. G., Stinson, K., Whitaker, K. L., Moskovitz, D., Virk, H. (2008), "The Subjective Meaning of Sleep Quality: A Comparison of Individuals with and without Insomnia", *Sleep*, Vol. 31, pp. 383 – 393.

Hayes, A. F. (2013), *Introduction to Mediation: A Regression-based Approach*, New York, NY: Guilford.

Hayes, A. F. (2015), "An Index and Test of Linear Moderated Mediation", *Multivariate Behavioral Research*, Vol. 50, pp. 1 – 22.

Heaney, C. A., Price, R. H., Rafferty, J. (1995), "Increasing Coping Resources at Work: A Field Experiment to Increase Social Support, Improve Work Team Functioning, and Enhance Employee Mental Health", *Journal of Organizational Behavior*, Vol. 16, pp. 335 – 352.

Higgins, E. T. (1997), "Beyond Pleasure and Pain", *American Psychologist*, Vol. 52, pp. 1280 – 1300.

Hiller, N. J., DeChurch, L. A., Murase, T., Doty, D. (2011), "Searching for Outcomes of Leadership: A 25-year Review", *Journal of Management*, Vol. 37, pp. 1137 – 1177.

Hofstede, G. (2001), *Culture's Consequences: Comparing Values, Behaviors, Institutions, and Organizations Across Nations*, Thousand Oaks, CA: Sage.

Hogg, M. A. (2001), "A Social Identity Theory of Leadership", *Personality and Social Psychology Review*, Vol. 5, pp. 184 – 200.

Holmgren Caicedo, M., Mårtensson, M., Roslender, R. (2010), "Managing and Measuring Employee Health and Wellbeing: A Review and Critique", *Journal of Accounting & Organizational Change*, Vol. 6, pp. 436 – 459.

Huang, X., Iun, J., Liu, A. (2010), "Does Participative Leadership Enhance Work Performance by Inducing Empowerment or Trust? The Differential Effects on Managerial and Non-managerial Subordinates", *Journal of Organizational Behavior*, Vol. 31, pp. 122 – 143.

Iaffaldano, M. T., Muchinsky, P. M. (1985), "Job Satisfaction and Job Performance: A Meta-analysis", *Psychological Bulletin*, Vol. 97, pp. 251 – 273.

Janssen, O. (2001), "Fairness Perceptions as a Moderator in the Curvilinear Relationships between Job Demands, and Job Performance and

Job Satisfaction", *Academy of Management Journal*, Vol. 44, No. 5, pp. 1039 – 1050.

Jawahar, I. M., Ferris, G. R. (2011), "A Longitudinal Investigation of Task and Contextual Performance Influences on Promotability Judgments", *Human Performance*, Vol. 24, pp. 251 – 269.

Jimenez, W. P., Hu, X., Xu, X. V. (2022), "Thinking about Work: A Meta-analysis of Off-job Positive and Negative Work-related Thoughts", *Journal of Business and Psychology*, Vol. 37, pp. 237 – 262.

Johnson, P. D., Smith, M. B., Wallace, J. C., Hill, A. D., Baron, R. A. (2015), "A Review of Multilevel Regulatory Focus in Organizations", *Journal of Management*, Vol. 41, pp. 1501 – 1529.

Johnson, R. E., King, D. D., Lin, S. H. J., Scott, B. A., Walker, E. M. J., Wang, M. (2017), "Regulatory Focus Trickle-down: How Leader Regulatory Focus and Behavior Shape Follower Regulatory Focus", *Organizational Behavior and Human Decision Processes*, Vol. 140, pp. 29 – 45.

Johnson, R. E., Rosen, C. C., Levy, P. E. (2008), "Getting to the Core of Core Self-Evaluation: A Review and Recommendations", *Journal of Organizational Behavior*, Vol. 29, pp. 391 – 413.

Joo, B. K., Park, S. (2010), "Career Satisfaction, Organizational Commitment, and Turnover Intention: The Effects of Goal Orientation, Organizational Learning Culture and Developmental Feedback", *Leadership & Organization Development Journal*, Vol. 31, pp. 482 – 500.

Jordan, P. J., Lawrence, S. A., Troth, A. C. (2006), "The Impact of Negative Mood on Team Performance", *Journal of Management & Organization*, Vol. 12, pp. 131 – 145.

Judge, T. A., Erez, A., Bono, J. E., Thoresen, C. J. (2003), "The Core Self-Evaluations Scale: Development of A Measure", *Personnel Psychology*, Vol. 56, pp. 303 – 331.

Kahn, W. A. (1990), "Psychological Conditions of Personal Engagement and Disengagementat Work", *Academy of Management Journal*, Vol. 33, No. 4, pp. 692–724.

Kalimo, R., Tenkanen, L., Härmä, M., Poppius, E., Heinsalmi, P. (2000), "Job Stress and Sleep Disorders: Findings from the Helsinki Heart Study", *Stress Medicine*, Vol. 16, pp. 65–75.

Kammeyer-Mueller, J. D., Judge, T. A., Scott, B. A. (2009), "The Role of Core Self-Evaluations in the Coping Process", *Journal of Applied Psychology*, Vol. 94, pp. 177–195.

Kanai, A., Wakabayashi, M. (2001), "Workaholism among Japanese Blue-collar Employees", *International Journal of Stress Management*, Vol. 8, pp. 129–145.

Kanai, A., Wakabayashi, M., Fling, S. (1996), "Workaholism Among Employees in Japanese Corporations: An Examination Based on the Japanese Version of the Workaholism Scales", *Japanese Psychological Research*, Vol. 38, pp. 192–203.

Kanungo, R. N. (1982), "Measurement of Job and Work Involvement", *Journal of Applied Psychology*, Vol. 67, pp. 341–349.

Keller, A. C., Spurk, D., Baumeler, F., Hirschi, A. (2016), "Competitive Climate and Workaholism: Negative Sides of Future Orientation and Calling", *Personality and Individual Differences*, Vol. 96, pp. 122–126.

Keller, R. T. (1997), "Job Involvement and Organizational Commitment as Longitudinal Predictors of Job Performance: A Study of Scientists and Engineers", *Journal of Applied Psychology*, Vol. 82, pp. 539–545.

Kim, N., Kang, Y. J., Choi, J., Sohn, Y. W. (2020), "The Crossover Effects of Supervisors' Workaholism on Subordinates' Turnover Intention: The Mediating Role of Two Types of Job Demands and Emotional Exhaustion", *International Journal of Environmental Research and Public Health*, Vol. 17, p. 7742.

Kinnunen, U., Feldt, T., Sianoja, M., de Bloom, J., Korpela, K., Geurts, S. (2017), "Identifying Long-term Patterns of Work-related Rumination: Associations with Job Demands and Well-being Outcomes", *European Journal of Work and Organizational Psychology*", Vol. 26, pp. 514–526.

Kircanski, K., Thompson, R. J., Sorenson, J., Sherdell, L., Gotlib, I. H. (2018), "The Everyday Dynamics of Rumination and Worry: Precipitant Events and Affective Consequences", *Cognition and Emotion*, Vol. 32, pp. 1424–1436.

Kirkman, B. L., Chen, G., Farh, J. L., Chen, Z. X., Lowe, K. B. (2009), "Individual Power Distance Orientation and Follower Reactions to Transformational Leaders: A Cross-level, Cross-cultural Examination", *Academy of Management Journal*, Vol. 52, pp. 744–764.

Knight, R. (2016), "How to Work for A Workaholic", *Harvard Business Review*, https://hbr.org/2016/03/how-to-work-for-a-workaholic.

Koufteros, X. A. (1999), "Testing A Model of Pull Production: A Paradigm for Manufacturing Research Using Structural Equation Modeling", *Journal of Operations Management*, Vol. 17, pp. 467–488.

Kuvaas, B., Dysvik, A. (2009), "Perceived Investment in Employee Development, Intrinsic Motivation and Work Performance", *Human Resource Management Journal*, Vol. 19, pp. 217–236.

Lai, C. Y., Hsu, J. S. C., Li, Y. (2018), "Leadership, Regulatory Focus and Information Systems Development Project Team Performance", *International Journal of Project Management*, Vol. 36, pp. 566–582.

Lanaj, K., Johnson, R. E., Lee, S. M. (2016), "Benefits of Transformational Behaviors for Leaders: A Daily Investigation of Leader Behaviors and Need Fulfilment", *Journal of Applied Psychology*, Vol. 101, pp. 237–251.

Lazarus, R. S. (1966), *Psychological Stress and The Coping Process*, New York: McGraw-Hill.

Lazarus, R. S. (1991), *Emotion and Adaptation*, New York: Oxford University Press.

Lazarus, R. S., Folkman, S. (1984), *Stress, Appraisal and Coping*, New York: Springer Publishing Company.

Liao, C., Lee, H. W., Johnson, R. E., Lin, S. H. (2021), "Serving You Depletes Me? A Leader-centric Examination of Servant Leadership Behaviors", *Journal of Management*, Vol. 47, No. 5, pp. 1185 – 1218.

Li, N., Harris, T. B., Boswell, W. R., Xie, Z. (2011), "The Role of Organizational Insiders' developmental Feedback and Proactive Personality on Newcomers' Performance: An Interactionist Perspective", *Journal of Applied Psychology*, Vol. 96, No. 6, pp. 1317 – 1327.

Lin, S. H., Ma, J., Johnson, R. E. (2016), "When Ethical Leader Behavior Breaks Bad: How Ethical Leader Behavior Can Turn Abusive via Ego Depletion and Moral Licensing", *Journal of Applied Psychology*, Vol. 101, No. 6, pp. 815 – 830.

Lin, S. H., Scott, B. A., Matta, F. K. (2019), "The Dark Side of Transformational Leader Behaviors for Leaders Themselves: A Conservation of Resources Perspective", *Academy of Management Journal*, Vol. 62, No. 5, pp. 1556 – 1582.

Li, Q., She, Z. (2020), "The Impact of Workaholic Leaders on Followers' Continuous Learning", in M. Londoned, *The Oxford Handbook of Lifelong Learning, Second Edition*, New York: Oxford University Press, pp. 601 – 610.

Li, R., Liu, H., Yao, M., Chen, Y. (2019), "Regulatory Focus and Subjective Well-being: The Mediating Role of Coping Styles and The Moderating Role of Gender", *The Journal of Psychology*, Vol. 153, No. 7, pp. 714 – 731.

Liu, Z., Riggio, R. E., Day, D. V., Zheng, C., Dai, S., Bian, Y. (2019), "Leader Development Begins at Home: Overparenting Harms Adolescent Leader Emergence", *Journal of Applied Psychology*, Vol. 104, No. 10, pp. 1226 – 1242.

London, M. (1995), "Giving Feedback: Source-centered Antecedents and Consequences of Constructive and Destructive Feedback", *Human Resource Management Review*, Vol. 5, No. 3, pp. 159 – 188.

London, M., Stumpf, S. A. (1983), "Effects of Candidate Characteristics on Management Promotion Decisions: An Experimental Study", *Personnel Psychology*, Vol. 36, No. 2, pp. 241 – 259.

Lord, R. G., Brown, D. J., Freiberg, S. J. (1999), "Understandingthe Dynamics of Leadership: The Role of Follower Self-concepts in the Leader/follower Relationship", *Organizational Behavior and Human Decision Processes*, Vol. 78, No. 3, pp. 167 – 203.

Lyness, K. S., Heilman, M. E. (2006), "When Fit is Fundamental: Performance Evaluations and Promotions of Upper-level Female and Male Managers", *Journal of Applied Psychology*, Vol. 91, No. 4, pp. 777 – 785.

Machlowitz, M. (1980), *Workaholics: Living with Them, Working with Them*, New York: Simon & Schuster.

Malinowska, D., Tokarz, A. (2014), "The Structure of Workaholism and Types of Workaholic", *Polish Psychological Bulletin*, Vol. 45, pp. 211 – 222.

Marks, M. A., Mathieu, J. E., Zaccaro, S. J. (2001), "A Temporally Based Framework and Taxonomy of Team Processes", *Academy of Management Review*, Vol. 26, No. 3, pp. 356 – 376.

Mathews, B., Halbrook, M. (1990), "Adult Children of Alcoholics: Implications for Career Development", *Journal of Career Development*, Vol. 16, pp. 261 – 268.

Mazzetti, G., Schaufeli, W. B., Guglielmi, D. (2014), "Are Workaholics Born or Made? Relations of Workaholism with Person Characteristics and Overwork Climate", *International Journal of Stress Management*, Vol. 21, pp. 227 – 254.

McCarthy, J. M., Trougakos, J. P., Cheng, B. H. (2016), " Are Anxious Workers Less Productive Workers? It Depends onthe Quality of Social Exchange", *Journal of Applied Psychology*, Vol. 101, pp. 279 – 291.

McClean, S. T., Barnes, C. M., Courtright, S. H., Johnson, R. E. (2019), "Resettingthe Clock on Dynamic Leader Behaviors: A Conceptual Integration and Agenda for Future Research", *Academy of Management Annals*, Vol. 13, pp. 479 – 508.

Midje, H. H., Nafstad, I. T., Syse, J., Torp, S. (2014), "Workaholism and Mental Health Problems among Municipal Middle Managers in Norway", *Journal of Occupational and Environmental Medicine*, Vol. 56, pp. 1042 – 1051.

Minnen, M. E., Mitropoulos, T., Rosenblatt, A. K., Calderwood, C. (2021), "The Incessant Inbox: Evaluatingthe Relevance of After-hours E-mail Characteristics for Work-related Rumination and Well-being", *Stress and Health*, Vol. 37, pp. 341 – 352.

Miocevic, D. (2022), "Don't Get Too Emotional: How Regulatory Focus Can Condition the Influence of Top Managers' Negative Emotions on SME Responses to Economic Crisis", *International Small Business Journal*, Vol. 40, pp. 130 – 149.

Morgeson, F. P., DeRue, D. S., Karam, E. P. (2010), "Leadership in Teams: A Functional Approach to Understanding Leadership Structures and Processes", *Journal of Management*, Vol. 36, pp. 5 – 39.

Mosier, S. K. (1983), "*Workaholics: An Analysis of Their Stress, Success and Priorities*", Doctoral Dissertation, University of Texas at Austin.

Moss, S. (2009), "Cultivating the Tegulatory Focus of Followers to Amplify Their Sensitivity to Transformational Leadership", *Journal of*

*Leadership & Organizational Studies*, Vol. 15, pp. 241 – 259.

Mudrack, P. E. (2006), "Understanding Workaholism: The Case for Behavioral Tendencies", in R. J. Burke ed., *Research Companion to Working Time and Work Addiction*, Northampton, MA: Edward Elgar, pp. 108 – 128.

Muthén, L. K., Muthén, B. O. (2012), *Mplus Version 7 User's Guide*, Los Angeles, CA: Muthén & Muthén.

Ng, T. W., Eby, L. T., Sorensen, K. L., Feldman, D. C. (2005), "Predictors of Objective and Subjective Career Success: A Meta-analysis", *Personnel Psychology*, Vol. 58, pp. 367 – 408.

Ng, T. W., Sorensen, K. L., Feldman, D. C. (2007), "Dimensions, Antecedents, and Consequences of Workaholism: A Conceptual Integration and Extension", *Journal of Organizational Behavior*, Vol. 28, pp. 111 – 136.

Oates, W. E. (1971), *Confessions of A Workaholic: The Facts about Work Addiction*, New York: World Publishing Company.

O'Connor, D. B., Walker, S., Hendrickx, H., Talbot, D., Schaefer, A. (2013), "Stress-related Thinking Predicts the Cortisol Awakening Response and Somatic Symptoms in Healthy Adults", *Psychoneuroendocrinology*, Vol. 38, pp. 438 – 446.

Ottaviani, C., Thayer, J. F., Verkuil, B., Lonigro, A., Medea, B., Couyoumdjian, A., Brosschot, J. F. (2016), "Physiological Concomitants of Perseverative Cognition: A Systematic Review and Mta-analysis", *Psychological Bulletin*, Vol. 142, pp. 231 – 259.

Pan, S. Y. (2018), "Do Workaholic Hotel Supervisors Provide Family Supportive Supervision? A Role Identity Perspective", *International Journal of Hospitality Management*, Vol. 68, pp. 59 – 67.

Patel, A. S., Bowler, M. C., Bowler, J. L., Methe, S. S. (2012), "A Meta-analysis of Workaholism", *International Journal of Business* and *Management*, Vol. 7, pp. 1 – 17.

Pattershall, J., Eidelman, S., Beike, D. R. (2012), "Regulatory Focus and Affective Recall", *Motivation and Emotion*, Vol. 36, pp. 396 – 403.

Paulsen, H. F. K., Klonek, F. E., Schneider, K., Kauffeld, S. (2016), "Group Affective Tone and Team Performance: A Week-level Study in Project Teams", *Frontiers in Communication*, Vol. 1, p. 7.

Paustian-Underdahl, S. C., Halbesleben, J. R., Carlson, D. S., Kacmar, K. M. (2016), "The Work-family Interface and Promotability: Boundary Integrationas a Double-edged Sword", *Journal of Management*, Vol. 42, pp. 960 – 981.

Peiperl, M., Jones, B. (2001), "Workaholics and Overworkers: Productivity or Pathology?", *Group & Organization Management*, Vol. 26, pp. 369 – 393.

Peters, L. H., Hartke, D. D., Pohlmann, J. T. (1985), "Fiedler's Contingency Theory of Leadership: An Application of The Meta-analysis Procedures of Schmidt and Hunter", *Psychological Bulletin*, Vol. 97, p. 274.

Peterson, R. A. (1994), "A Meta-analysis of Cronbach's coefficient Alpha", *Journal of Consumer Research*, Vol. 21, pp. 381 – 391.

Pleck, J. H. (1977), "The Work-family Role System", *Social Problems*, Vol. 24, pp. 417 – 427.

Podsakoff, P. M., MacKenzie, S. B., Lee, J. Y., Podsakoff, N. P. (2003), "Common Method Biases in Behavioral Research: A Critical Review of the Literature and Recommended Remedies", *Journal of Applied Psychology*, Vol. 88, pp. 879 – 903.

Porter, G. (1996), "Organizational Impact of Workaholism: Suggestions for Researching the Negative Outcomes of Excessive Work", *Journal of Occupational Health Psychology*, Vol. 1, pp. 70 – 84.

Preacher, K. J., Rucker, D. D., Hayes, A. F. (2007), "Addressing Moderated Mediation Hypotheses: Theory, Methods, and Prescriptions", *Multivariate Behavioral Research*, Vol. 42, pp. 185 – 227.

Preacher, K. J., Selig, J. P. (2012), "Advantages of Monte Carlo Confidence Intervals for Indirect Effects", *Communication Methods and Measures*, Vol. 6, pp. 77 – 98.

Preacher, K. J., Zhang, Z., Zyphur, M. J. (2016), "Multilevel Structural Equation Models for Assessing Moderation within and Across Levels of Analysis", *Psychological Methods*, Vol. 21, pp. 189 – 205.

Preacher, K. J., Zyphur, M. J., Zhang, Z. (2010), "A General Multilevel SEM Framework for Assessing Multilevel Mediation", *Psychological Methods*, Vol. 15, pp. 209 – 233.

Qin, X., Huang, M., Johnson, R. E., Hu, Q., Ju, D. (2018), "The Short-lived Benefits of Abusive Supervisory Behavior for Actors: An Investigation of Recovery and Work Engagement", *Academy of Management Journal*, Vol. 61, pp. 1951 – 1975.

Querstret, D., Cropley, M. (2012), "Exploring the Relationship between Work-related Rumination, Sleep Quality, and Work-related Fatigue", *Journal of Occupational Health Psychology*, Vol. 17, pp. 341 – 353.

Rabinowitz, S., Hall, D. T. (1977), "Organizational Research on Gob Involvement", *Psychological Bulletin*, Vol. 84, pp. 265 – 288.

Robinson, B. E. (1999), "The Work Addiction Risk Test: Development ofa Tentative Measure of Workaholism", *Perceptual and Motor Skills*, Vol. 88, pp. 199 – 210.

Robinson, B. E. (2000), "Workaholism: Bridgingthe Gap between Workplace, Sociocultural, and Family Research", *Journal of Employment Counseling*, Vol. 37, pp. 31 – 47.

Robinson, B. E., Carroll, J. J., Flowers, C. (2001), "Marital Sstrangement, Positive Affect, and Locus of Control among Spouses of

Workaholics and Spouses of Nonworkaholics: A National Study", *American Journal of Family Therapy*, Vol. 29, pp. 397 – 410.

Robinson, B. E., Flowers, C., Ng, K. M. (2006), "The Relationship between Workaholism and Marital Disaffection: Husbands' Perspective", *The Family Journal*, Vol. 14, pp. 213 – 220.

Robinson, B. E., Kelley, L. (1998), "Adult Children of Workaholics: Self-concept, Anxiety, Depression, and Locus of Control", *American Journal of Family Therapy*, Vol. 26, pp. 223 – 238.

Rosekind, M. R., Gregory, K. B., Mallis, M. M., Brandt, S. L., Seal, B., Lerner, D. (2010), "The Cost of Poor Sleep: Workplace Productivity Loss and Associated Costs", *Journal of Occupational and Environmental Medicine*, Vol. 52, pp. 91 – 98.

Rosso, B. D., Dekas, K. H., Wrzesniewski, A. (2010), "On the Meaning of Work: A Theoretical Integration and Review", *Research in Organizational Behavior*, Vol. 30, pp. 91 – 127.

Rotenberry, P. F., Moberg, P. J. (2007), "Assessingthe Impact of Job Involvement on Performance", *Management Research News*, Vol. 30, pp. 203 – 215.

Russell, J. A., Carroll, J. M. (1999), "On the Bipolarity of Positive and Negative Affect", *Psychological Bulletin*, Vol. 125, pp. 3 – 30.

Salanova, M., López-González, A. A., Llorens, S., del Líbano, M., Vicente-Herrero, M. T., Tomás-Salvá, M. (2016), "Your Work May Be Killing You! Workaholism, Sleep Problems and Cardiovascular Risk", *Work & Stress*, Vol. 30, pp. 228 – 242.

Schaef, A. W., Fassel, D. (1988), *The Addictive Organization*, San Francisco, CA: Harper Row.

Schaubroeck, J., Lam, S. S., Cha, S. E. (2007), "Embracing Transformational Leadership: Team Values and The Impact of Leader Behavior on Team Performance", *Journal of Applied Psychology*, Vol. 92, pp. 1020 – 1030.

Schaufeli, W. B., Bakker, A. B., Van der Heijden, F. M., Prins, J. T. (2009), "Workaholism, Burnout and Well-being among Junior Doctors: The Mediating Role of Rrole Conflict", *Work & Stress*, Vol. 23, pp. 155 – 172.

Schaufeli, W. B., Salanova, M. (2007), "Efficacy or Inefficacy, That's The Question: Burnout and Work Engagement, and Their Relationships with Efficacy Beliefs", *Anxiety, Stress, and Coping*, Vol. 20, pp. 177 – 196.

Schaufeli, W. B., Salanova, M., González-Romá, V., Bakker, A. B. (2002), "The Measurement of Engagement and Burnout: A Two Sample Confirmatory Factor Analytic Approach", *Journal of Happiness Studies*, Vol. 3, pp. 71 – 92.

Schaufeli, W. B., Shimazu, A., Taris, T. W. (2009), "Being Driven to Work ExcessivelyHard: The Evaluation of a Two-factor Measure of Workaholism in the Netherlands and Japan", *Cross-cultural Research*, Vol. 43, pp. 320 – 348.

Schaufeli, W. B., Taris, T. W., Bakker, A. B. (2008), "It Takes Two to Tango: Workaholism Is Working Excessively and Working Compulsively", in R. J. Burke, C. L. Cooper ed., *The Long Work Hours Culture: Causes, Consequences and Choices* (pp. 203 – 225), Bingley, UK: Emerald.

Schaufeli, W. B., Taris, T. W., Van Rhenen, W. (2008), "Workaholism, Burnout, and Work Engagement: Three of a Kind or Three Different Kinds of Employee Well-Being?", *Applied Psychology*, Vol. 57, pp. 173 – 203.

Schnell T., Höge T., Pollet E. (2013), "Predicting Meaning in Work: Theory, Data, Implications", *The Journal of Positive Psychology*, Vol. 8, pp. 543 – 554.

Schreiber, J. B., Nora, A., Stage, F. K., Barlow, E. A., King, J. (2006), "Reporting Structural Equation Modeling and Confirmatory Factor Analysis Results: A Review", *The Journal of Educational Research*, Vol. 99, pp. 323 – 338.

Schyns, B., Felfe, J. (2006), "The Personality of Followers and Its Effect on The Perception of Leadership: An Overview, A Study, and A Research Agenda", *Small Group Research*, Vol. 37, pp. 522 – 539.

Schyns, B., Schilling, J. (2013), "How Bad are The Effects of Bad Leaders? A Meta-Analysis of Destructive Leadership and Its Outcomes", *The Leadership Quarterly*, Vol. 24, pp. 138 – 158.

Scott, K. S., Moore, K. S., Miceli, M. P. (1997), "An Exploration of The Meaning and Consequences of Workaholism", *Human Relations*, Vol. 50, pp. 287 – 314.

Shantz, A., Alfes, K. (2015), "Work Engagement and Voluntary Absence: The Moderating Role of Job Resources", *European Journal of Work and Organizational Psychology*, Vol. 24, pp. 530 – 543.

She, Z., Li, B., Li, Q., London, M., Yang, B. (2019), "The Double-edged Sword of Coaching: Relationships between Managers' Coaching and Their Feelings of Personal Accomplishment and Role Overload", *Human Resource Development Quarterly*, Vol. 30, pp. 245 – 266.

Shimazu, A., Schaufeli, W. B., Kamiyama, K., Kawakami, N. (2015), "Workaholism vs. Work Engagement: The Two Different Predictors of Future Well-being and Performance", *International Journal of Behavioral Medicine*, Vol. 22, pp. 18 – 23.

Shimazu, A., Schaufeli, W. B., Kubota, K., Kawakami, N. (2012), "Do Workaholism and Work Engagement Predict Employee Well-being and Performance in Opposite Directions?", *Industrial Health*, Vol. 50, pp. 316 – 321.

Shimazu, A., Schaufeli, W. B., Taris, T. W. (2010), "How does Workaholism Affect Worker Health and Performance? The Mediating Role of Coping", *International Journal of Behavioral Medicine*, Vol. 17, pp. 154 – 160.

Slaney, R. B., Rice, K. G., Mobley, M., Trippi, J., Ashby, J. S. (2001), "The Revised almost Perfect Scale", *Measurement and Evaluation in Counseling and Development*, Vol. 34, pp. 130 – 145.

Snir, R., Harpaz, I. (2006), "The Workaholism Phenomenon: A Cross-national Perspective", *Career Development International*, Vol. 11, pp. 374 – 393.

Snir, R., Harpaz, I. (2012), "Beyond Workaholism: Towards a General Model of Heavy Work Investment", *Human Resource Management Review*, Vol. 22, pp. 232 – 243.

Sommer, K. L., Kulkarni, M. (2012), "Does Constructive Performance Feedback Improve Citizenship Intentions and Job Satisfaction? The Roles of Perceived Opportunities for Advancement, Respect, and Mood", *Human Resource Development Quarterly*, Vol. 23, pp. 177 – 201.

Sonnentag, S. (2003), "Recovery, Work Engagement, and Proactive Behavior: A New Look at The Interface Between Nonwork and Work", *Journal of Applied Psychology*, Vol. 88, pp. 518 – 526.

Sonnentag, S., Binnewies, C. (2013), "Daily Affect Spillover from Work to Home: Detachment from Work and Sleep as Moderators", *Journal of Vocational Behavior*, Vol. 83, pp. 198 – 208.

Spence, J. T., Robbins, A. S. (1992), "Workaholism: Definition, Measurement, and Preliminary Results", *Journal of Personality Assessment*, Vol. 58, pp. 160 – 178.

Spence M. (1973), "Job Market Signalling", *Quarterly Journal of Economics*, Vol. 87, pp. 355 – 374.

Srivastava, A., Bartol, K. M., Locke, E. A. (2006), "Empowering

Leadership in Management Teams: Effects on Knowledge Sharing, Efficacy, and Performance", *Academy of Management Journal*, Vol. 49, pp. 1239 – 1251.

Steger, M. F., Dik, B. J., Duffy, R. D. (2012), "Measuring Meaningful Work: The Work and Meaning Inventory (WAMI)", *Journal of Career Assessment*, Vol. 20, pp. 322 – 337.

Stewart, G. L. (2006), "A Meta-analytic Review of Relationships between Team Design Features and Team Performance", *Journal of Management*, Vol. 32, pp. 29 – 55.

Strube, M. J., Garcia, J. E. (1981), "A Meta-analytic Investigation of Fiedler's Contingency Model of Leadership Effectiveness", *Psychological Bulletin*, Vol. 90, pp. 307 – 321.

Sussman, S. (2012), "Workaholism: A Review", *Journal of Addiction Research and Therapy*, Vol. 6, pp. 1 – 10.

Syrek, C. J., Antoni, C. H. (2014), "Unfinished Tasks Foster Rumination and Impair Sleeping—Particularly If Leaders Have High Performance Expectations", *Journal of Occupational Health Psychology*, Vol. 19, pp. 490 – 499.

Sy, T., Côté, S., Saavedra, R. (2005), "The Contagious Leader: Impact of the Leader's Mood on the Mood of Group Members, Group Affective Tone, and Group Processes", *Journal of Applied Psychology*, Vol. 90, pp. 295 – 305.

Taris, T. W., Beek, I. V., Schaufeli, W. B. (2010), "Why do Perfectionists Have a Higher Burnout Risk than Others? The Meditational Effect of Workaholism", *Romanian Journal of Applied Psychology*, Vol. 12, pp. 1 – 7.

Taris, T. W., Schaufeli, W. B., Shimazu, A. (2010), "The Push and Pull of Work: The Differences between Workaholism and Work Engagement", in A. B. Bakker, M. P. Leiter eds., *Work Engagement*:

*A Handbook of Essential Theory and Research*, London: Psychology Press, pp. 39 – 53.

Taris, T. W., Schaufeli, W. B., Verhoeven, L. C. (2005), "Workaholism in The Netherlands: Measurement and Implications for Job Strain and Work-nonwork Conflict", *Applied Psychology*, Vol. 54, pp. 37 – 60.

Ten Brummelhuis, L. L., Rothbard, N. P., Uhrich, B. (2017), "Beyond Nine to Five: Is Working to Excess Bad for Health?", *Academy of Management Discoveries*, Vol. 3, pp. 262 – 283.

Thayer, A. L., Petruzzelli, A., McClurg, C. E. (2018), "Addressing the Paradox of The Team Innovation Process: A Review and Practical Considerations", *American Psychologist*, Vol. 73, pp. 363 – 375.

Tims, M., Bakker, A. B., Derks, D. (2012), "Development and Validation of the Job Crafting Scale", *Journal of Vocational Behavior*, Vol. 80, pp. 173 – 186.

Uhl-Bien, M., Riggio, R. E., Lowe, K. B., Carsten, M. K. (2014), "Followership Theory: A Review and Research Agenda", *The Leadership Quarterly*, Vol. 25, pp. 83 – 104.

Vahle-Hinz, T., Mauno, S., De Bloom, J., Kinnunen, U. (2017), "Rumination for Innovation? Analysing the Longitudinal Effects of Work-related Rumination on Creativity at Work and Off-job Recovery", *Work & Stress*, Vol. 31, pp. 315 – 337.

van Beek, I., Hu, Q., Schaufeli, W. B., Taris, T. W., Schreurs, B. H. (2012), "For Fun, Love, or Money: What Drives Workaholic, Engaged, and Burned-out Employees at Work?", *Applied Psychology*, Vol. 61, pp. 30 – 55.

Vandevala, T., Pavey, L., Chelidoni, O., Chang, N. F., Creagh-Brown, B., Cox, A. (2017), "Psychological Rumination and Recovery from Work in Intensive Care Professionals: Associations with

Stress, Burnout, Depression and Health", *Journal of Intensive Care*, Vol. 5, pp. 1 – 8.

van Dijk, D., Kluger, A. N. (2004), "Feedback Sign Effect on Motivation: Is It Moderated by Regulatory Focus?", *Applied Psychology*, Vol. 53, pp. 113 – 135.

van Knippenberg, D. (2017), "Team Innovation", *Annual Review of Organizational Psychology and Organizational Behavior*, Vol. 4, pp. 211 – 233.

van Laethem, M., Beckers, D. G., Dijksterhuis, A., Geurts, S. A. (2017), "Stress, Fatigue, and Sleep Quality Leading up to and Following a Stressful Life Event", *Stress and Health*, Vol. 33, pp. 459 – 469.

van Laethem, M., Beckers, D. G., Geurts, S. A., Garefelt, J., Magnusson Hanson, L. L., Leineweber, C. (2018), "Perseverative Cognition as an Explanatory Mechanism in The Relation between Job Demands and Sleep Quality", *International Journal of Behavioral Medicine*, Vol. 25, pp. 231 – 242.

van Laethem, M., Beckers, D. G., Kompier, M. A., Dijksterhuis, A., Geurts, S. A. (2013), "Psychosocial Work Characteristics and Sleep Quality: A Systematic Review of Longitudinal and Intervention Research", *Scandinavian Journal of Work, Environment & Health*, pp. 535 – 549.

van Wijhe, C. I., Peeters, M. C., Schaufeli, W. B. (2014), "Enough is Enough: Cognitive Antecedents of Workaholism and Its Aftermath", *Human Resource Management*, Vol. 53, pp. 157 – 177.

Varela, O. E., Burke, M. J., Landis, R. S. (2008), "A Model of Emergence and Dysfunctional Effects of Emotional Conflict in Groups", *Group Dynamics: Theory, Research, and Practice*, Vol. 12, pp. 112 – 126.

Verkuil, B., Brosschot, J. F., Gebhardt, W. A., Thayer, J. F. (2010), "When Worries Make You Sick: A Review of Perseverative

Cognition, the Default Stress Response and Somatic Health", *Journal of Experimental Psychopathology*, Vol. 1, pp. 87 – 118.

Wallace, C., Chen, G. (2006), "A Multilevel Integration of Personality, Climate, Self-Regulation, and Performance", *Personnel Psychology*, Vol. 59, pp. 529 – 557.

Wallace, J. C., Little, L. M., Shull, A. (2008), "The Moderating Effects of Task Complexity on the Relationship between Regulatory Foci and Safety and Production Performance", *Journal of Occupational Health Psychology*, Vol. 13, pp. 95 – 104.

Wang, M., Liu, S., Liao, H., Gong, Y., Kammeyer-Mueller, J., Shi, J. (2013), "Can't Get It out of My Mind: Employee Rumination after Customer Mistreatment and Negative Mood in the Next Morning", *Journal of Applied Psychology*, Vol. 98, pp. 989 – 1004.

Watkins, E. R., Roberts, H. (2020), "Reflecting on Rumination: Consequences, Causes, Mechanisms and Treatment of Rumination", *Behaviour Research and Therapy*, Vol. 127.

Watson, D., Clark, L. A., Tellegen, A. (1988), "Development and Validation of Brief Measures of Positive and Negative Affect: The Panasscales", *Journal of Personality and Social Psychology*, Vol. 54, pp. 1063 – 1070.

Weinberger, E., Wach, D., Stephan, U., Wegge, J. (2018), "Having A Creative Day: Understanding Entrepreneurs' Daily Idea Generation through A Recovery Lens", *Journal of Business Venturing*, Vol. 33, pp. 1 – 19.

Westman, M. (2001), "Stress and Strain Crossover", *Human Relations*, Vol. 54, pp. 557 – 591.

Williams, R. S., Walker, J. (1985), "Sex Differences in Performance Rating: A Research Note", *Journal of Occupational Psychology*, Vol. 58, pp. 331 – 337.

Xanthopoulou, D., Bakker, A. B., Demerouti, E., Schaufeli, W. B. (2009), "Work Engagement and Financial Returns: A Diary Study on the Role of Job and Personal Resources", *Journal of Occupational and Organizational Psychology*, Vol. 82, pp. 183–200.

Xie, Y., Kong, Y., Yang, J., Chen, F. (2019), "Perfectionism, Worry, Rumination, and Distress: A Meta-analysis of the Evidence for the Perfectionism Cognition Theory", *Personality and Individual Differences*, Vol. 139, pp. 301–312.

Xin, X., Cai, W., Zhou, W., Baroudi, S. E., Khapova, S. N. (2020), "How Can Job Crafting Be Reproduced? Examining The Trickle-down Effect of Job Crafting from Leaders to Employees", *International Journal of Environmental Research and Public Health*, Vol. 17, p. 894.

Xu, A. J., Loi, R., Chow, C. W. (2019), "What Threatens Retail Employees' Thriving at Work under Leader-member Exchange? The Role of Store Spatial Crowding and Team Negative Affective Tone", *Human Resource Management*, Vol. 58, pp. 371–382.

Yaniv, G. (2011), "Workaholism and Marital Estrangement: A Rational-choice Perspective", *Mathematical Social Sciences*, Vol. 61, No. 2, pp. 104–108.

Yoon, Y., Sarial-Abi, G., Gürhan-Canli, Z. (2012), "Effect of Regulatory Focus on Selective Information Processing", *Journal of Consumer Research*, Vol. 39, pp. 93–110.

Yukl, G. (1989), "Managerial Leadership: A Review of Theory and Research", *Journal of Management*, Vol. 15, pp. 251–289.

Yukl, G., Gordon, A., Taber, T. (2002), "A Hierarchical Taxonomy of Leadership Behavior: Integrating a Half Century of Behavior Research", *Journal of Leadership & Organizational Studies*, Vol. 9, pp. 15–32.

Zaccaro, S. J., Rittman, A. L., Marks, M. A. (2001), "Team Leadership", *The Leadership Quarterly*, Vol. 12, pp. 451 – 483.

Zellars, K. L., Meurs, J. A., Perrewé, P. L., Kacmar, C. J., Rossi, A. M. (2009), "Reactingto and Recovering from A Stressful Situation: The Negative Affectivity-physiological Arousal Relationship", *Journal of Occupational Health Psychology*, Vol. 14, pp. 11 – 22.

Zhang, F., Parker, S. K. (2019), "Reorienting Job Crafting Research: A Hierarchical Structure of Job Crafting Concepts and Integrative Review", *Journal of Organizational Behavior*, Vol. 40, pp. 126 – 146.

Zhang, J., Li, W., Ma, H., Smith, A. P. (2021), "Switch off Totally or Switch off Strategically? The Consequences of Thinking about Work on Job Performance", *Psychological Reports*, Vol. 124, pp. 2721 – 2738.

# 索　引

## B

被调节的中介效应　12,13,72,80,
　115,123,124,126,146,159,167,
　168
边界条件　2,4—6,8,9,14,41,44,
　46,81,83,86—88,92,127,129,
　130,132,133,135—138,168,170,
　172—174,177—181,188
变量测量　14,58,69,86,104,113,
　147,156

## C

乘积系数法　12,13,72,80,115,
　123,159
持续性认知理论　6,9,10,14,
　136—142,168—170,172—174,
　178—180
促进型调节焦点　137,142—145,
　157,165,167,168,170,171,173,
　176—178,181

## D

单因素被试间设计　11,57
单因素方差分析　12,106,110
独立样本 T 检验　58,64,68,109,
　112,147,156
多因素方差分析　12,104,106,
　110,111

## F

防御型调节焦点　138,142—145,
　157,165,167,168,170,171,177,
　189

## G

工作绩效　4,6,9,10,13,14,29,
　35,38,49,68,89,129,135—137,
　139,140,145—149,151—158,161,
　163—165,167—173,176—180,
　184,187,188
工作焦虑　10,43,46,50—52,54—
　56,58,60—70,73—81,83—85,87,

175,177,180

工作狂热　1—11,13,14,16—50,53—55,58,68,69,78,81—86,88—100,104,112,119,127—134,136—147,155,156,168—173,177—189

工作努力　10,45—49,52—56,58,60—70,73—85,87,175,177,180

工作意义　6,8,10,12,14,88,91,92,97—106,109—112,114,115,117,119—131,133,134,176—178,181—183,189

共同方法偏差　61,64,71,75,76,120,149,153,158,163,164,172,184

## H

核心自我评价　6,8,10,46,52—56,58—64,66—70,73—81,83—87,175,177,181,183

## J

结构方程路径分析　12,13,61,65,71,76,77,115,120,121,125,149,154,158,164,165

结果变量　6,14,16,28,29,35,41,42,51,65,66,71,77,80,82,90,112,121,125,129,146,148,154,155,158,165,167,168,183,184,187,188

## K

客户投诉率　124—127,129,132,176

控制变量　59,60,65,69,71,105,114,115,120,121,125,147,148,154,157,158,164,165

## L

理论贡献　7,14,43,81,82,88,128,135,169,174,178,179

理论模型　8,9,11—14,39,43,46,47,56,57,92,101,138,145,146,149,174

领导工作狂热　2—14,16,30,38—59,61,63—67,69,75—97,99—106,109—111,113,119—125,127—147,149,153,154,157,158,163—181,183—189

## M

蒙特卡罗参数拔靴法　12,13,71,72,77,80,115,123,149,158,159,167

## Q

前因变量　11,12,14,16,30—32,34,42,57,93,102,187

情感反刍　10,13,135—149,151—157,160,163—173,176—178,180,182

情绪认知评价理论　5,6,9,10,14,43,45,46,50,51,54,80,83,85,86,90,91,95—97,99,127,129,132,

133,174,177,179,180

## S

社会学习理论　5,6,9,10,14,43,45—49,53,80,82,83,85,86,90—94,98,127,129,132,133,174,177,178,180

身心健康　3,4,6,7,9,10,13,14,28—30,36,38,45,82,84,85,135—137,140—142,145—148,150,152—156,158,161,163—165,167—173,176—178,180,182,184,187,188

实践意义　7,14,40,43,83,88,130,135,170,174,181,185

实验操纵检验　64,109

"双刃剑"效应　44,84,90,128—130,139,174,177,179,181,183,185

双因素被试间设计　12,102

睡眠质量　6,9,10,14,29,35,36,45,46,50—52,55,56,68—71,74—78,80,81,83,84,87,175,177,180,183,184,187,188

## T

调节效应　12,13,57,61,66,71,78,83,92,101,106,115,122,138,146,158,165

团队工作卷入　14,88,90—94,98—101,105,106,109,110,112,113,119—129,175,176,178,181

团队绩效　6,9,10,14,39,88,90—92,94—97,100,101,112,114,117,119—121,123,124,127—134,175—178,181,182,184,187

团队消极情绪　14,88,90,91,95—97,99—101,105,106,109—112,114,119—132,175,176,178

## W

问题解决沉思　10,13,135—140,142,143,145—149,153—157,163—173,176—178,180

## X

相似概念辨析　11,27,30

效度　11—13,24—26,56,60,61,71,72,86,101,106,115,116,118,120,133,149,158,159,161,184,186

信度　11—13,25,26,60—62,71,72,86,106,107,113,115,116,129,149,150,158,159,186

## Y

研究层次　41,128

验证性因子分析　12,59,60,63,64,70,71,75,76,106,109,115,118,119,149,150,153,158,163

## Z

职业晋升　5,9,10,14,45,46,48,

49,52,55,56,69—71,74—77,80—83,85—87,175,177,180,183,184,187

中介效应　12,13,56,57,71,77,78,101,115,125,146,149,158

组织情境　5,6,44,45,53,89,170,179,186

作用机制　2,4—6,8—10,14,41,44—46,85,87,95,127,133,136,137,168,169,173,174,179,180

# 后 记

感谢国家社会科学基金后期资助暨优秀博士论文出版项目的资助，这是对我博士期间研究工作的肯定和鼓励。本书萌发于笔者对职场超长加班现象的关注以及对领导工作狂热的科研兴趣，成形于自己的博士学位论文，笔者结合近年来的研究新进展，对论文内容加以多次修订，本书才最终得以付梓。在这段学术旅途中，得到很多人的支持和帮助。在此，我向大家致以最诚挚的谢意。

衷心感谢两位恩师——我的两位博士生导师，清华大学杨斌教授和杨百寅教授。承蒙厚爱，我才能忝列两位恩师门下，能够有机会聆听恩师的谆谆教诲。两位恩师醍醐灌顶，惠我良多，常使我如沐春风。杨斌老师尽管公务繁忙，但还是时常跟弟子谈人生，谈理想。杨老师常向我们传授"做人、做事、做学问"的处世态度，教会了我要对自己的博士生涯做"减法"、为自己"增值"，这是我以后工作生活中的一笔最宝贵的财富。杨百寅老师同样事务繁多，但对我的指导却未减丝毫。忘不了每周组会上杨老师的耐心提点，精心雕琢；忘不了杨老师时常帮我修改论文，指点迷津；忘不了杨老师亲自带着我们调研企业，开展实践。清华求学五年，弹指一挥间。两位恩师无微不至的关怀，点点滴滴，我都会铭记于心，永生不忘。五载深恩，要说的何止万千。只想说：云山苍苍，江水泱泱，恩师风范，山高水长。

还要由衷感谢美国华盛顿大学福斯特商学院陈晓萍教授。博士访学期间，能够拜师陈教授，是何等荣幸。陈教授学识渊博，富有情怀，心有大爱。陈老师给予我的不仅仅是学术方面的悉心指导，还有慈母般的关爱。至今想起，仍是倍感温暖。

求学之路艰辛而漫长，一路跋涉，感谢我的合作者们，在求知的路上与我同行，给我宝贵的建议。感谢清华大学经济管理学院郑晓明老师、张勉老师、王雪莉老师、华盛顿大学 Bruce Avolio 教授、马里兰大学 Debra Shapiro 教授等学界前辈的指导与帮助，前辈们学养深厚、精于实践，使我终身受益。

感谢中国人民大学公共管理学院，感谢学院领导打造的宽松而自由的学术环境以及诸位领导与同事的关心与支持。

感谢中国社会科学出版社对本书出版工作的大力支持，特别感谢责任编辑王琪老师，王老师不辞辛劳答疑解惑，文字校对尽善尽美。

最后要感谢我的家人。父母教导我要"认认真真做事，踏踏实实做人"，我会谨记父母教诲，格物致知，修身齐家，潜心学问。同时，真心感谢我的先生一直以来无私的付出和真诚的呵护，未来，我们携手与共。

"吾生也有涯而知也无涯"，学术道路永无止境，本书不足乃至谬误之处，还望专家同人不吝赐教，敬请斧正。我会一如既往，不忘初心，坚守信念，砥砺前行。

佘卓霖

2024 年 4 月